Jinrong Shichang Shipin Dongtai Xiangyi Jiegou Yanjiu

金融市场时频动态相依结构研究

李荣 著

西南财经大学出版社
Southwestern University of Finance & Economics Press
中国·成都

图书在版编目(CIP)数据

金融市场时频动态相依结构研究/李荣著 . —成都:西南财经大学出版社,
2021. 12
ISBN 978-7-5504-5181-0

Ⅰ.①金…　Ⅱ.①李…　Ⅲ.①金融市场—研究　Ⅳ.①F830.9

中国版本图书馆 CIP 数据核字(2021)第 241101 号

金融市场时频动态相依结构研究
李荣　著

责任编辑:刘佳庆
责任校对:植苗
封面设计:张姗姗
责任印制:朱曼丽

出版发行	西南财经大学出版社(四川省成都市光华村街 55 号)
网　　址	http://cbs. swufe. edu. cn
电子邮件	bookcj@ swufe. edu. cn
邮政编码	610074
电　　话	028-87353785
照　　排	四川胜翔数码印务设计有限公司
印　　刷	四川煤田地质制图印刷厂
成品尺寸	170mm×240mm
印　　张	13
字　　数	345 千字
版　　次	2021 年 12 月第 1 版
印　　次	2021 年 12 月第 1 次印刷
书　　号	ISBN 978-7-5504-5181-0
定　　价	78. 00 元

前言

随着经济全球化与金融一体化的发展，国际金融市场间的联系日益增强，相依结构日趋复杂化、多元化。2007—2008 年由美国次贷危机引发的全球金融危机，再次警醒世界各国重新审视本国金融体系及其同国际金融市场间的关系。科学刻画金融市场间的相依结构及风险传导路径，无论对投资者的微观资产配置还是对监管部门的宏观审慎管理和风险防范都有着极高的现实价值。

本书从理论与实证相结合的角度出发，在理论评述与定性分析的基础上，通过构建贝叶斯推断理论结合 Copula 函数方法、非线性、非对称、时变动态的 Copula 和小波函数模型，考虑时间和频率维度特征，设计多样本参照对比，从金融危机对国内外金融市场影响的视角，对中国股票市场和人民币汇率、美国经济政策不确定性和中印股票市场、投资者情绪和加密货币之间的关系展开了深入研究。

首先，利用 Copula 函数理论结合指数和 Pareto 分布构建了 Frank Copula 可靠性模型，包括联合分布函数、概率密度函数的推导和边际分布参数的抽样算法；利用 MCMC 抽样理论构造了参数的估计过程，包括超参数的确定、参数协方差矩阵的设定和两类 Frank Copula 模型参数的 M-H 抽样算法；通过仿真分析给出指数 Frank Copula 模型参数的贝叶斯估计结果，利用贝叶斯 p 统计量检验估计的有效性和稳健性，结果表明贝叶斯估计能准确估计参数。

其次，研究了基于删失数据的 Copula 生存模型的贝叶斯推断理论，包括异质、正稳态和治愈率删失 Copula 生存模型构建，推导异质删失 Copula 生存模型参数的条件后验分布，设计 Gibbs 抽样、自适宜和 M-H 抽样算法对正稳态删失 Copula 生存模型边际参数的估计，利用一步和两阶段贝叶斯估计分别推导相依参数的条件后验分布，设计 Gibbs 抽样推导治愈率删失 Copula 生存模型参数的完全条件后验分布。利用删失生存的实际数据，分别用删失正稳态、Frank 和 Clayton Copula 生存模型估计变量间的相依结构，给出两阶段与一步贝叶斯估计的参数后验统计量，然后利用 DIC、EAIC、EBIC 和 CPO 等统计量对所用模型进行比较选择分析。

再次，研究了贝叶斯方法对边际分布为连续、离散和混合变量的多元 Copula 模型参数估计和统计推断理论。引入二元指示变量对相关矩阵参数化，设计 M-H 抽样算法完成连续多元 Copula 模型的潜变量和参数化矩阵元素的估计。讨论离散和混合变量的多元 Copula 模型构建，利用 MCMC 抽样得到边际分布、潜变量和相依参数的条件后验分布。构建多元 Copula 回归模型，讨论协方差矩阵的先验选择，研究离散和混合变量情形下边际分布参数和相关矩阵元素的 MCMC 抽样过程。同时结合 Monte Carlo 仿真对混合变量的正态 Copula 模型的贝叶斯抽样过程进行实现，给出相关参数的后验估计和检验。

最后，研究了基于时间序列的时变 t-Copula 模型的贝叶斯推断理论。利用静态 Copula、时变 Copula 和时变 Copula 贝叶斯模型分别描述金融危机前后国际原油价格与亚太股票市场的相依结构。研究结果表明，金融危机后相依结构比危机前明显稳固，时变 Copula 模型更加适合刻画变量间的相依结构，同时利用静态 Copula、时变 Copula 和时变 Copula 贝叶斯模型估计原油与亚太股票市场投资组合的 VaR，发现时变 t-Copula 贝叶斯模型可以更好地估计投资组合的 VaR。

实证分析发现：

（1）金融危机导致人民币汇率与中国股市之间的关系出现了明显的结构性突变。全球金融危机前，人民币汇率与中国股市之间的关系总体上是弱的，但金融危机后，无论是正相关还是负相关，两者之间的关系都大幅增强。

（2）在短期内，美国经济政策不确定性与中国和印度股市收益之间的相互作用是微弱的，但在长期内逐渐增强，特别是在重大金融事件发生时。基于离散小波的线性或非线性因果关系测度，都支持中期和长期的单向和双向因果关系。

（3）基于小波分解的多尺度分位数格兰杰因果关系证明了所有分位数的投资者情绪与比特币、以太坊、Ripple 和 Litecoin 收益之间存在双向格兰杰因果关系。

目录

第 1 章　绪论

1.1　选题背景与研究意义

1.1.1　选题背景

过去若干年不断推进的全球化使得各个经济体之间的联系性日益紧密。尤其是在 2007 年后，由美国次贷危机引发的 2008 年全球性金融危机对各国实体经济造成的严重冲击至今尚未完全消失。与此同时，随着全球金融深化程度的加大，各国金融市场之间的联动性和趋同性不断增强。即时的信息传递使得局部地区或市场的金融风险能够快速通过网络渠道向相邻金融市场溢出，并像涟漪一样不断向更多的金融市场传递，最终造成全球范围内的风险溢出效应，这就要求各国的金融风险防范工作必须考虑国际冲击因素。在 2008 年金融危机后，有人甚至把全球金融危机的罪魁祸首归结于李祥林（2000）提出的 CDO 定价公式，认为此公式是"杀死华尔街的公式"。李祥林提出的 CDO 定价是基于正态 Copula 函数来计算违约相关性，该模型严重低估了各资产间的尾部相依性。记者 Salmon（2009）认为李祥林不应该背黑锅，他只是构造了这一数学模型，是金融机构的贪婪导致他们在不了解此公式的假设下，为了逐追高额的利润，滥用了此公式。自此，金融市场相依性建模问题开始引起金融理论界与业务界的重视，成为当前金融风险管理、投资组合以及资产定价等领域中热点和难点问题。

从之前的三次金融危机（1997 年亚洲金融危机、2008 年全球金融危机、2010年欧债危机）爆发后的风险传染效应来看，金融市场的尾部风险在危机期间均能通过各市场之间的连接网络进行充分的传递和扩散，最终形成具有一定广度和深度的负面冲击。因此，研究各国（地区）金融市场之间形成的复杂网络及其尾部风险溢出的传递路径和影响效应是当前防范全球金融风险冲击的关键环节。这不但有助于进一步加强全球金融风险防范的协同合作，也有助于各国监管层识别出自身金融市场在全球金融风险传染网络中的地位及其面临的风险源，从而制定更具针对性的国内外金融风险防范政策。

在研究系统可靠性和多单元产品的寿命特征时，通常假设系统部件和各组成单元之间相互独立，与实际情况不相符合，复杂系统各部件和单元的相依结构决定系统的寿命特征和可靠性程度，整个系统的可靠性和寿命特征的刻画由各单元的联合分布来决定。同时，在世界经济一体化的趋势下，各国的金融市场紧密联系在一起，各金融实体为提高自身的竞争力和开拓新的金融市场，开展了众多的金融创新，导致高风险的金融衍生市场快速发展，从而增强了金融市场动荡的可能性。为了探讨复杂系统的可靠性和寿命特征，解决系统复杂性和可靠性之间的矛盾，回避金融市场的高风险，在对复杂系统和各单元的可靠性、宏观经济分析和金融市场的相依结构分析中，选择合适的研究工具来度量和刻画整个复杂系统的各组成单元相依结构、金融市场非线性和非对称等特性非常重要；同时，各单元寿命特征的描述、时间序列分布的选择、参数估计、拟合检验和模型选择问题也不可回避地成为描述相依关系和结构的研究前沿。

复杂系统的可靠性和寿命特征分析需要考虑各组成单元的生存函数和联合相依结构，传统假设通常不满足研究要求，系统的复杂性和可靠程度的关系需要一种工具来刻画和分析。在进行多变量金融市场收益序列相依结构分析时，传统常采用线性相关和秩相关分析对相依结构描述；然而在现实问题中，许多经济金融变量呈现出非线性特征和动态变化特征，在收益波动极值条件下，变量间的上下尾的变化特征会明显不一致，变量之间的内在关系也具有非线性，采用线性相关系数和秩相关分析会导致错误的结论，同时，各个金融市场都有自身的运动规律，具体的金融问题也会存在自身的特点。另外，当时间序列样本量很大时，相关系数的概率分布与相关检验会失效。如 Granger 因果检验[1]只给出变量间定性的度量，而不能给出定性的描述，而在分析金融市场风险时，传统的均差方差分析已经不能满足现代金融市场的需要，从而迫切需要一种分析工具来刻画金融市场序列间的相依程度和相依结构，以满足市场非线性、非对称、尾部相依和动态的特点。因此，如何分析金融市场序列间的相依关系和相依结构，避免由于信息非对称和极端事件等给国家金融市场造成的损失，对于组合投资组合、风险分析和资产定价都有重要应用价值。

现阶段经济一体化建设不断提速，世界上各经济体之间的金融和贸易往来更加紧密。结构性问题和矛盾发展向更深层进行并在外部冲击中加速呈现。金融市场尤其是股票市场和汇率市场自身大幅波动和相互传染的风险日益凸显。金融系统间的联动使各类金融市场不再独立发展，而是呈现出复杂交错的关联性，金融风险的防范和隔离更加困难，金融市场的安全和稳定迎来严峻挑战，也大大增加了金融监管的难度。近年来，中美贸易交易规模不断扩大，根据中央财经委公布的数据，2017 年中国对美国的出口额占中国总出口金额的 18.99%；2018 年，中美贸易出口占比达 19.24%。可以推断，在这样大的原有交易规模下，中美之间的贸易摩擦会对我国国际贸易、国内生产体系等经济系统变量产生重大影响，这也会直接影响中国产业经济、宏观经济的预期，进而影响金融投资市场，并可能由此引发 A 股的波动。

现有的国内外金融市场之间关系的研究很多都是在时间维度框架下进行的，而国际金融市场经历了诸多事件的影响，只从经济发展的时间跨度来考虑结构变化，导致很多经济信息考虑不全面、数据不足且存在潜在的测量误差问题。并且，其研究主要是基于传统时间序列相关理论建立起来的，它存在以下问题：

（1）Copula 建模理论主要研究边际分布为连续变量金融时间序列之间的相依结构。当研究模型的边际分布变量为离散、混合和删失等类型时，其对应的联合Copula 函数形式不唯一，参数的估计困难，不能准确描述离散、混合和删失变量之间的联合相依结构。同时，较少基于离散、混合和删失变量的 Copula 函数模型被应用于系统可靠性和产品的寿命特征分析。

（2）常用的 Copula 模型参数求解时没有考虑它的不确定性。一般来说，Copula 模型边际和联合分布参数采用极大似然法估计，把参数看作一个确定的常数，从而忽略以往的历史事件的影响或专家信息对参数估计的影响。参数估计的结果是点估计，不能更多地反映变量之间的相依关系和结构。同时，在参数过多或者似然函数的解析形式复杂的情形下，极大似然方法求解都会遇到"维数灾难"。

（3）其相关研究基本都是基于时间维度来讨论金融市场的相依结构，往往不能较全面地反映结构变化，从而导致结构模型无法反映所有经济信息。同时，现有的研究主要考察金融市场之间的线性关系，而对其非对称波动效应等非线性关系的研究尚处于起步阶段。因此，在考虑国际突发金融事件影响的前提下，国内外金融市场时间和频率动态效益研究还有待进一步完善，以获得更加准确有效的分析。

（4）在现有的相依结构模型如 VAR、GARCH、多元 GARCH、DSGE 等模型中，其渐进性质主要依赖于时期数 T 趋向无穷的假设。但是，实际应用中，时间序列的时期数一般都有限，从而导致模型估计的水平歪曲（Size distortion）和势（Power）不稳定的小样本性质问题。因此，基于传统统计技术的现有相依结构模型估计难以保证参数估计的可靠性和预测的准确性。

（5）传统的时间序列因果检验用于检验变量之间的相互影响，适用于样本时间段内的所有数据点，传统的格兰杰因果检验的一个主要假设是时间序列之间存在线性关系，这可能是一个限制性太强的假设，因为经济事件的影响大多是非平稳和非线性的。

贝叶斯方法为解决以上问题提供了一种有效的研究工具，因为在贝叶斯理论框体系中，模型参数是一个随机变量，它也有具体的统计分布；同时，通过参数的后验分布与先验分布的迭代运算，可以进行数据迭代更新并将不同时间段的数据信息有效地融合；并且，通过贝叶斯预报分布综合模型参数和样本数据两方面的信息，能够用于系统可靠性和时间序列 Copula 模型的结构分析。因此，结合贝叶斯理论的 Copula 函数模型能够更有效地描述变量之间的相依结构和动态变化情形。

1.1.2　研究意义

随着全球经济的一体化发展，各区域经济的关联性日益增强，没有哪一个国家或地区的经济能够脱离整个世界经济而独立存在。尤其是近年来，全球互联网技术高速发展，网络传播信息的速度更为即时快捷。一个市场的信息几乎是同步传输到远在万里的其他金融市场，一个国家或地区金融市场发生风险危机时势必会很快传染到其他市场，从而引发更大范围与程度的风险危机。这种风险在金融市场之间相互传染的现象，就是所谓的风险溢出效应。金融市场间的风险溢出关系不仅是重要的金融理论研究问题，而且具有较强的现实意义，它对于控制风险，防范危机于未然以及保障国家金融稳定具有重要意义。

由于数字化和智能技术的进一步发展，产品的可靠性和寿命特征跟多个组成元件的性能紧密相关，如何度量多个单元的联合分布形式和产品特性是全面质量管理的重要研究方向。同时，金融市场间的广泛联系和贸易自由化，金融时间序列之间的联系越来越紧密，然而各国金融市场的动作方式和开放程度不一致。各类资本在金融市场中流动，不断地配置和组合，加速金融市场化开放程度，扩大金融规模，提高了金融市场效率，但也加剧了金融市场的动荡变化，各金融序列表现为非线性、非对称和动态变化特征，分析并掌握这些序列之间的相依关系和结构，对于进行金融资产风险管理和投资组合都具有重要的现实意义。同时可以为金融决策机构实施，以解决非线性、非对称效应和极端事件的发生带来的损失，有利于金融市场的稳定和发展。

然而，传统的线性相关分析只能分析变量间的线性关系，当研究变量表现为非线性和非对称性时，用线性相关分析可能得到错误的结论，用多元统计分析变量相依关系要求边缘分布的类型和分布一致，然而在研究产品可靠性、生命特征和复杂的金融市场关系时，要求各边缘分布类型独立的条件很难满足，同时用 Copula 函数理论来研究金融序列间的相依关系和相依结构时，当参数过多和维数较大，估计模型的参数是一道难题。由于没有考虑参数估计的不确定性，用二阶段极大似然法估计的参数只能是点估计，要得到参数估计的更多信息，如得到参数估计的置信区间是困难的，同时参数的点估计满足一致性，但非有效。从以上分析可知，用线性相关和多元统计分析只能进行变量相依关系，并且要满足一些特定的条件，同时不能得到准确的变量之间的相依结构。用 Copula 函数可以分析变量间的相依关系和结构，但是存在着参数估计方面等不足。

同时，随着计算机技术的发展以及 MCMC 方法的应用，贝叶斯理论在金融市场分析中起着越来越重要的作用。与传统方法相比，贝叶斯方法更具优势。贝叶斯方法把参数看作随机变量，考虑了参数的不确定性风险，从而贝叶斯方法可以很好地解决模型参数估计问题。因此，在贝叶斯理论框架下，利用贝叶斯推断理论结合 Copula 函数方法建立贝叶斯 Copula 模型构建理论，更精确分析产品可靠性、生命特征和金融变量序列之间的相依关系和结构，并应用研究能源与亚太股票市场的动态相依关系中，分析能源价格的波动和亚太股票市场之间的动态相依结构，然后计算不同投资组合的 VaR，从而为回避风险、资产分配提供理论基础和相应的政策建议。

因此，科学刻画国际金融市场间的相依性及风险传导路径，无论对于投资者的微观资产配置还是对于监管部门的宏观审慎管理和风险防范都有着重要的参考价值和实证依据。在全球金融市场动荡和危机传染的现实背景下，如何正确识别金融风险，并及时、准确地监测和度量风险溢出，采取适当的防范措施，进而维护国家经济安全，具有重要理论意义和实践意义。另外，我国作为最大的新兴市场，研究我国与国际主要金融市场的联动性和风险溢出，对科学推进我国资本市场国际化、防控金融市场系统性风险、投资者资产配置与风险管理等具有十分重要的指导意义。

1.2 文献综述

1.2.1 Copula 函数理论研究

有关 Copula 函数理论的研究最早出现于 20 世纪 50 年代，Sklar[2] 在 1959 年提出的定理奠定了 Copula 理论基础。Copula 函数将多元变量的联合分布函数分解为各边缘分布函数和一个 Copula 函数，多元变量之间的相依结构可以通过 Copula 函数来描述。Schweizer 和 Sklar（1983）[3] 对 Copula 方法进行了总结，详细介绍了 Copula 函数的定义与 Copula 函数的边缘分布等内容，Jeo[4] 和 Nelson[5,6] 详细系统地介绍了 Copula 函数的有关理论和性质，同时给出了一些阿基米德 Copula 函数的形式和有关性质。Aas 和 Czado[7] 提出适合所有 Copula 函数族的多元随机变量的"pair-copula"模型，McNeil[8] 讨论了多元阿基米德 Copula 模型的建模方法。随着计算机和信息科学的迅猛发展，边缘分布建模问题的改进，已经形成了比较完善的理论知识体系，产生了椭圆、阿基米德和极值 Copula 函数族等一系列体系，用以描述变量之间的相依结构。常用的度量计算变量间相依结构的方法很多。推断和估计相依参数最常用的自助法（bootstrap），在独立同分布的数据分析中，Fermanian[9] 等详细说明如何使用独立同分布自助法测度变量间相依结构；度量多变量时间序列相依结构，Rémillard[10] 采用条件不变 Copulas 模型，在独立同分布条件下，得出变量样本的条件期望和方差，不会对相依参数的估计有影响，如 Spearman 秩相关和 Kenall'tau 相关参数的似然分布特征，表明在独立同分布条件下，可以忽略边际分布参数估计的误差，误差不会影响估计变量间的相依结构，同时进一步说明，利用自助法，估计标准化后变量的残差，但条件 Copula 参数是时变时，不能忽视根据条件均值和方差得到的参数估计误差，同时独立同分布的自助法不适合去度量变量间的相依结构。对时间序列变量，Ferguson 等[11]，Genest 和 Rémillard[12] 讨论秩自相关的检验方法，Ruppert[13] 给出块多节点方法去推导时间序列数据的经验 Copula 过程，Anderson 等[14] 研究金融时间序列条件波动的时变性，Rémillard 等[15] 利用似然分布理论研究静态 Copula 模型限制分布检验统计量，同时给出类似 K-S（Kolmogorov-Smirnov）的经验 Copula 统计量，用于诊断是否存在未知的结构突变点。目前大部分利用 Copula 理论的文献，估计时间序列间的相依结构是分阶段的，先对边际分布，包括均值，方差和标准残差的分布进行估计和然后度量 Copula 模型相依结构参数。而估计标准化的残差的条件分布可以用参数、半参数和非参数的方法估计，用参数方法估计残差的条件分布，分布可以是静态，也可以是动态的，而用非参数方法估计残差的条件分布时，边际分布通常是静态的。关于 Copula 理论主要有边缘分布的类型、模型的参数估计和模型的拟合优度检验及模型选择等方面的内容。

（1）边缘分布类型

由 Copula 函数的定义和性质可知，Copula 函数可以把边缘分布和联合函数分开来考虑，边缘分布可以相同也可以完全不同，边缘分布模型主要有以下几种

情形:

常见的边际分布模型是参数分布。边缘分布服从某一分布,由函数性质可知分布的各个参数可以不相同。如连续变量服从 t 分布,各个边缘分布的自由度可以互不相同,这比多元分布函数理论的要求宽松。Lee[16]、Nikouloulopoulo 和 Karlis[17]、Smith[18] 等对此问题进行了论述。另一种边际分布模型是非参数分布。Genest 等[19]、Shih 和 Louis[20]、Chen 等[21] 讨论了边缘分布用经验分布函数和光滑变量来描述,Hoff[22] 提出边缘分布可以用秩似然函数来描述。

时间序列模型也是常用的边际分布类型。时间序列模型是用 Copula 模型分析金融市场结构最常用的模型,诸多学者对这些模型进行研究讨论。如 Patton[23]、Chen 和 Fan[24]、Ausin 和 Lopes[25] 等先后对类模型进行了探讨研究。

(2) Copula 模型参数估计方法

第一种参数估计方法是极大似然法。Genest 和 Mackay[26] 提出了 Copula 模型参数估计的极大似然法和矩估计法。White[27] 讨论在正则条件下,给出时间序列模型参数的一步极大似然估计,同时表明最大似然估计是一致收敛和近似正态的,并利用标准化方法可以得到似然协方差矩阵的一致估计,但此方法只适合简单的二元变量模型,当模型的变量增多时,会造成极大的计算困难。最常用的方法是分阶段估计方法,分别估计边际分布参数和相依结构参数,边际分布需要满足实际问题的需要,分阶段方法可极大简化参数估计问题。Oakes[28]、Genset 等[29] 针对二元 Copula 函数提出了二阶段极大似然估计(IFM),分别估计边缘分布和联合相依参数,建立了估计的一致性和近似正态性理论。Joe[30] 研究了参数边际分布和 Copula 函数的极大似然估计,并建立了极大似然估计参数的似然性质。Song 等[31] 用不动点迭代方法对 Copula 参数进行估计,通过对对数似然函数进行加法分解,然后求解微分方程得到参数估计的新算法,并表明极大似然估计的多阶段迭代过程可以提高参数的估计效率。Abegaz 和 Naik[32] 在原来的基础上研究了参数二阶段极大似然估计的近似性质。Liu 和 Luger[33] 详细研究了 Copula 参数估计各种方法,并比较了它们的有效性。Newey 和 Mcfadden[34] 给出模型参数的一步极大似然估计方法,讨论多阶段极大似然估计的一步调整过程,结果表明一步调整可以提高估计的效率。Patton[35] 讨论一步估计方法可以得到参数估计的似然正态性,但协方差矩阵是非正态的,对于此问题,Patton[36] 详细说明了协方差矩阵的估计方法。同时 Song[37] 讨论了迭代多阶段估计方法估计参数的有效性。第二种相依结构参数的估计方法是半参数方法,根据 Copula 函数的性质,可以分离边际分布和相依结构参数分别估计,即利用非参数方法估计边际分布参数,然后用极大似然法估计相依结构参数,此方法被称为"正则极大似然法"或"伪极大似然估计"[38-39]。半参数方法的困难在于 Copula 似然函数取决有限维边际分布参数和相应的分布函数，标准的极大似然估计不能适用。Chen 和 Fan[40] 给出了此情形下参数的似然正态分布的推导过程，并且给出似然协方差矩阵的估计方法，同时利用似然分布理论给出多阶段参数的极大似然方法得到相依参数的标准差。研究半参数 Copula 模型相依参数的有效估计方法，说明半参数方法估计参数的似然协方差只依赖边缘分布的估计误差而不依赖估计参数，从而可以估计模型的条件均值和方差，但此方法只适用于静态的 Copula 模型。Patton[41] 讨论利用 Copula 函数性质，可以把边缘分布和联合分布分离，讨论边缘分布的参数的非参数方法估计方法和联合分布的相依参数的估计方法。Rémillard[42] 讨论对于时变条件 Copula 模型，估计参数的条件均值和方差误差会影响相依参数的似然分布。第三种参数的估计方法是非参数方法，Genest 和 Rivest[43] 首先提出针结阿基米德 Copula 模型参数的非参数估计方法，Genest 和 Segers[44] 提出极值 Copula 模型参数的非参数估计方法，其他学者如 Fermanian 和 Scaillet[45]、Fermanian 等[46] 也分别对此问题进行了研究。Genest 和 Rivest[43] 研究阿基米德 Copula 算例来识别最优的 Copula，研究了经验 Copula 方法估计函数参数，Bouzebda 和 Keziou[47] 用分离和对偶方法对半参数 Copula 模型进行参数估计，同时对参数进行检验及统计性质进行研究。Bouzebda 等[48] 对 K 样本的经验 Copula 函数参数估计的似然性质进行讨论。张尧庭[49] 首次在国内介绍了 Copula 基本理论，比较 Copula 函数，Kendallτ 和 Spearmanρ 的关系，说明 Copula 函数度量相关性的优点。Yi 和 Liao[50] 提出了三阶段极大似然估计并研究了参数三阶段极大似然估计的似然性质。

　　（3）模型的拟合检验和选择

　　估计与检验 Copula 函数在实际应用中有重要的意义，一方面拟合参数 Copula 函数是减小参数维数的有效方法，另一方面非参数 Copula 函数的检验可以为参数 Copula 函数的检验提供重要的参考依据。拟合优度检验解释相依结构的 Copula 模型与未知真实的 Copula 模型之间的差异，根据所要分析的模型是参数或非参数，可分为参数 Copula 参数拟合优度检验和半参数拟合优度检验。最常用的拟合优度检验包括 K-S（Kolmogorov-Smirnov）和 CvM（Cramér-Von-Mises）检验，都是基于比较拟合 Copula 的累积概率分布与经验概率分布之间的距离，利用 Rosenblatt 变换，即多变量概率积分转换，首先假设所用模型正确，边际分布数据会转换成服从（0，1）均匀分布的独立随机变量，然后对独立均匀分布进行 K-S 或 CvM 检验。Rosenblatt 变换不仅可用于静态和动态 Copula 模型检验，同时也适合马尔可夫 Copula 模型。Genest 等[51] 对不同拟合优度检验进行综合评述，利用模拟数据对不同拟合优度检验和他们提出的检验进行比较分析，说明 CvM 检验是最有效的检验方法，这一结论同时得到了 Berg[52] 的证实。对于 Copula 模型的拟合优度检验问题，综述性的评述可见 Corradi 和 Swanson[53]，Bonhomme 等[54] 和 Chen 等[55]。

在应用 Copula 函数描述变量之间的相依结构，对于它是否能够充分描述它们之间的相依结构至关重要，关系到模型设置的正确性和合理性。Diebold 等[56] 建立了基于序列概率积分变换方法来评价 Copula 模型，主要思想是检验变换后的序列是否为独立均匀的随机变量。Chen 等[57] 将变换后随机变量的核估计与均匀分布的密度函数进行比较，Frahm 等[58] 认为对高维数据进行 Rosenblatt 变换比较困难，从而用样本数据的密度函数与均匀分布密度函数相比较。Corradi 和 Swanson[59] 详细研究了极大似然方法和两阶段方法对模型选择的影响。Genset 和 Rivest[43] 研究用非参数方法估计最小距离确定最优的 Copula 模型。Erik 等[60] 利用已知 Copula 函数与经验 Copula 函数的最小 Kolmogorov-Smirnov 距离来确定最优的 Copula 函数。Hu[61] 引入 χ^2 统计量来评价 Copula 模型的拟合优度。Patton[62] 把"Hit"检验方法应用于非线性 Copula 函数模型进行检验，"Hit"检验方法可以用于边缘分布和 Copula 模型的评价，检验的方法是：将密度模型分解为一个包含若干个区域模型的集合，然后分别对各个区域模型进行检验，如果每个区域模型都通过检验，就认为整体模型是符合设定要求的。Chen[40] 用伪似然比方法对模型的拟合进行检验。Dobric′ 和 Schmid[63] 提出基于 Rosenblatt 变换的 Anderson Darling（AD）检验。Rémillard[64] 提出针对参数估计方法的 CvM 检验方法，Breymann 等[65] 提出基于 Roseblatt 转换的时变 Copula 模型的检验方法。另外 Genest[51] 详细讨论比较各种检验方法，并对检验方法进行比较说明。此外还有许多学者如 Hong[66] 和 Femanian[67] 提出各种不同方法对 Copula 函数模型的拟合进行检验。

对于模型的选择问题，White[68] 用极大似然估计方法讨论了 Copula 模型的选择问题。Rivers 和 Vuong[69] 提出用非线性动态方法研究 Copula 模型选择问题。Chen 和 Fan[21,70] 对半参数 Copula 模型构造了似然比统计量来选择最优的 Copula 模型。Abegaz 和 Naik-Nimablker[32] 讨论了一阶平稳马尔科夫时间序列模型二阶段极大似然比统计量的性质，并讨论模型的选择问题。Molanes 等[71] 提出基于经验似然非光滑的非参数 Copula 函数的检验方法。

（4）时间序列相依关系研究

随机变量之间定性相关研究最常用的 Granger 因果检验，最早由 Granger[72] 提出，此后 Granger[73] 详细说明了此检验方法。其主要用于检验一组时间序列是否可以被用来预测另一组时间序列，但只能对变量之间的因果关系给出定性的描述，而不能给出定量的刻画。向量 GARCH 模型和向量 SV 模型广泛应用研究金融时间序列间的相依性分析，Engle 和 Mezrich[74] 建立了 GARCH 模型研究时间序列变量间的相依关系分析，Ding 等[75]研究了资产间的相关性和模型的估计和检验，但在理论上还有很多待解决的问题。

因为相关系数和因果检验都无法完整地描述随机变量之间的相依结构，而随机变量之间的相依结性通常由多元分布函数来刻画。多元分布函数是说明随机变量相依结构的最根本方法，但在变量较多情况下，函数的解析式较难处理，并且存在一定的约束条件，要求各个边缘分布的函数类型相同，而且要求边缘分布函数的类型和多元分布函数的类型一致，另外通常假设随机变量的联合分布是多元正态分布或多元 t 分布，但现实的金融数据和假设情况不相符合。Longin 和 Solnik[76]提出用极值理论研究国际资本市场的相关性，但只讨论分布的尾部相关性。Embrechts 等[77]以及 Cherubini 等[78]都指出金融市场收益绝大部分变量不符合理想的假设，而且使用多元正态分布作为联合分布将导致严重的后果。Cherubini 和 Luciano[79]实证分析发现多元正态分布的假设将大大低估面临的风险。

1.2.2　Copula 函数模型的应用研究

由于 Copula 函数理论的成熟与完善，许多学者把 Copula 理论应用于不同的学科领域，如 Oakes[80]讨论 Copula 函数理论在生物统计领域的应用，Frees 和 Valdez[81]研究了 Copula 函数模型刻画保险市场的相依结构，Bhat 和 Sener[82]在尝试利用 Copula 函数描述交通变量的相关关系，Lambert 和 Vandenhende[83]，Nikoloulopoulos 和 Karlis[84]把 Copula 理论应用于医学领域等，其中在金融领域的应用最为广泛。

（1）风险管理

在金融和经济领域，Copula 函数的重要应用是风险管理，集中度量在险风险（VaR）和其他相关风险等。McNeil 等[85]和 Alexander[86]详细论述 Copula 函数理论在风险管理中的应用。Embrechts 等[87]最早将 Copula 理论引入金融领域度量相关性，Bouyé 等[88]把 Copula 模型应用于研究市场风险，信用风险和操作风险的管理，同时说明不同 Copula 函数表示的相关结构影响具体的风险管理。Li[89]首先应用 Copula 模型进行资产定价风险领域，采用正态 Copula 方法和模拟相结合，并给出了具体的实现过程。Frey[90]研究了 Copula 模型在信用风险中的应用。Romano[91]利用 Copula 理论对意大利股市收益率进行风险分析。Bouyé 和 Salmon[92]运用 Copula 分位回归方法对金融市场的相依性进行研究。Fantazzini[93]把 Copula 理论应用于金融市场的风险计算。Jouanin[94]讨论了 Copula 模型对资产投资组合的市场风险、信用风险和操作风险的度量。Glasserman 和 Li[95]用蒙特卡洛模拟和正态 Copula 相结合去描述整体信用风险。Genest[96]提出基于 Copula 模型从上向下的金融机构整体风险的计算方法，同时说明正态 Copula 模型会低估整体风险。
Rosenberg 和 Schuermann[97]对市场风险、信用风险和操作风险用 Copula 模型进行研究，发现简单相加的风险被高估了 40%。Kole 等[98]选用不同的 Copula 模型对股票、债券和实物资产的相关关系进行研究，并度量了总风险。Chen 等[99]应用 Copula 分形波动模型讨论美国与中国股票市场的传染效应，实证表明两市场存在非对称的尾部相关结构，同时 2007—2008 年的金融危机美国股市对中国股市有明显的传染效应，对投资者的操作风险提供参考建议。Aloui 等[100]利用 Copula-GARCH 方法讨论了 2010—2011 年国际油价与美元汇率的条件相依结构。研究结果表明，它们之间存在显著和对称的相依结构，油价的上涨与美元的贬值高度相关。同时表明考虑结构的尾部极值情形可以提高 VaR 的预测水平。Filho 等[101]利用时变 Copula 方法探讨美国、英国、俄罗斯和巴西四国股市的动态相依结构，研究发现这些特殊的 Copula 模型对 VaR 的估计没有明显影响。Gülpinar 和 Katata[102]讨论由于油价和天然气的供应短缺造成金融和能源容积的损失，利用极值 Copula 理论描述金融和能源容积损失的结构相依性。研究结果表明，极值 Copula 理论比正态 Copula 理论更准确地刻画相依结构，同时能更好地估计损失风险。柏满迎和孙禄杰[103]对比 Copula-VaR 方法与传统的 VaR 方法，实证说明了 Copula-VaR 方法更能有效地测量风险。胡心瀚等[104]利用 Copula-ACD 模型对上证 180 指数的连涨和连跌收益率进行研究，说明用此方法要优于传统的方法。李建平[105]利用 Copula 函数结合蒙特卡洛模拟方法计算商业银行信用风险，市场风险和操作风险的整体风险，同时研究了风险分散化效应。包卫军和徐成贤[106]运用多元 Gumbel copula 函数对投资组合的 VaR 进行计算。汪冬华等[107]利用 Copula 函数构建我国 14 所上市商业银行的生成市场、信用和操作风险敞口回报的联合分布，然后利用 VaR 度量整体风险，结果说明能很好地度量整体风险。

（2）信用违约

金融衍生定价不可避免需要考虑多重合约的相依结构和相关风险，Li[89]首次把 Copula 函数理论应用于信用风险管理，Frey[90]，Hofert 和 Scherer[108]，Duffie[109]等应用 Copula 函数理论于信用违约风险管理领域。Gregory 和 Laurent[110]用因子正态 Clayton Copula 方法，结合傅立叶变换对市场违约情况进行分析研究。Jondeau 和 Rockinger[111]把 Copula 模型引入金融市场领域研究金融时间序列之间的相依关系，同时研究了违约问题。Cherubini 等[78]应用 Copula 函数模型探讨信用衍生品定价问题，并提出基于期权定价的 Copua 方法，同时，讨论了 Copula 函数在信用风险管理和定价理论的应用。朱世武[112]利用 Copula 函数模型讨论违约相关性。Hu[113]用 Gumbel、Clayton 和 Frank 等阿基米德 Copula 函数组合构建混合 Copula 函数，研究金融市场的模型，讨论信用违约情形。詹原瑞[114]使用 Copula 结合信用风险模型研究信用违约互换组合的定价问题。Bennett 和 Kennedy[115]，Taylor 和 Wang[116]、Cherubini 等[117]应用 Copula 函数理论对违约情形进行了研究。

（3）投资组合决策

投资组合决策的一个重要问题是找到各投资组合的权重，从而最大化投资人的期望效用，而这些需要考虑多资产间的相依结构。Patton[41]利用动态 Copula 函数理论考虑日元对美元和英镑对美元之间的相依情况以及两元资产间的投资组合问题。吴振翔等[118]利用 Copula-GARCH 模型研究股票市场的投资组合问题。陈守东等[119]利用 Copula 方法结合蒙特卡洛模拟度量了沪深两市投资组合风险。李秀敏和史道济[120]采用 Copula-GARCH-GPD 模型对沪深股市的相关性进行研究。Hong 等[66]研究了基于失望决策的 11 个股票市场的投资组合问题。Garcia 和 Tsafack[121]利用 Copula 函数对两个国家的股票和债券市场的组合决策问题进行研究。Philippas 和 Siriopoulos[122]研究在希腊危机期间，分别用溢出机制转换和两元条件 Copula 模型讨论 6 个欧盟国家债券市场的波动特征，实证表明，从希腊到欧盟六国的债券市场存在明显的传染效应，可以为投资组合提供参考依据。Aloui 等[123]运用 Copula-GARCH 模型研究 1997 年 1 月至 2011 年 10 月间国际油价与天然气价格收益的相依结构，实证表明考虑极端尾部相关关系可以更好地预测投资组合的 VaR。

（4）时变 Copula 模型

许多的文献已经说明金融时间序列的条件波动率是随时间变化的，从而推动条件 Copula 模型的相依结构参数变化是动态的。Engle[124]提出多变量动态条件相关的 GARCH 模型，相依结构由滞后的标准差和自回归项解释，用以度量相依结构动态变化情况。此后，Hafner 等[125]讨论半参数动态模型描述变量之间的相依结构。Patton[23]提出时变条件 Copula 模型，通过定义相关参数随时间演化的方程来确定变量间相关性的变化，并用二阶段极大似然参数的方法来估计相依参数，Jondeau 和 Rockinger[126]分别用动态条件相关，马尔可夫转换和离散限制方程对正态 Copula 和学生 T-Copula 模型来描述动态相依性。Chollete 等[127]提出动态条件时变 Copula 模型，即通过对多元藤结构的 Copula 模型分解，转化为一系列二元条件 Copula 模型，避免了维数过多引起的计算问题。Giacomini 等[128]提出一种估计时变 Copula 模型参数的局部变点法，主要思想是把时变参数看成在一个不变参数的置信区间内变化，关键是如何确定估计区间的长度。Hafner 和 Manner[129]提出一种随机动态自回归 Copula 时变模型，时变 Copula 参数不能由模型的样本值给定，而是由独立随机过程确定参数的取值，同时讨论了重要性抽样方法来估计参数。

Hafner 和 Reznikova[130]提出一种半参数方法去估计时变 Copula 模型参数，把时变参数看作时间的光滑函数。Dias 和 Embrechts[131]讨论用一种变结构 Copula 模型去检验变量间的相依结构随时间的变化情况。还有一类重要的动态 Copula 模型的是变结构 Copula 模型，它通过一些特定的理论方法来确定不同的波动区域或波动状态，然后再用 Copula 函数来描述不同波动水平下变量间的动态变化情况，包括参数结构变化和函数类型变化，由于变点检测对小的变化反应比较弱。Zhang 和 Guégan[132]认为相依性分析研究是对应参数随时间变化的行为，提出采用 U 统计量来检测 Copula 函数的结构变化，将时变和结构相依情况都考虑的转换机制 Copula 模型，进一步说明变量之间相依结构和相依程序随时间变化的是马尔可夫机制转换的 Copula 模型。首先由 Pelletier（2006）[133]提出，此后如 Garcia 和 Tsafack[134]提出基于下尾相关，上尾独立的多个序列机制转换 Copula 模型，Okimoto[135]、Chollete 等[136]、Markwat 等[137]都先后讨论了马尔可夫机制转换的 Copula 模型。Harvey[138]提出一种估计时变 Copula 参数的非参数方法，利用此方法估计时变分位数参数。

Patton[23]首先采用时变 Copula 方法研究日元对美元以及英镑对美元之间的时变相依情况，说明了汇率之间有时变的尾部非对称性。Goorbergh 等[139]分别用秩相关系数的演化方程确定时变的 Copula 模型研究多元期权定价问题。Ané 和 Labidi[140]构建时变 Copula 函数模型研究价格的波动溢出和动态相依问题。Jondeau 和 Rockinger[126]研究 Copula-GARCH 模型讨论全球股市的条件相依性。韦艳华等[141]利用时变 Copula 模型研究金融市场间的动态相依性。Zhang 和 Guégan[132]探讨时变 t-Copula 函数研究二元期权定价问题。龚朴和黄荣兵[142]根据时变相依参数的演化方程，汇率改革前后的三种主要外汇之间的相依结构进行分析研究，结果发现前后的相依关系发生显著变化。Chiou 和 Tsay[143]采用条件 Copula-GARCH 模型去估计投资组合的 VaR 值，结果发现时变的 Copula 估计 VaR 比传统的方法更有效。Dias 和 Embrechts[131]研究时变 Copula 模型探讨欧元和日元分别对美元的时变相依结构，同时发现时变 Copula 模型比其他的时变模型能更好地估计相依结构。Hu[144]分别讨论中国和美国股市与其他主要国家的股市时变相依结构，结果发现中国股市对其他国家股市的影响相对较小。Wang[145]采用时变 Copula 方法去度量中国股市和亚太地区和其他股市之间的相依情况，结果发现中国和日本以及亚太地区股市有较强的相依关系。Reboredo[146]利用时变的 Copula 模型从美国金融危机前后两个时间段去度量国际油价与汇率之间的协同相依情况，结果发现油价和汇率之间的相依程度虽然金融危机之后有了较大的提升，但总的来说还是很弱。Aloui 等[147]应用时变 Copula 方法讨论在过渡期间国际原油价格与中东欧股市的条件相依结构。研究结果表明，油价与六国股市存在正相关的相关结构和传染效应，同时它们之间的下尾相依关系程度强于上尾相依。Berger[148]利用时变动态条件Copula表现市场相依结构。实证研究表明，考虑时变动态条件可更准确可信预测不同金融市场投资组合的VaR。Sriboonchitta等[149]对泰国农产品产量和价格的波动以及相依结构用Copula模型描述，发现时变Copula模型可以较好地刻画波动和相关关系。王永巧和刘诗文[150]用时变Copula模型描述中国内地、美国、英国、日本和中国香港股市的动态相依性，结果发现中国内地与除中国香港外的其他国家或地区股市保持微弱的下尾相依性，与中国香港股市的下尾相依呈上升趋势，而与其他国家或地区的上尾相依性整体较弱。Yang和Hamori[151]采用时变Copula模型探讨英镑、欧元和日元对美元汇率与国际黄金价格的动态相依结构。研究结果表明，在稳定时期，它们之间的条件相依结构是很弱的；在危机时期，相关关系为负，英镑和欧元汇率与黄金价格的上尾相依性强于下尾相依，同时存在非对称的相依关系。Dajcman[152]利用静态和动态SJC（Symmetrized Joe-Clayton）Copula模型研究中东欧三个最大的股票市场与德国和法国股票市场的相依结构。研究表明，它们的相依结构为时变和非对称的，同时下尾相关比上尾相关程度高。

（5）高维Copula模型

Copula模型的早期应用主要集中在二元情形，然后最近在高维Copula模型理论和应用领域得到充分的发展。Daul等[153]提出"群t"Copula模型，并说明此模型可描述100个变量之间的相依结构。Hering等[154]利用网格阿基米德Copula模型测度了125家公司的信用风险问题。Christoffersen等[155]把偏t-Copula函数结合动态DCC模型讨论33个发达和发展中国家股票市场的相依结构。多变量藤Copula模型广泛应用研究多元变量的相依结构，Min和Czado[156]提出半参数动态Vine pair-Copula模型刻画多变量之间的相依结构，同时应用多国的汇率收益进行实证分析。Righi和Ceretta[157]利用Pair-Copula函数描述金融危机期间欧洲六国资本市场的相依结构，实证表明，多元Copula模型能有效预测投资组合风险，提高市场效率。Kim等[158]提出混合D-vine Copula模型刻画多维变量复杂和隐性相依结构，克服多维数据相依参数的估计问题。So和Yeung[159]针对多维非正态金融时间序列数据，构造边际分布为GARCH模型，联合分布为Vine-Copula模型刻画多变量之间的动态条件相依结构，同时对香港股票市场分别用三种相依结构进行实证，结果表明大部分相依结构是时变动态的。WeiSS和Supper[160]对股票市场的买卖价格差和投资组合的对数收益序列分别用条件双泊松分布和GARCH模型刻画，然后用Vine-Copula模型来描述多变量联合相依结构。实证表明，此模型可以更好预测投资组合的收益和损失。Sriboonchitta和ChaiboonsriLow[161]对2012—2013年亚洲资本市场之间的动态相依结构用 C-D Vine Copula 模型描述，结果表明资本市场和汇率市场存在动态相依，同时，利用多个多维椭圆和非对称 Copula 模型预测多个投资组合的 VaR，研究表明 Clayton canonica vine Copula 模型可较好地估计投资组合的风险。

1.2.3　金融市场时间相依结构研究

国内外学者最早用 Pearson 相关性来测度金融市场间的静态相关性，尽管随后有学者基于滚动窗口技术实现对金融市场动态相关性的测度，但此类方法只能刻画金融市场之间的线性相关性，而无法充分刻画金融市场之间存在的非线性、非对称的相依结构特征。对此，从 20 世纪 90 年代开始，国外学者开始引入 Copula 模型来分析金融市场之间的非线性相依性和相依结构特征。由于 Copula 模型能较好克服传统线性相关性测度方法的局限，使得这类模型逐渐成为主流分析方法并不断得到拓展，主要的拓展方向有：第一，由二元 Copula 模型向混合高维 Copula 模型拓展，比如由阿基米德 Copula 模型族向藤结构 Copula 模型（C-Vine Copula、D-Vine Copula、R-Vine Copula）（Czado 等，2012；Karmann 和 Herrera，2014；Dißmanna 等，2013）拓展；第二，由静态 Copula 模型向动态 Copula 模型拓展，比如 Joe（1996）、Patton（2006）分别提出了变结构 Copula 模型和二元动态 Copula 模型。

在实证方面，国外不少学者采用 R-Vine Copula 模型对欧美股市进行建模分析进而揭示出股市之间存在的复杂相依结构及在金融危机期间凸显出的危机传染效应（Dißmanna 等，2013；Brechmann 和 Czado，2013；Brechman 等，2014）。与此同时，这些学者的研究也表明 R-Vine Copula 模型比 C-Vine Copula 和 D-Vine Copula 模型具有更大的优势和合理性。Dißmanna 等（2013）采用 R-Vine Copula 模型对欧洲 16 个国家股市间的相依结构进行实证分析；Brechman 等（2014）做了类似研究，并发现 R-Vine Copula 在构建高维 Copula 函数方面优于 C-Vine Copula 和 D-Vine Copula。

国内学者近几年来也不断引入各类 Copula 模型对我国金融市场之间的相依结构展开实证分析工作。吴吉林和张二华（2012）采用带机制转换混合 Copula 模型分析了沪深港台股市之间的尾部相依特征后发现：沪深市与港市之间的相依性强于与台市的相依性，在金融危机之后，这种相互之间的依赖性大大增强了。郭文伟（2016）通过使用 R-Vine Copula 模型分析了三次危机期间全球主要股票市场之间的风险传染效应。曾裕峰等（2017）通过使用多元分位数回归模型分析了全球 9 个具有代表性的境内外股票市场之间的联动性并进行传染力大小的重要性排名，发现我国对外开放政策并没有实质性地提高国内金融市场的国际化水平。朱鹏飞等（2018）通过使用 Vine Copula-HAR-RV 模型研究了国际主要股票市场的联动性，发现国际主要股市之间存在非对称的尾部相依性，且下尾相关性普遍大于上尾相关性。曾胜（2019）通过研究中英、中欧、中日和中美之间的市场联动性发现，中美之间的联动性增强最多。

1.2.4 尾部风险溢出效应测度

本书的尾部风险是指股票、汇率、利率等资产市场价格出现极端下跌情况下所导致的市场风险。从统计学角度看，金融危机所造成的极端损失处在分布的尾部，因此这种风险被称之为"尾部风险"。2008 年金融危机暴露了早期尾部风险测度方法的不足，以往的测度方法没有考虑到外来风险对整个金融市场的冲击和传染。针对这一缺陷，新型尾部风险测度方法（条件在险价值法 CoVaR）应运而生。CoVaR 在 VaR 的基础上，利用金融市场收益率序列条件标准差与不同序列的相关性来测算各金融市场间的风险溢出效应。当前研究中 CoVaR 的估计方法主要有三种：第一种方法是 Adrian 和 Brunnermeier（2016）首先提出的通过分位数回归度量 CoVaR。该方法通过构建金融市场尾部风险溢出回归模型对 VaR 和 CoVaR 进行估计，其不足之处在于测算结果比较粗糙，也无法刻画变量间的非线性关系。第二种方法是由 Girard 和 Ergün（2013）提出的通过 DCC-GARCH 模型计算 CoVaR。Trabelsi 等（2017）采用该方法来测度发达国家股市和新兴市场股市的 CoVaR 值及 ΔCoVaR 值。Fang 等（2017）利用边缘分布为 Skewed-t 函数的 ADCC 模型对 G7 国家和金砖国家股市进行系统性风险度量，发现发达国家资本市场相对新兴市场更易积累系统性风险。第三种方法是利用 Copula 模型进行 CoVaR 估计。相比前面两种方法，这种方法显著提升了测算精确性。Bernardi 等（2017）、Boako 等（2017）利用 Copula-CoVaR 模型测度了金融市场的尾部风险传染效应，发现发达国家资本市场与发展中国家资本市场之间的尾部风险在金融危机发生时呈现交替传染，在危机发生后有放大效应。刘晓星等（2011）构建了 EVT-Copula-CoVaR 模型以研究美国股票市场尾部风险溢出程度，研究发现其尾部风险溢出效应明显，对法国、英国、日本和中国的金融市场均存在明显传导作用；沈悦等（2014）利用 GARCH-Copula-CoVaR 模型不仅测算了银行业、证券业、保险业和信托业四个市场对金融市场系统性风险的贡献，还分别测算了各市场间的系统性风险溢出情况。杨子晖等（2019）使用预期损失指标衡量中国金融市场与各金融部门之间的极端尾部风险，并通过非线性研究视角发现，房地产部门是我国金融风险的重要来源。彭选华（2019）提出了多元 DCC-Copula-SV-M-t 模型和

MCMC 方法来度量金融市场尾部风险溢出效应，其研究结论证实了中美之间具有非对称性风险溢出的特征。

1.3 研究思路与研究内容

1.3.1 研究思路

本书利用贝叶斯估计方法结合 Copula 函数理论、小波函数、分位回归理论，讨论金融市场分别为非线性、非对称、时变动态等情形，研究了在可靠性、生存分析和金融等领域描述金融市场时频联动相依结构，设计边际和相依结构参数的 MCMC 抽样算法，比较不同参数估计方法的优劣，仿真和实证研究所构建模型在可靠性、生存分析和金融等领域的应用。主要研究思路如图 1.1 所示。

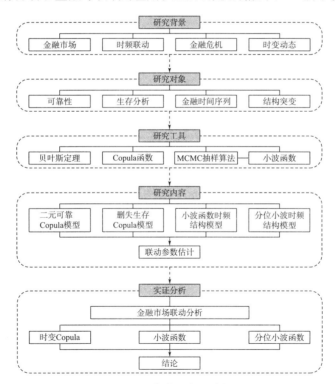

图 1.1　本书研究思路图

1.3.2　研究内容

本书主要研究基于离散、混合和删失变量的贝叶斯 Copula 模型构建理论，共分为 9 章，具体内容如下：

第 1 章：绪论。阐述了本书的研究背景和意义，然后分析了国内外研究现状，最后对本书的研究思路、主要研究内容和结构安排等进行说明。

第 2 章：贝叶斯 Copula 相依结构理论。首先介绍 Copula 函数的定义、性质与常用的 Copula 函数；然后对变量间相依关系的度量方法系统描述；接着讨论 Copula 函数的常用的估计方法和模型检验；最后讨论了 Copula 模型的 MCMC 抽样算法和收敛诊断方法。

第 3 章：基于指数和 Pareto 分布的贝叶斯 Copula 可靠性模型构建。首先构建边际为指数分布的 Copula 可靠性模型，对模型参数的先验分布及超参数选择进行讨论，设计 M-H 抽样算法对模型参数进行估计推断；然后构建边际为 Pareto 分布的 Frank Copula 可靠性模型，讨论相关矩阵的推导和参数的先验分布选择；最后，利用 Monte Carlo 仿真实验对指数 Copula 可靠性模型的贝叶斯推断进行了更深入的探讨。

第 4 章：基于贝叶斯 Copula 函数的删失生存模型构建。首先构建异质 Copula 删失生存模型，利用 MCMC 抽样方法推导参数的条件后验分布；其次，构建正稳态删失生存模型，利用自适宜算法和 M-H 抽样推导参数的条件后验分布，设计两阶段与一步 MCMC 抽样对正稳态删失生存 Copula 模型参数的估计；然后 Gibbs 抽样推导删失治愈率 Copula 生存模型参数的条件后验分布；最后，利用删失生存的实际数据，分别用删失正稳态、Frank 和 Clayton Copula 生存贝叶斯模型对相依结构进行了讨论。

第 5 章：基于混合变量的多元贝叶斯 Copula 模型构建。研究连续变量的多元正态 Copula 模型构建理论，利用 M-H 抽样获得边际参数的条件后验分布，通过相关矩阵参数化，引入二元指示变量，设计 M-H 抽样算法对潜变量和参数化矩阵元素的估计；然后讨论离散和混合变量的多元 Copula 模型构建，设计 MCMC 抽样算法对相关参数进行估计；其次构建多元正态 Copula 回归模型，讨论协方差矩阵的先验选择，给出离散和混合情形下边际分布参数和相关矩阵元素的 MCMC 抽样过程；最后结合 Monte Carlo 仿真对混合变量的 Copula 模型的贝叶斯抽样过程进行实现，给出相关参数的后验估计和检验。

第 6 章：亚太股票市场与国际油价相依结构研究。首先，对国际原油与股票市场受金融危机影响的结构突变进行相关检验；然后，利用静态和时变 Copula 模型分别描述金融危机前后国际原油与亚太股票市场的相依结构；接着，研究时间序列的时变 t-Copula 模型的贝叶斯推断理论，利用时变 t-Copula 模型贝叶斯方法刻画危机前后的相依结构；最后，利用静态、时变和时变 Copula 模型度量的相依结构，分别估计不同组合的 VaR，并对结果进行比较分析。

第 7 章：中国股票市场和人民币汇率动态联动效应研究。利用静态和动态 Copula 模型对人民币汇率改革后，人民币兑美元，人民币竞欧元，人民币兑英镑和人民币兑与中国股票市场的相依结构进行度量。

第 8 章：美国经济政策不确定性与中印股票市场时频联动效应研究。利用连续和离散小波函数对美国经济政策不确定性与中国、印度股票收益的时频结构进行测度，同时对多尺度频率的格兰杰因果关系进行检验。

第 9 章：投资者情绪和加密货币分位时频动态效应研究。采用基于小波的分位数格兰杰因果关系方法，研究了市场资本化程度最高的四种加密货币收益与投资者情绪之间的动态关系。

第 10 章：结论。本章对本书的主要研究工作、结论和创新之处进行了总结，并对尚未涉及和有待进一步研究的相关问题做了简要评述。

第 2 章　贝叶斯 Copula 相依结构理论

2.1　Copula 函数及相依结构分析

2.1.1　Copula 函数定义与性质

定义 2.1（Nelsen，2006）[6] 二维 Copula 函数 $C(u, v)$，满足：

（1）C 的定义域为 I^2，$I = [0, 1]$；

（2）C 为零基底的二维增函数；

（3）对任意的 $u, v \in [0, 1]$，有 $C(u, 0) = C(0, v) = 0$，$C(u, 1) = u$，$C(1, v) = v$；

（4）对任意的 $u_1, u_2, v_1, v_2 \in [0, 1]$，如果 $u_1 \leqslant u_2$，$v_1 \leqslant v_2$，则：

$$C(u_2, v_2) - C(u_2, v_1) - C(u_1, v_2) + C(u_1, v_1) \geqslant 0$$

定理 2.1（Sklar 定理）[2] 设二维联合分布函数 H 具有 F 和 G 的边缘分布，则存在一个 Copula 函数 C，对任意的 $x, y \in [-\infty, +\infty]$，有

$$H(x, y) = C(F(x), G(y)) \tag{2.1}$$

如果 F 和 G 连续，则 C 是唯一的；否则，C 在 $RanF \times RanG$ 上唯一确定。如果 F 和 G 是分布函数，则 $C(F(x), G(y))$ 是联合分布函数，且边缘分布为 F 和 G。

定理 2.2（n 维 Sklar 定理）[2] 设 H 是 n 维的联合分布函数，边缘分布函数为 $F_1, F_2, \cdots, F_n$，对任意 $X \in [0, 1]^n$，存在一个 n 维 Copula 函数 C，使得

$$H(x_1, x_2, \cdots, x_n) = C(F_1(x_1), F_2(x_2), \cdots, F_n(x_n)) \tag{2.2}$$

如果 $F_1, F_2, \cdots, F_n$ 都连续，那么 C 是唯一的。否则，C 在 $RanF_1 \times RanF_2 \times \cdots \times RanF_n$ 上是唯一的。相反，如果 C 是 n 维的 Copula 函数，$F_1, F_2, \cdots, F_n$ 是分布函数，则 $H(x_1, x_2, \cdots, x_n)$ 是一个联合分布函数，且边缘分布函数分别是

F_1，F_2，$\cdots$，F_n。

对式（2.2）两边求偏导，可得

$$h(x_1, x_2, \cdots, x_n) = c(F_1(x_1), F_2(x_2), \cdots, F_n(x_n)) \prod_{i=1}^{n} f_i(x_i) \qquad (2.3)$$

此处，$c(u_1, u_2, \cdots, u_n) = \dfrac{\partial C(u_1, u_2, \cdots, u_n)}{\partial u_1 \partial u_2 \cdots \partial u_n}$，$u_i = F_i(x_i)$，$h$、$c$ 和 f_i 分别为分布函数 H、C 和 F_i 对应的概率密度函数。

性质 2.1 对于 $[0, 1]$ 上任意的 u，v，$C(u, v)$ 满足 Fréchet Hoeffding 边界：
$$\max(u + v - 1, 0) \leqslant C(u, v) \leqslant \min(u, v)$$

性质 2.2 设 X_1，X_2，$\cdots$，X_d 是随机变量，F_1，F_2，$\cdots$，F_d 是对应的分布函数，联合分布为 $F(x_1, x_2, \cdots, x_d)$，$u_i = F_i(x_i)$，$i = 1, 2, \cdots, d$. 若 X_1，X_2，$\cdots$，X_d 相互独立，则 $F(x_1, x_2, \cdots, x_d) = \prod_{i=1}^{d} F_i(x_i)$，同时，$C(u_1, u_2, \cdots, u_d)$ 称为独立，即 $C(u_1, u_2, \cdots, u_d) = \prod_{i=1}^{d} u_i$

性质 2.3 设连续随机变量 X 和 Y，相应的 Copula 为 C_{XY}，如 g 和 h 为定义在 RanX 和 RanY 上严格单调函数，那么有下面性质：

（1）如果 g 和 h 都为严格增函数，则有 $C_{g(X)h(Y)} = C_{gh}$；

（2）如果 g 为严格增函数，h 为严格减函数，则有 $C_{g(X)h(Y)}(u, v) = u - C_{XY}(u, 1 - v)$；

（3）如果 h 为严格增函数，g 为严格减函数，则有 $C_{g(X)h(Y)}(u, v) = v - C_{XY}(1 - u, v)$；

（4）如果 g 和 h 都为严格减函数，则有 $C_{g(X)h(Y)}(u, v) = u + v - 1 + C_{XY}(1 - u, 1 - v)$

性质 2.4 设 u_1，u_2，v_1，$v_2 \in [0, 1]$，有 $| C(u_2, v_2) - C(u_1, v_1) | \leqslant | u_2 - u_1 | + | v_2 - v_1 |$。

2.1.2 Copula 函数分类

最常用的 Copula 函数有椭圆形（Elliptical）Copula 函数、阿基米德（Archimedean）Copula 函数和 SJC（Symmetrised Joe-Clayton）Copula 函数[6]等。

（1）椭圆形 Copula 函数

最常用的椭圆形 Copula 函数为正态（Gaussian）Copula 函数和 t-Copula 函数。它们的优点是描述不同相依程度的边际分布的 Copula 函数，缺点是无法捕捉到边际变量之间非对称的相依结构。

二元正态 Copula 函数的分布函数为

$$C(u, v; \rho) = \int_{-\infty}^{\Phi^{-1}(u)} \int_{-\infty}^{\Phi^{-1}(v)} \frac{1}{2\pi\sqrt{1-\rho^2}} \exp\left(-\frac{m^2 - 2\rho mn + n^2}{2(1-\rho^2)}\right) dmdn \quad (2.4)$$

二元正态 Copula 函数的密度函数为

$$c(u, v; \rho) = \frac{1}{\sqrt{1-\rho^2}} \exp\left(-\frac{\Phi^{-1}(u)^2 + \Phi^{-1}(v)^2 - 2\rho\Phi^{-1}(u)\Phi^{-1}(v)}{2(1-\rho^2)}\right)$$

$$\exp\left(-\frac{\Phi^{-1}(u)^2\Phi^{-1}(v)^2}{2}\right) \quad (2.5)$$

其中 $\Phi^{-1}(\cdot)$ 为标准正态分布 $\Phi(\cdot)$ 的逆函数，$\rho \in (-1, 1)$ 为相关参数。

二元 t-Copula 函数的分布函数为

$$C(u, v; \rho, \nu) = \int_{-\infty}^{T_\nu^{-1}(u)} \int_{-\infty}^{T_\nu^{-1}(v)} \frac{1}{2\pi\sqrt{1-\rho^2}} \left(1 + \frac{m^2 - 2\rho mn + n^2}{\nu(1-\rho^2)}\right)^{-\frac{\nu+2}{2}} dmdn$$

$$(2.6)$$

二元 t-Copula 函数的密度函数为

$$c(u, v; \rho, \nu) = \rho^{-\frac{1}{2}} \frac{\Gamma\left(\frac{\nu+2}{2}\right)\Gamma\left(\frac{\nu}{2}\right)}{\left(\Gamma\left(\frac{\nu+1}{2}\right)\right)^2} \cdot \frac{\left(1 + \frac{\zeta_1^2 + \zeta_2^2 - \rho\zeta_1\zeta_2}{\nu(1-\rho^2)}\right)^{-\frac{\nu+2}{2}}}{\prod_{i=1}^{2}\left(1 + \frac{\zeta_i^2}{\nu}\right)^{-\frac{\nu+2}{2}}} \quad (2.7)$$

此处，$\rho \in (-1, 1)$ 为相依参数；$T_\nu^{-1}(\cdot)$ 为自由度为 ν 的学生 t 分布函数 $T_\nu(\cdot)$ 的逆函数；$\zeta_1 = T_\nu^{-1}(u)$，$\zeta_2 = T_\nu^{-1}(v)$。

（2）阿基米德 Copula 函数

阿基米德（Archimedean）Copula 函数是 Copulas 重要的函数类。常用的阿基米德 Copula 函数有 Gumbel、Clayton 和 Frank Copula 函数，因这些函数具有完全的解析函数形式，没必要 Sklar 定理进行多变量分布推导。下面分别介绍它们的函数形式。

Gumbel Copula 函数的分布函数为

$$C(u, v; \theta) = \exp(-[(-\ln u)^\theta + (-\ln v)^\theta]^{\frac{1}{\theta}}) \quad (2.8)$$

Gumbel Copula 函数的密度函数为

$$c(u, v; \theta) = \frac{C(u, v; \theta)(\ln u. \ln v)^{\theta-1}}{uv[(-\ln u)^\theta + (-\ln v)^\theta]^{2-\frac{1}{\theta}}}([(-\ln u)^\theta + (-\ln v)^\theta]^{\frac{1}{\theta}} + \theta - 1)$$

$$(2.9)$$

此处，$\theta \in [1, +\infty)$，为相关系数。

Clayton Copula 函数的分布函数为

$$C(u, v; \theta) = (u^{-\theta} + v^{-\theta} - 1)^{-1/\theta} \qquad (2.10)$$

Clayton Copula 函数的密度函数为

$$c(u, v; \theta) = (1 + \theta)(uv)^{-\theta-1}(u^{-\theta} + v^{-\theta} - 1)^{-2-1/\theta} \qquad (2.11)$$

此处,$\theta \in (0, +\infty)$,为相关系数。

Frank Copula 函数的分布函数为

$$C(u, v; \lambda) = -\frac{1}{\lambda}\ln\left(1 + \frac{(e^{-\lambda u} - 1)(e^{-\lambda v} - 1)}{e^{-\lambda} - 1}\right) \qquad (2.12)$$

Frank Copula 函数的密度函数为

$$c(u, v; \lambda) = \frac{-\lambda(e^{-\lambda} - 1)e^{-\lambda(u+v)}}{[(e^{-\lambda} - 1) + (e^{-\lambda u} - 1)(e^{-\lambda v} - 1)]^2} \qquad (2.13)$$

此处,$\lambda \neq 0$,为相关系数。$\lambda > 0$,表示两随机变量正相关,$\lambda < 0$,表示两随机变量负相关,$\lambda \to 0$,表示两随机变量趋于独立。

（3）SJC Copula 函数

设 X_1 和 X_2 为具有边际分布 F_1 和 F_2 的随机变量,u 为门限值,上尾相关系数 τ^U 定义为当 u 趋近 1 时,在 X_2 大于 u 的条件下,X_1 大于 u 的条件概率的极限值 $\tau^U = \lim_{u \to 1^-} P\{F_1(X_1) > u \mid F_2(X_2) > u\}$,根据条件概率与 Copula 的关系,有

$$\tau^U = \lim_{u \to 1^-} P\{F_1(X_1) > u \mid F_2(X_2) > u\} = \lim_{u \to 1^-} \frac{P\{F_1(X_1) > u, F_2(X_2) > u\}}{P\{F_2(X_2) > u\}}$$

$$= \lim_{u \to 1^-} \frac{P\{X_1 > F_1^{-1}(u), X_2 > F_2^{-1}(u)\}}{P\{X_2 > F_2^{-1}(u)\}} = \lim_{u \to 1^-} \frac{1 - 2u + C(u, v)}{1 - u} \qquad (2.14)$$

同理,下尾相关系数 τ^L 可定义为

$$\tau^L = \lim_{u \to 0^+} P\{F_1(X_1) < u \mid F_2(X_2) < u\} = \lim_{u \to 0^+} \frac{P\{F_1(X_1) < u, F_2(X_2) < u\}}{P\{F_2(X_2) < u\}}$$

$$= \lim_{u \to 0^+} \frac{P\{X_1 < F_1^{-1}(u), X_2 < F_2^{-1}(u)\}}{P\{X_2 < F_2^{-1}(u)\}} = \lim_{u \to 0^+} \frac{C(u, v)}{u} \qquad (2.15)$$

当 $u \to 1$ 时,$1 - u \approx \ln u$,式（2.14）和式（2.15）可写为

$$\tau^U = 2 - \lim_{u \to 1^-} \frac{\ln C(u, u)}{\ln u} \qquad (2.16)$$

$$\tau^L = 2 - \lim_{u \to 0^+} \frac{\ln[1 - 2u + C(u, v)]}{\ln(1 - u)} \qquad (2.17)$$

若 C 可微,根据洛必达法则,式（2.14）和式（2.15）可进一步写为

$$\tau^U = 2 - \lim_{u \to 1} \frac{d}{du}C(u, v), \quad \tau^L = \lim_{u \to 0} \frac{d}{du}C(u, v) \qquad (2.18)$$

此处，上尾相关系数 τ^U 与下尾相关系数 τ^L 可以解释为：若 $\tau^U \in (0, 1]$，随机变量 X_1 和 X_2 在上尾段是渐近相关的；若 $\tau^U = 0$，随机变量 X_1 和 X_2 在上尾段是渐近独立的；若 $\tau^L \in (0, 1]$，随机变量 X_1 和 X_2 在下尾段是渐近相关的；若 $\tau^L = 0$，随机变量 X_1 和 X_2 在下尾段是渐近独立的。

SJC Copula 函数描述变量间不同尾部间的相依结构，它的分布函数为

$$C(u, v; \tau^U, \tau^L) = 1 - (1 - \{[1 - (1 - u)^\kappa]^{-\gamma} + [1 - (1 - v)^\kappa]^{-\gamma} - 1\}^{-1/\gamma})^{1/\kappa}$$

(2.19)

此处，$\kappa = 1/\log_2(2 - \tau^U)$，$\gamma = -1/\log_2(\tau^L)$。

Patton[23] 根据条件尾部相关系数的时变性定义相依结构参数的时变性，时变动态的 SJC Copula 函数服从 ARMA(1, q) 过程，时变参数的具体表达式为

$$\tau_t^U = \Pi(\omega_U + \beta_U \tau_{t-1}^U + \alpha_U \cdot \frac{1}{q} \sum_{j=1}^{q} | u_{t-j} - v_{t-j} |)$$

(2.20)

$$\tau_t^L = \Pi(\omega_L + \beta_L \tau_{t-1}^L + \alpha_L \cdot \frac{1}{q} \sum_{j=1}^{q} | u_{t-j} - v_{t-j} |)$$

(2.21)

此处，$\Pi(x) = (1 + e^{-x})^{-1}$，保证时变尾部参数落在 (0, 1)。

2.1.3 Copula 函数的相依结构与一致性相关测度

变量间的相关程度通常用相关系数来描述，但相关系数只局限于变量间线性相关情形，对于非线性相关，难以用相关系数来刻画。根据（Nelson，2006）[6] 的观点，如对连续型随机变量进行严格单调增变换，Copula 函数度量的相关性测度不会发生改变，从而由 Copula 函数导出的变量间的相依结构和一致性相关测度则能推广到非线性情形。下面介绍几种重要的一致性相关测度。

（1）Kendall 秩相关系数 τ

对两个随机变量的相关性进行度量，最简单和直观的方法是看它们的变化趋势是否一致。若变化一致，就认为变化为正相关，反之，就是负相关一致。令 $\{(x_1, y_1), (x_2, y_2)\}$ 为连续型随机变量两组观测值，考察 $(x_i - x_j)(y_i - y_j)$，$i \neq j$ 的符号，符号为正说明随机变量的变化为正方向一致相关；反之，就为负方向一致相关。

定义 2.2[162] 设 (X_1, Y_1) 和 (X_2, Y_2) 为独立同分布的随机变量，定义

$$\tau = P\{(X_1 - X_2)(Y_1 - Y_2) > 0\} - P\{(X_1 - X_2)(Y_1 - Y_2) < 0\} \quad (2.22)$$

为 Kendall 秩相关系数。

容易知道 $-1 \leqslant \tau \leqslant 1$，同时可证明：$\tau = P\{(X_1 - X_2)(Y_1 - Y_2) > 0\} - 1$。

根据 τ 的定义，可知 Kendall 秩相关系数 τ 可以度量随机变量变化一致性的程

度。特别地：当 $\tau = 1$、$\tau = -1$ 和 $\tau = 0$ 时，分别表示两随机变量变化完全一致正相关、完全一致负相关和不能确定是否相关。

若随机变量 X 和 Y 的边际分布函数分别为 $F(x)$ 和 $G(y)$，联合 Copula 函数为 $C(u, v)$，其中 $u = F(x)$，$v = G(y)$，可以证明 Kendall 秩相关系数 τ 可由 Copula 函数表示为

$$\tau = 4\int_0^1\int_0^1 C(u, v)dC(u, v) - 1 \tag{2.23}$$

根据 Kendall 秩相关系数定义以及 Copula 函数在严格增变换下的不变性，可以知道一致性测度 Kendall 秩相关系数也保持不变性。从而对随机变量作单调增变换时，不会改变变量间的一致性测度，显示 Copula 函数在度量变量间相依结构时的优越性。

（2）Spearman 秩相依系数 ρ

Spearman 秩相依系数是另一类基于一致性的相依性测度，Lehmann[163] 给出了 Spearman 秩相依系数的定义。

定义 2.3 设 (X_1, Y_1)，(X_2, Y_2)，(X_3, Y_3) 为三个相互独立的随机向量，定义：

$$\rho = 3\{P[(X_1 - X_2)(Y_1 - Y_3) > 0] - P[(X_1 - X_2)(Y_1 - Y_3) < 0]\} \tag{2.24}$$

若随机变量 X 和 Y 的边际分布函数分别为 $F(x)$ 和 $G(y)$，联合 Copula 函数为 $C(u, v)$，其中 $u = F(x)$，$v = G(y)$，可以证明 Spearman 秩相依系数 ρ 可由 Copula 函数表示为

$$\rho = 12\int_0^1\int_0^1 uvdC(u, v) - 3$$
$$= 12\int_0^1\int_0^1 (C(u, v) - uv)dudv \tag{2.25}$$

可证 Spearman 秩相依系数 ρ 等于随机变量 $F(x)$ 和 $G(y)$ 的相关系数。

（3）Gini 相关系数 γ

Kendall 秩相关系数 τ 和 Spearman 秩相依系数 ρ 只考虑随机变量方向的一致性和不一致性，而 Gini 相关系数 γ 则更细致地度量随机变量顺序的一致性和不一致性，是可以描述随机变量变化方向和程度一致性的指标。

令 (x_1, y_1)，(x_2, y_2)，$\cdots$，(x_n, y_n) 为随机变量 X 和 Y 的 n 个样本。p_i 是 $x_1, x_2, \cdots, x_n$ 在随机变量 X 中的秩，q_i 是 $y_1, y_2, \cdots, y_n$ 在随机变量 Y 中的秩。如果随机变量 X 和 Y 的变化是一致的，则 $|p_i - q_i|$ 就应该很小，从而 $\sum_{i=1}^{n} |p_i - q_i|$ 反映随机向量 (X, Y) 不一致的程度；如果 X 和 Y 的反向变化完全一致，则 x_i 和

y_i 应处于序列的两端,即如果 x_i 处于 p_i 位置时, y_i 应处于倒数第 p_i 位置,即 $p_i + q_i = n + 1$,因此它们的差 $|p_i + q_i - n - 1|$ 度量了反向变化的不一致性程度, $\sum_{i=1}^{n}|p_i + q_i - n - 1|$ 刻画了随机变量总体的不一致性程度。而 $\sum_{i=1}^{n}|p_i + q_i - n - 1| - \sum_{i=1}^{n}|p_i - q_i|$ 度量了两种不一致性的差距。

定义 2.4 设 (p_i, q_i) 为随机变量 X, Y 样本 (x_i, y_i), $i = 1, 2, \cdots, n$ 的秩,定义:

$$\gamma = \frac{1}{\text{int}(n^2/2)}(\sum_{i=1}^{n}|p_i + q_i - n - 1| - \sum_{i=1}^{n}|p_i - q_i|) \quad (2.26)$$

为 Gini 相关系数 γ。式中 $\text{int}(\cdot)$ 为取整函数。

若随机变量 X 和 Y 的边际分布函数分别为 $F(x)$ 和 $G(y)$,联合 Copula 函数为 $C(u, v)$,其中 $u = F(x)$, $v = G(y)$,可以证明 Gini 相关系数 γ 可由 Copula 函数表示为

$$\gamma = 2\int_0^1\int_0^1 (|u + v - 1| - |u - v|) dC(u, v) \quad (2.27)$$

2.1.4 Copula 函数参数估计方法

设 n 维的样本 $(x_{1t}, x_{2t}, \cdots, x_{nt})$, $t = 1, 2, \cdots, T$,边际分布为 $F_1(x_1)$, $F_2(x_2)$, $\cdots$, $F_n(x_n)$,联合密度函数为 $f(x_1, x_2, \cdots, x_n)$,联合分布函数为 $F(x_1, x_2, \cdots, x_n)$,下面说明几种常用的函数估计方法。

(1) 极大似然估计法

极大似然估计法也称一阶段估计法,是最常用的 Copula 模型的参数估计方法。设 n 个单变量的分布为 $u_i = \hat{F}_i(x_i)$, α_i 为边际分布参数, $i = 1, 2, \cdots, n$, θ 为 Copula 函数参数。由 $f(x_1, x_2, \cdots, x_n) = c(u_1, u_2, \cdots, u_n)\prod_{i=1}^{n}f_i(x_i)$,则对数似然函数为

$$\ln L(x_1, x_2, \cdots, x_n; \alpha_1, \alpha_2, \cdots, \alpha_n, \theta) = \sum_{t=1}^{T}(\sum_{i=1}^{n}\ln f_i(x_{it}; \alpha_1, \alpha_2, \cdots, \alpha_n, \theta) +$$
$$\ln c(\hat{F}_1(x_{1t}; \alpha_1), \hat{F}_2(x_{2t}; \alpha_2), \cdots, \hat{F}_n(x_{nt}; \alpha_n); \alpha_1, \alpha_2, \cdots, \alpha_n, \theta)) \quad (2.28)$$

根据极值原理,有 $(\hat{\alpha}_1, \hat{\alpha}_2, \cdots, \hat{\alpha}_n, \hat{\theta}) = \text{argmax} L(x_1, x_2, \cdots, x_n; \alpha_1, \alpha_2, \cdots, \alpha_n, \theta)$,

$$
\begin{cases}
\dfrac{\partial L(x_1,\ x_2,\ \cdots,\ x_n;\ \alpha_1,\ \alpha_2,\ \cdots,\ \alpha_n,\ \theta)}{\partial \alpha_1} = 0 \\[4mm]
\dfrac{\partial L(x_1,\ x_2,\ \cdots,\ x_n;\ \alpha_1,\ \alpha_2,\ \cdots,\ \alpha_n,\ \theta)}{\partial \alpha_2} = 0 \\[4mm]
\cdots \\[4mm]
\dfrac{\partial L(x_1,\ x_2,\ \cdots,\ x_n;\ \alpha_1,\ \alpha_2,\ \cdots,\ \alpha_n,\ \theta)}{\partial \alpha_n} = 0 \\[4mm]
\dfrac{\partial L(x_1,\ x_2,\ \cdots,\ x_n;\ \alpha_1,\ \alpha_2,\ \cdots,\ \alpha_n,\ \theta)}{\partial \theta} = 0
\end{cases}
\tag{2.29}
$$

显然，可知式（2.29）随着变量维数的增加，求解过程越来越困难。

（2）两阶段估计法

两阶段估计法也称边际函数推断法。过程是先求解边际分布参数 α_i，然后求解 Copula 函数参数 θ，步骤为：

①建立边际分布对数似然函数：

$$
\ln L(x_1,\ x_2,\ \cdots,\ x_n;\ \alpha_1,\ \alpha_2,\ \cdots,\ \alpha_n) = \sum_{t=1}^{T} \ln f(x_{it};\ \alpha_i),\ i = 1,\ 2,\ \cdots,\ n
\tag{2.30}
$$

α_i 通过 $\dot\alpha_i = \mathrm{argmax}\ln L(\alpha_i)$ 计算，即 $\dfrac{\partial \ln L(x_1,\ x_2,\ \cdots,\ x_n;\ \alpha_1,\ \alpha_2,\ \cdots,\ \alpha_n)}{\partial \alpha_i} = 0$。

②建立 Copula 对数似然函数：

$$
\ln L(x_1,\ x_2,\ \cdots,\ x_n;\ \dot\alpha_1,\ \dot\alpha_2,\ \cdots,\ \dot\alpha_n,\ \theta)
$$

$$
= \sum_{t=1}^{T} \ln c(F_1(x_{1t};\ \dot\alpha_1),\ F_2(x_{2t};\ \dot\alpha_2),\ \cdots,\ F_n(x_{nt};\ \dot\alpha_n),\ \theta)
\tag{2.31}
$$

通过最大化式（2.31），使 $\dot\theta = \mathrm{argmax}\ln L(x_1,\ x_2,\ \cdots,\ x_n;\ \dot\alpha_1,\ \dot\alpha_2,\ \cdots,\ \dot\alpha_n,\ \theta)$，即 $\dfrac{\partial \ln L(x_1,\ x_2,\ \cdots,\ x_n;\ \dot\alpha_1,\ \dot\alpha_2,\ \cdots,\ \dot\alpha_n,\ \theta)}{\partial \theta} = 0$。

（3）非参数法

极大似然估计法和两阶段估计法都需要指定边际分布，而运用非参数估计方法不需要事先对相依结构的 Copula 函数的参数做出假设或估计，Cherubini 等[78] 介绍非参数方法估计 Copula 函数。边际分布采用经验分布，即

$$
\hat F_i(x) = \frac{1}{T+1} \sum_{t=1}^{T} I(X_{it} \leqslant x),\ i = 1,\ 2,\ \cdots,\ n
\tag{2.32}
$$

把式 2.31 代入式（2.32），使下列对数函数最大，求解 Copula 函数 θ，即

$$ln(\hat{\alpha}_1, \hat{\alpha}_2, \cdots, \hat{\alpha}_n; \theta) =$$

$$max\left\{\frac{1}{T}\sum_{t=1}^{T}lnc(\hat{F}_1(x_{1t}; \hat{\alpha}_1), \hat{F}_2(x_{2t}; \hat{\alpha}_2), \cdots, \hat{F}_n(x_{nt}; \hat{\alpha}_n); \theta\right\} \quad (2.33)$$

2.1.5 Copula 函数模型选择与检验

Copula 模型选择常用的标准有均方根误差法、BIC 法和 AIC 法。根据样本联合经验概率与理论概率，选择均方根误差、BIC 和 AIC 最小值对应的 Copula 函数为最优的选择模型。

（1）均方根误差法统计量

$$RMSE = \sqrt{\frac{1}{n}\sum_{i=1}^{n}(P_c(i) - P_0(i))^2} \quad (2.34)$$

式中，n 为样本容量；P_c 为 Copula 多元联合分布计算统计量；P_0 为多元联合分布经验值。

（2）BIC 法统计量

$$BIC = nln(MSE) + mlnn \quad (2.35)$$

式中，$MSE = E(P_c - P_0)^2 = \frac{1}{n-m}\sum_{i=1}^{n}(p_c(i) - p_0(i))^2$；$m$ 为 Copula 函数参数估计值。

（3）AIC 法统计量

$$AIC = nln(MSE) + 2m \quad (2.36)$$

Copula 拟合优度检验有 χ^2 检验、Hit 检验、经验 Copula 法、Kendall 转换检验法和 CPI Rosenblatt 转换检验法等，重点说明 χ^2 检验和 CPI Rosenblatt 转换检验法。

（1）χ^2 检验

Hu[61,113] 提出一个服从 χ^2 分布统计量的检验统计量以评价 Copula 函数能否恰当刻画变量间的相依结构。设 $\{u_i\}$ 和 $\{v_i\}$，$t = 1, 2, \cdots, T$ 为独立同分布（0，1）上的均匀分布序列。把区域 $[0, 1] \times [0, 1]$ 分成 $k \times k$ 个单元格，第 i 行，第 j 列的单元格记为 A_{ij}，$i, j = 1, 2, \cdots, k$。

设 B_{ij} 和 $C_{ij}(\hat{\theta})$（$\hat{\theta}$ 为 Copula 函数参数）分别为数据点落在单元格 A_{ij} 的观察点数和由模型计算预测的数据落在单元格 A_{ij} 中的频数。$C_{ij}(\hat{\theta}) = np_{ij}(\hat{\theta})$，$p_{ij}(\hat{\theta}) = \iint_{A_{IJ}}dC(u, v; \hat{\theta})$，$\chi^2$ 统计量为 $\chi^2(\hat{\theta}) = \sum_{i=1}^{k}\sum_{j=1}^{k}\frac{[B_{ij} - C_{ij}(\hat{\theta})]^2}{C_{ij}(\hat{\theta})}$，服从自由度为 $(k-1)^2$ 的 χ^2 分布。在实际应用中，经常把观测点小于 5 的单元格合并。如模型中有 p 个参数，q 个单元格被合并，那么 χ^2 统计量的自由度为 $(k-1)^2 - p - q + 1$。

χ^2 统计量的值越小，模型拟合得越好。对于显著性水平 α，如果 $\chi^2(\hat{\theta}) >$ $\chi^2_{(\alpha, (k-1)^2-p+q-1)}$，则拒绝原假设，认为模型不适合描述变量间的相关关系。

（2）CPI Rosenblatt 转换检验法

设边际分布 $F_1(x_1)$，$F_2(x_2)$，$\cdots$，$F_n(x_n)$ 有联合分布 Copula 函数 $C(F_1(x_1)$，$F_2(x_2)$，$\cdots$，$F_n(x_n)) = F(x_1, x_2, \cdots, x_n)$，CPI Rosenblatt 转换检验法的步骤如下：

第一步，提出原假设 H_0：$(X_1, X_2, \cdots, X_n)$ 具有 Copula 函数 C；

第二步，选择统计量。如 Kolmogorov 检验统计量、Cramér von Mises 检验统计量和 Anderson Darling（AD）检验统计量；

第三步，根据显著性水平 α，确定相应的临界值；

第四步，根据样本，计算统计量的观测值；

第五步，比较统计量的观测值与临界值，对原假设 H_0 进行判断。

以两维为例说明 AD 检验统计量的计算过程。设 X 和 Y 为具有联合分布 $F_{XY}(x, y) = P(X \leq x, Y \leq y)$，边际分布为 $u = F_X(x)$，$v = F_Y(y)$，相应的 Copula 函数为 $C(u, v)$，样本观测值 (x_i, y_i)，$i = 1, 2, \cdots, n$。

第一步，首先计算边际分布的经验分布函数值。即 $\hat{F}_X(x) = \dfrac{1}{n} \sum_{i=n}^{n} I(X_i \leq x)$，$\hat{F}_Y(y) = \dfrac{1}{n} \sum_{i=n}^{n} I(Y_i \leq y)$；

第二步，计算统计量 $\hat{S}_{(i)} = S(X_i, Y_i)$，$\hat{S}_{(1)} \leq \hat{S}_{(2)} \leq \cdots \leq \hat{S}_{(n)}$；此处，$\hat{S}_{(i)} = [\Phi^{-1}(\hat{F}_X(X_i))]^2 + [\Phi^{-1}(C(\hat{F}_Y(Y_i) \mid \hat{F}_X(X_i)))]^2$，$i = 1, 2, \cdots, n$

第三步，计算 AD 检验统计量 A_n^2；此处，$A_n^2 = -n - \dfrac{1}{n} \sum_{i=1}^{n} \{(2i - 1)[\ln(F_0(\hat{S}_{(i)})) + \ln(1 - F_0(\hat{S}_{(n-i+1)}))]\}$，$F_0(\hat{S}_{(i)}) = \chi_2^2(\hat{S}_{(i)})$。

第四步，根据显著性水平 α，确定临界值，可参见 Dobric 和 Schmid[163]。

2.2　贝叶斯推断理论

2.2.1　贝叶斯决策

贝叶斯统计利用联合概率分布对各种相关信息和不确定性建模及处理模型中所涉及的作为随机变量的所有定量问题，如可以对研究中出现的数据缺失和参数估计得到更准确的判断。贝叶斯统计利用概率微积分作为数据处理的原则，并且基于未知参数合适的条件分布进行推导。在频率方法中常把参数 θ 看成一个未知的常数，但贝叶斯方法经常把 θ 看成一个服从先验分布 $f_0(\theta)$ 的随机变量。同时这个先验设置与所研究的数据相互独立。通过先验分布设置引入参数 θ 的先验知识和信息，正确的信息可以对参数 θ 的推断更准确；同时将模型中所有变量看成随机变量就可以简化分析方法，如对参数 θ 的一个分量感兴趣，可以将其他分量从后验分布中积分去掉，关键是求知参数的先验分布的选择[164-167]。

一个典型的贝叶斯分析通常由三个主要过程组成：①一个能刻画所有变量包括样本数据、缺失数据和未知参数关系的全概率模型即联合分布；②用适当的后验分布对未知参数进行描述；③所用的模型的评价与选择。联合概率分布可表示为联合概率分布=参数 θ 的似然函数×参数的先验分布，即

$$p(y, \theta) = p(y \mid \theta) f_0(\theta) \qquad (2.37)$$

利用贝叶斯定理

$$p(\theta \mid y) = \frac{p(y, \theta)}{p(y)} = \frac{p(y \mid \theta) f_0(\theta)}{\int p(y \mid \theta) f_0(\theta) \, d\theta} \propto p(y \mid \theta) f_0(\theta) \qquad (2.38)$$

来获得参数的后验分布完成第二个步骤。当参数 θ 为离散时，积分符号用求和符号替代。将分母 $p(y)$ 看成常数，在实际中，求 $p(y)$ 的值很不容易，但通常用马尔可夫蒙特卡罗方法估计它。假设参数向量不止一个分量，如 $\theta = (\theta_1, \theta_{[-1]})$，其中 $\theta_{[-1]}$ 为除第一个分量处的所有分量组成的向量。可对多余参数向量 $\theta_{[-1]}$ 积分剔除得到参数 θ_1，即

$$p(\theta_1 \mid y) = \frac{p(y, \theta_1)}{p(y)} = \frac{\int p(y \mid \theta_1, \theta_{[-1]}) f_0(\theta_1, \theta_{[-1]}) \, d\theta_{[-1]}}{\iint p(y \mid \theta_1, \theta_{[-1]}) f_0(\theta_1, \theta_{[-1]}) \, d\theta_1 d\theta_{[-1]}} \qquad (2.39)$$

完成对联合分布所有未知量求积分（或对离散参数求和）以获得边缘似然，或者对所求参数外所有参数求积分剔除多余参数，但涉及高维积分问题，是推导后验分布的一个重要挑战，通常用蒙特卡罗技术来处理。

由于贝叶斯方法在统计建模和分析中可以综合各种信息量，所以贝叶斯方法广泛用于各种问题的研究。在数据分析中常将频率分析和主观（经验）综合起来建立一个"合理"的先验信息，然后用先验的变化对所做的统计推断进行灵敏性分析，从而证实所得的统计推断的合理性。

2.2.2　抽样算法

选择通过运行一个以 π 为稳定分布的马尔可夫链来产生相关样本，此方法称

为马尔可夫链蒙特卡罗（MCMC）方法。Metropolis 等[168]首先提出具有非常一般性的产生马尔可夫链的方法，假设马尔可夫链是不可约的、非周期并且收敛到唯一的平稳分布 $\pi(x)$，则每个马尔可夫链蒙特卡罗计算的实质就是对某一给定函数 $h(\cdot)$ 的均值 $E_\pi h(x)$ 的估计。在过去的几十年中此方法受到广大学者充分的重视从而迅猛发展。以下重点介绍重点抽样、Metropolis 抽样、Metropolis-Hastings 抽样、随机游走 Metropolis 抽样和 Gibbs 抽样算法。

（1）重点抽样

重点抽样的思想认为集中在重要区域抽样可简化计算过程。在高维问题中，目标函数不为 0 的区域对整个样本空间来说还是相当微小的，在求解这些问题时，单纯均匀地从一个规则区域抽样肯定是无效的。假设目标在于求 $\mu = E_\pi\{h(x)\} = \int h(x)\pi(x)dx$ 的值。下面过程是重点抽样算法的一个简单形式：

第一步，从备选分布 $g(\cdot)$ 抽取 $x^{(1)}$，$x^{(2)}$，…，$x^{(m)}$；

第二步，计算权重 $w^{(i)} = \dfrac{\pi(x^{(i)})}{g(x^{(i)})}$，$i = 1$，$2$，…，$m$；

第三步，利用下式估计 μ：

$$\dot\mu = \frac{w^{(1)}h(x^{(1)}) + w^{(2)}h(x^{(2)}) + \cdots w^{(m)}h(x^{(m)})}{w^{(1)} + w^{(2)} + \cdots + w^{(m)}} \tag{2.40}$$

于是，要使估计误差尽可能地小，应该选取备选分布 $g(x)$ 从形式上尽可能接近 $\pi(x)h(x)$，用式（2.40）代替无偏估计 $\tilde\mu = \dfrac{1}{m}\{w^{(1)}h(x^{(1)}) + w^{(2)}h(x^{(2)}) + \cdots w^{(m)}h(x^{(m)})\}$ 的一个主要优点是，前者只需知道比率 $\pi(x)/g(x)$ 相当于一个未知常数的比值，而无偏估计需要知道这个比值的准确值。

重点抽样的一般法则：通过首先从一容易抽样的备选分布 $g(\cdot)$ 中产生独立样本 $x^{(1)}$，$x^{(2)}$，…，$x^{(m)}$ 来估计 $\mu = E_\pi\{h(x)\}$，然后在估计中引入权重 $w^{(i)} \propto \pi(x^{(i)})/g(x^{(i)})$ 并通过式（2.40）来校正误差。选取恰当的备选分布 $g(\cdot)$ 可大大降低估计的方差。一个好的备选分布 $g(\cdot)$ 在形式上尽可能接近 $\pi(x)h(x)$，这时得到的估计量 $\dot\mu$ 的方差小于由目标分布 π 独立抽样得到估计量的方差。

（2）Metropolis 抽样

Metropolis 抽样的基本思想是在 X 的状态空间中模拟一条马尔可夫链，使得该链的极限分布就是目标分布 π。在传统的马尔可夫链分析中，通常需要给定一个条件分布来求知马尔可夫链的平稳分布，然而，在马尔可夫蒙特卡罗模拟中，目的是给定一个有效的转移规则以达到一个事先给定的平稳分布，这样经历 n 步的退火期（burn-in period）后，然后由该链产生的样本 x_{n+1}，x_{n+2}，……样本可认为

近似服从目标分布 π。Metropolis 抽样的转移规则限定为对称的，根据对称规则，从扰动 x 获得 x' 的概率等于从扰动 x' 获得 x 的概率。直观上，这意味着在过去的几十年里，Metropolis 抽样方法在统计学和物理学得到广泛应用，它是所有马尔可夫链蒙特卡罗（MCMC）方法的基础。

从任意转移点 $x^{(0)}$ 开始，Metropolis 抽样需重复交替迭代以下两步：

第一步，为了产生新的转移点 x'，首先需要给定当前状态 $x^{(t)}$ 的一个随机"无偏扰动"，x' 从对称概率转移函数 $T(x^{(t)}, x')$ 中产生，然后计算变化量 $\Delta h = h(x') - h(x^{(t)})$；

第二步，从 $[0, 1]$ 均匀分布中产生一个随机数 u，如果 $u \leqslant \dfrac{\pi(x')}{\pi(x^{(t)})} = \exp(-\Delta h)$，则令 $x^{(t+1)} = x'$；否则，令 $x^{(t+1)} = x^{(t)}$。

Metropolis 算法在每一次迭代中，对当前转移点做一个微小的随机扰动，计算目标函数来自该扰动的增量，然后产生服从 $(0, 1)$ 均匀分布的随机数 u。如果 $\log u$ 小于扰动的增量，则接受新产生的潜在转移点，否则拒绝新产生的潜在转移点。Metropolis 算法的每一步都非常简单，但由 Metropolis 抽样产生的蒙特卡罗样本有很强的自相关性，对此问题，Peskun[169]、Gelman、Roberts 和 Gilks[170]进行充分的讨论。

（3）Metropolis-Hastings 算法

Metropolis 算法用对称的建议函数产生一个潜在转移点，然后根据授受-拒绝法则决定该潜在转移点是否转移。之后，Hastings[171]将算法拓展到非对称情形，借此转移函数，Metropolis-Hastings 算法的迭代步骤如下：

已知当前状态 $x^{(t)}$，第一步，从建议分布 $T(x^{(t)}, y)$ 中抽取样本 y；

第二步，从 $[0, 1]$ 均匀分布中抽取随机数 u，并且更新：

$$x^{(t+1)} = \begin{cases} y, & u \leqslant r(x^{(t)}, y) \\ x^{(t)}, & u > r(x^{(t)}, y) \end{cases} \tag{2.41}$$

Metropolis[168]等和 Hastings[170]建议 $r(x, y)$ 采取如下形式：

$$r(x, y) = \min\left\{1, \frac{\pi(y)T(y, x)}{\pi(x)T(x, y)}\right\} \tag{2.42}$$

显然当 $T(y, x) = T(x, y)$ 时，Metropolis-Hastings 算法和 Metropolis 算法是一致的。

Barker[172]建议采取另一接受函数：

$$r_B(x, y) = \frac{\pi(y)T(y, x)}{\pi(y)T(y, x) + \pi(x)T(x, y)} \tag{2.43}$$

对离散状态空间，Peskum[169]证明在统计效率下 $r(x, y)$ 的最佳选择就是

Metropolis 算法算法中的 $r(x, y) = \min\left\{1, \dfrac{\pi(y)}{\pi(x)}\right\}$。

（4）随机游走 Metropolis 抽样

设当前状态 $x^{(t)}$ 的一个自然扰动就是一个随机误差，即下一个候选位置就是 $x' = x^{(t)} + \varepsilon_t$，其中 $\varepsilon_t \sim g_\sigma(t)$ 是关于不同的 t 独立同分布。这里，σ 表示建议转移函数的变化范围，并由人为控制。在对目标分布的形状没有太多信息的情况下，通常可令 $g_\sigma(\cdot)$ 为一球面对称分布。典型的选择包括球面正态分布或半径为 σ 的球内均匀分布，如不把 Metropolis 拒绝法则用于该建议分布，则由此导致的游动将偏离到无穷且不可返回。

给定当前状态 $x^{(t)}$，随机游走 Metropolis 算法的迭代步骤如下：

第一步，从 g_σ 中抽取 ε，并令 $x' = x^{(t)} + \varepsilon_t$，其中 g_σ 为一球面对称分布，σ 由人为控制；

第二步，从 $[0, 1]$ 均匀分布中产生随机数 u，且更新：

$$x^{(t+1)} = \begin{cases} x', & u \leqslant \dfrac{\pi(x')}{\pi(x)} \\ x^{(t)}, & u > \dfrac{\pi(x')}{\pi(x)} \end{cases}$$

（5）Gibbs 抽样

Gibbs 抽样[173] 是一种特殊的 MCMC 算法。Gibbs 抽样最显著的特点是通过一系列互补的方向（通常是沿坐标轴方向）来构建条件分布序列的方式构造此算法的马尔可夫链。假设目标随机向量可分解为 d 个分量，即 $X = (x_1, x_2, \cdots, x_d)$。在 Gibbs 抽样中，随机地或系统地选择一个坐标，比如 x_1，然后从条件分布 $\pi(. \mid X_{[-1]})$ 中抽取一个新样本 x'_1，其中 A 为坐标的下标集的任一子集，$X_{[-1]}$ 表示 $\{x_j, j \in A^c\}$。常用的抽样法则有随机的 Gibbs 抽样和系统的 Gibbs 抽样两种方法。

已知第 t 步迭代的估计值 $X^{(t)} = (x_1^{(t)}, x_2^{(t)}, \cdots, x_d^{(t)})$，则第 $t+1$ 步的随机的 Gibbs 抽样的步骤如下：

第一步，依概率向量 $(\alpha_1, \alpha_2, \cdots, \alpha_d)$ 从 $\{1, 2, \cdots, d\}$ 中随机选一个坐标 i；

第二步，在其他分量维持不变的条件下，从条件分布 $\pi(. \mid x_{[-i]}^{(t)})$ 中抽取 $x_i^{(t+1)}$，即 $X_{[-i]}^{(t+1)} = X_{[-i]}^{(t)}$。

已知第 t 步迭代的估计值 $X^{(t)} = (x_1^{(t)}, x_2^{(t)}, \cdots, x_d^{(t)})$，则第 $t+1$ 步的系统的 Gibbs 抽样的迭代中，对任一固定 $i(i = 1, 2, \cdots, d)$，从条件分布 $\pi(x_i \mid x_1^{(t+1)}, x_2^{(t+1)}, \cdots, x_{i-1}^{(t+1)}, x_{i+1}^{(t)}, \cdots, x_d^{(t)})$ 中抽取 $x_i^{'(t+1)}$。假设 $X^{(t)} \sim \pi$，则在目标分布 π

下 $X_{[-i]}^{(t)}$ 服从边际分布。从而 $\pi(x_i^{(t+1)} \mid X_{[-i]}^{(t)}) \times \pi(X_{[-i]}^{(t)}) = \pi(X_{[-i]}^{(t)}, x_i^{(t+1)})$，表明条件更新之后，新的结构仍服从目标分布 π。

2.2.3 MCMC 收敛诊断

根据马尔可夫链的遍历性，所有基于 MCMC 的统计推断都是在假定 Markov 链已经收敛的条件下进行的。所以 MCMC 的收敛性诊断对于用参数的后验估计有重要影响。目前 MCMC 收敛诊断的方法很多，本节主要介绍应用最广泛的 G-R（Gelman-Rubin）收敛诊断方法[174]。MCMC 收敛诊断方法基于用正态分布近似目标分布 π 的理论，主要由以下几步构成：

（1）开始抽样之前，找一个简单的分布 $f(x)$，该分布相对于目标分布而言是过度扩散的，并且从 $f(x)$ 中产生 m 个独立同分布样本。

（2）将得到的 m 个独立同分布样本作为抽样的初始状态，开始 m 个独立抽样，让每条链运行 $2n$ 次迭代。

（3）每条链分别迭代 $2n$ 次，将前 n 次"退火"舍弃，将其记为 x_{ij}，$i = 1$，2，$\cdots$，m，$j = 1$，2，$\cdots$，n；然后利用余下的 n 次迭代结果 x_{ij}，计算 m 条链内方差的平均值 W 和 m 条平行链均值间的方差 B。即

$$B = \frac{1}{m-1} \sum_{i=1}^{m} (\bar{x}_{i\cdot} - \bar{x}_{\cdot\cdot})^2, \quad W = \frac{1}{m} \sum_{i=1}^{m} S_i^2 \tag{2.44}$$

其中

$$S_i^2 = \frac{1}{n-1} \sum_{j=1}^{n} (x_{ij} - \bar{x}_{i\cdot})^2, \quad \bar{x}_{i\cdot} = (x_{i1} + x_{i2} + \cdots x_{in})/n, \quad \bar{x}_{\cdot\cdot} = (\bar{x}_{1\cdot} + \bar{x}_{2\cdot} + \cdots + \bar{x}_{m\cdot})/m,$$

$$i = 1, 2, \cdots, m$$

（4）计算压缩因子 $\dot{R} = \sqrt{\left(\frac{n-1}{n} + \frac{m+1}{mn} \cdot \frac{B}{W} \right) \frac{df}{df-2}}$，$df$ 表示用来近似感兴趣标量的经验分布 t 分布中的自由度。

Gelman 和 Rubin[174] 建议用 $\log\pi(x)$ 作为一般的诊断基准。Geyer[175] 对 Gelman 和 Rubin 方法的主要批评是当 MCMC 计算有困难时，应当集中计算一条单链的迭代。一般说来，当 Markov 链收敛时，$\dot{R}$ 应该介于 1.1 和 1.2。在实际研究过程中，我们可用多种诊断工具而不是用任何单一的图或统计量来诊断其收敛性。如通常用相当分散的初始状态运行多条（一般 3~5 条）平行链，然后，通过譬如一些参数的直方图、概率密度函数图、自相关图和 Gelman 和 Rubin 的 $\dot{R}$ 等多方面比较检查这些链的收敛情况。

2.3 本章小结

本章主要研究了贝叶斯相依结构理论。首先介绍 Copula 函数的定义、性质与常用的 Copula 函数；然后对变量间相依关系的度量方法系统描述；接着讨论 Copula 函数的常用的估计方法和模型检验；最后讨论了 Copula 模型的 MCMC 抽样算法和收敛诊断方法。

第 3 章　基于指数和 Pareto 分布的 贝叶斯 Copula 可靠性 模型构建

指数和 Pareto 分布在系统可靠性分析和统计建模过程是应用广泛的分布类型。讨论两变量之间的相依结构时，大多情形下，边际分布是相同类型的分布函数模型，变量间相依结构参数的估计方法是极大似然方法。本章主要研究基于指数和 Pareto 分布的 Frank Copula 可靠性模型构建，探讨边际样本的抽样算法，结合贝叶斯统计推断理论和 MCMC 抽样技术，对边际分布参数和联合相依结构参数进行估计与统计推断，得到参数的后验分布和相关统计量。同时通过仿真分析，利用贝叶斯 p 值对样本预测效果进行检验。

3.1　二元指数分布的 Frank Copula 模型构建与估计

3.1.1　二元指数分布的 Frank Copula 模型

参数 θ 的单变量指数分布为
$$\mathrm{f}(\mathrm{x} \mid \theta) = \theta \mathrm{e}^{-x\theta}, \ x > 0, \ \theta > 0 \tag{3.1}$$
上述指数分布的累积分布函数为
$$F(\mathrm{x} \mid \theta) = 1 - \mathrm{e}^{-\theta x}, \ x > 0 \tag{3.2}$$
设 u 和 v 为服从 (0, 1) 均匀分布的两随机变量，则二元的 Frank Copula 函数为
$$C(u, v) = \frac{1}{\alpha} \ln \left\{ 1 + \frac{(e^{\alpha u} - 1)(e^{\alpha v} - 1)}{e^{\alpha} - 1} \right\}, \ -\infty < \alpha < +\infty, \ \alpha \neq 0 \tag{3.3}$$

设 X 和 Y 为两个随机变量，分别服从参数为 θ_1 和 θ_2 的指数分布，$u = F(x \mid \theta_1)$，$v - F(y \mid \theta_2)$，根据等式（3.2）和（3.3），可得边际为指数分布的 Frank Copula 函数的累积分布为

$$F(\mathrm{x}, \mathrm{y} \mid \alpha, \theta_1, \theta_2) = \frac{1}{\alpha}\ln\left\{1 + \frac{(e^{\alpha(1-e^{-\theta_1 x})} - 1)(e^{\alpha(1-e^{-\theta_2 y})} - 1)}{e^{\alpha} - 1}\right\} \quad (3.4)$$

对式（3.4）两边微分，可得指数分布的 Frank Copula 函数的概率密度函数为

$$f(\mathrm{x}, \mathrm{y} \mid \alpha, \theta_1, \theta_2) = \frac{\theta_1 e^{-\theta_1 x} e^{\alpha(1-e^{-\theta_1 x})} \theta_2 e^{-\theta_2 y} e^{\alpha(1-e^{-\theta_2 y})}}{(e^{\alpha} - 1)\left\{1 + \frac{(e^{\alpha(1-e^{-\theta_1 x})} - 1)(e^{\alpha(1-e^{-\theta_2 y})} - 1)}{e^{\alpha} - 1}\right\}} -$$

$$\frac{\theta_1 e^{-\theta_1 x} e^{\alpha(1-e^{-\theta_1 x})} (e^{\alpha(1-e^{-\theta_1 x})} - 1)\alpha\theta_2 e^{-\theta_2 y} e^{\alpha(1-e^{-\theta_2 y})} (e^{\alpha(1-e^{-\theta_2 y})} - 1)}{(e^{\alpha} - 1)^2\left\{1 + \frac{(e^{\alpha(1-e^{-\theta_1 x})} - 1)(e^{\alpha(1-e^{-\theta_2 y})} - 1)}{e^{\alpha} - 1}\right\}^2} \quad (3.5)$$

3.1.2 指数分布的 Frank Copula 模型的抽样算法

在对模型参数进行贝叶斯估计之前，讨论如何从边际为指数分布的 Frank Copula 模型抽出随机样本，同时对抽出样本的稳健性进行解释说明。

根据 Copula 函数的相关理论，下面给出从模型中抽出随机样本的一般步骤：

（1）设 $\alpha\theta_1$ 和 θ_2 为给定的常数；

（2）随机抽出独立同分布随机变量 u_1 和 u_2，u_1，$u_2 \sim unif(0, 1)$；

（3）令 $U_1 = u_1$；

（4）计算 $X = F^{-1}(U_1 \mid \theta_1)$；

（5）令 $U_2 = \alpha^{-1}\ln\left\{1 + \frac{u_2(e^{\alpha} - 1)}{e^{\alpha u_1}(1 - u_2) + u_2}\right\}$；

（6）计算 $Y = F^{-1}(U_2 \mid \theta_2)$。

此处，$F^{-1}U \mid \theta = -\frac{1}{\theta}\log(1 - U)$。

首先，可以从边际为指数分布的 Frank Copula 模型得到一列相关的随机样本。设 $X \sim EXP(\theta_1) Y \sim EXP(\theta_2)$，$\theta_1 = 0.005$，$\theta_2 = 0.002$，$X$ 和 Y 相互独立，从 X 和 Y 的联合分布中抽取 10 000 对随机样本[176]，然后利用上述算法，从相同的边际分布，联合函数为参数 $\alpha = -0.5$ 的 Frank Copula 中抽取 10 000 对随机样本，随机样本分别用 XF 和 YF 表示。根据第 2 章的 Copula 理论可知，参数为 10 的 Frank Copula 函数的 Spearman 相关系数 $\rho = 0.083$，同时根据随机样本 XF 和 YF，可计算

得 Spearman 相关系数 $\rho = 0.081$，两样本相关系数非常接近理论值。同时计算出样本的 Pearson 相关系数为 0.067。表 3.1 给出了 K-S 检验的统计量和 p 值，在 10% 显著水平下不拒绝两组样本分布是一致的。

表 3.1　两组样本的 K-S 检验结果

样本	K-S 统计量	P 值
X 和 XF	0.006 4	0.986 6
Y 和 YF	0.007 2	0.957 8

图 3.1 给出了两组样本的概率密度函数图，从图中可以看出，随机从边际为指数分布和边际为指数分布的 Frank Copula 模型抽出的样本 X 和 XF、Y 和 YF 的概率密度差别很小。

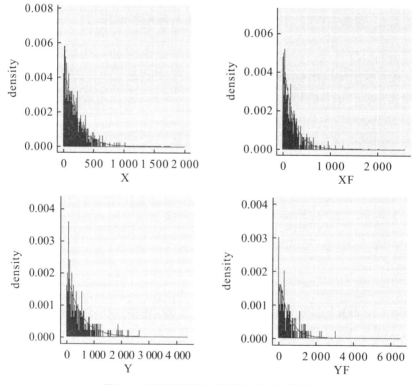

图 3.1　两组随机样本的概率密度函数图

同时从图 3.2 两组样本 X 和 XF、Y 和 YF 的 QQ 图上可知，两组样本的分布没有明显的差别。

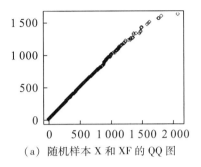
（a）随机样本 X 和 XF 的 QQ 图

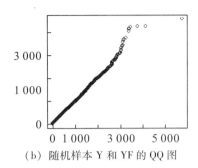
（b）随机样本 Y 和 YF 的 QQ 图

图 3.2　两组随机样本 QQ 图

为了进一步说明两组随机样本 X 和 XF、Y 和 YF 的近似性，选择四组变量七个不同分位点的样本值进行比较，从表 3.2 可知，两组样本的分布是类似的。

表 3.2　两组变量不同分位点的样本值

分位点	X	XF	Y	YF
1%	2. 254 0	1. 827 3	5. 425 1	5. 747 2
5%	10. 747 2	9. 723 7	26. 560 1	25. 584 7
25%	56. 826 8	57. 331 4	141. 766 3	140. 852 5
50%	138. 946 4	138. 444 3	344. 805 9	345. 297 0
75%	280. 642 2	279. 370 5	689. 010 7	698. 249 9
95%	600. 332 8	603. 468 8	1 487. 966 6	1 508. 585 6
99%	959. 408 1	954. 191 0	2 268. 412 5	2 306. 568 1

因随机样本 X 和 Y 是从独立的参数为 0.005 和 0.002 的指数分布中抽样，而样本 XF 和 YF 是从边际为指数分布的参数 $\alpha = 10$ 的 Frank Copula 模型抽样，故 XF 和 YF 应该是相关的。从图 3.3 可知，抽出的样本 X 和 Y 是不相关的，XF 和 YF 是相关的。

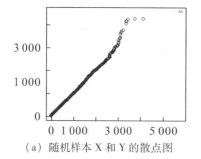
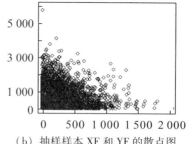

（a）随机样本 X 和 Y 的散点图 　　　（b）抽样样本 XF 和 YF 的散点图

图 3.3　两组样本的散点图

3.2　二元指数分布的 Frank Copula 模型的贝叶斯分析

根据式（3.5），可得参数 $\alpha\theta_1$ 和 θ_2 的联合后验分布函数为

$$f(\alpha,\ \theta_1,\ \theta_2\mid x,\ y)\propto f(\alpha)f(\theta_1)f(\theta_2)\prod_{i=1}^{n}f(x_i,\ y_i\mid\alpha,\ \theta_1,\ \theta_2)$$

$$\propto f(\alpha)f(\theta_1)f(\theta_2)\prod_{i=1}^{n}\left\{\frac{\theta_1 e^{-\theta_1 x_i}e^{\alpha(1-e^{-\theta_1 x_i})}\theta_2 e^{-\theta_2 y_i}e^{\alpha(1-e^{-\theta_2 y_i})}}{(e^{\alpha}-1)\left[1+\dfrac{(e^{\alpha(1-e^{-\theta_1 x_i})}-1)(e^{\alpha(1-e^{-\theta_2 y_i})}-1)}{e^{\alpha}-1}\right]^{-}}\right.$$

$$\left.\frac{\theta_1 e^{-\theta_1 x_i}e^{\alpha(1-e^{-\theta_1 x_i})}(e^{\alpha(1-e^{-\theta_1 x_i})}-1)\alpha\theta_2 e^{-\theta_2 y_i}e^{\alpha(1-e^{-\theta_2 y_i})}(e^{\alpha(1-e^{-\theta_2 y_i})}-1)}{(e^{\alpha}-1)^2\left[1+\dfrac{(e^{\alpha(1-e^{-\theta_1 x_i})}-1)(e^{\alpha(1-e^{-\theta_2 y_i})}-1)}{e^{\alpha}-1}\right]^2}\right\} \quad (3.6)$$

由于似然函数和联合密度函数的复杂性，不可能直接得出参数 $\alpha\theta_1$ 和 θ_2 的相关统计量和相关统计推断，针对解析形式的不确定性，采用 MCMC 方法解决估计过程中的积分问题，利用 M-H 抽样模拟 Markov 链，Markov 链的平稳分布近似看作模型参数的后验条件分布，用 MCMC 模拟得到的样本来估计模型参数。

3.2.1　参数先验分布的设置

根据式（3.6）的模型结构和参数先验选择，参数独立的先验分布设为

$$\alpha\sim N(\mu,\ \sigma^2),\ \theta_1\sim Gamma(a_1,\ b_1),\ \theta_2\sim Gamma(a_2,\ b_2) \quad (3.7)$$

因 Gamma 分布中出现超参数 a_1，a_2，b_1 和 b_2，利用贝叶斯经验似然来讨论超参数的取值。

根据参数先验设置，$X\sim EXP(\theta)$，$\theta\sim Gamma(a,\ b)$，可得给定超参数情形

下随机变量 X 的条件分布为

$$f(x \mid a, b) = \int_{\theta} f(x \mid \theta) f(\theta \mid a, b) d\theta = \int_{0}^{+\infty} \theta e^{-\theta x} \frac{b^a}{\Gamma(a)} \theta^{a-1} e^{-b\theta} d\theta$$

$$= \frac{ab^a}{(x + b)^{a+1}}, \quad x \geqslant 0 \tag{3.8}$$

从式（3.8）可知，随机变量 X 服从参数为 a 和 b 的 Pareto 分布，b 为尺度参数，根据分布的性质，可知随机变量 X 的期望和方差为

$$E(X) = \frac{b}{a - 1}, \quad Var(X) = \frac{ab^2}{(a - 1)^2 (a - 2)} \tag{3.9}$$

利用样本均值和方差表示随机变量的期望和方差，即 $E(X) = \bar{X}$，$Var(X) = S^2$。可得超参数 a 和 b 的估计如下：

$$a = \frac{2S^2}{S^2 + \bar{X}^2}, \quad b = (a - 1)\bar{X} \tag{3.10}$$

同理可以得到随机变量 Y 条件分布的超参数的表达式。

3.2.2　基于二元指数分布 Frank Copula 模型的 MCMC 算法设计

由于联合后验分布形式的复杂性，不可能直接得到参数 $\alpha\theta_1$ 和 θ_2 的后验分布和相关统计量，利用 M-H 抽样算法估计模型参数，具体步骤如下：

步骤 1：给定参数初始值 $\alpha^{(0)}$，$\theta_1^{(0)}$ 和 $\theta_2^{(0)}$；

步骤 2：

（i）根据 α 的先验设置，抽取 $\alpha^{(1)} \sim N(\mu, \sigma^2)$；

（ii）根据备选分布和参数的后验分布计算 M-H 算法的接受概率，即 $r = \dfrac{p(\alpha^{(1)} \mid x) J(\alpha^{(0)} \mid \alpha^{(1)})}{J(\alpha^{(1)} \mid \alpha^{(0)}) p(\alpha^{(0)} \mid x)}$，J 为转移概率，$p$ 为给定样本条件下参数后验概率；

（iii）抽取 $s \sim \text{unif}(0, 1)$，如 $r > s$，接受 $\alpha^{(1)}$；否则，令 $\alpha^{(1)} = \alpha^{(0)}$。

步骤 3：给定参数值 $\alpha^{(1)}$，$\theta_1^{(0)}$ 和 $\theta_2^{(0)}$，对参数 θ_1 抽样，具体如下：

（i）根据 θ_1 的先验设置，抽取 $\theta_1 \sim \text{Gamma}(a_1, b_1)$；

（ii）计算参数 θ_1 的接受概率，即 $r = \dfrac{p(\theta_1^{(1)} \mid x) J(\theta_1^{(0)} \mid \theta_1^{(1)})}{J(\theta_1^{(1)} \mid \theta_1^{(0)}) p(\theta_1^{(0)} \mid x)}$；

（iii）抽取 $s \sim \text{unif}(0, 1)$，如 $r > s$，接受 $\theta_1^{(1)}$；否则，令 $\theta_1^{(1)} = \theta_1^{(0)}$。

步骤 4：给定参数值 $\alpha^{(1)}$，$\theta_1^{(1)}$ 和 $\theta_2^{(0)}$，对参数 θ_2 抽样，具体如下：

（i）根据 θ_2 的先验设置，抽取 $\theta_2 \sim \text{Gamma}(a_2, b_2)$；

（ii）计算参数 θ_2 的接受概率，即 $r = \dfrac{p(\theta_2^{(1)} \mid x) J(\theta_2^{(0)} \mid \theta_2^{(1)})}{J(\theta_2^{(1)} \mid \theta_2^{(0)}) p(\theta_2^{(0)} \mid x)}$；

（iii）抽取 $s \sim \text{unif}(0, 1)$，如 $r > s$，接受 $\theta_2^{(1)}$；否则，令 $\theta_2^{(1)} = \theta_2^{(0)}$。

步骤5：把抽样得到的参数值 $\alpha^{(1)}$，$\theta_1^{(1)}$ 和 $\theta_2^{(1)}$ 作为新抽样初始值，重复步骤 2~4，直至迭代依分布收敛到目标分布，Markov 链达到平稳状态时，抽取的样本达到设定的样本数停止。

3.3　二元 Pareto 分布的 Frank Copula 模型构建与贝叶斯估计

3.3.1　二元 Pareto 分布的 Frank Copula 模型

单变量的 Pareto 分布为

$$f(x \mid \beta, \theta) = \frac{\beta\theta^\beta}{(x+\theta)^{\beta+1}}, \quad \theta > 0, \ \beta > 0, \ x > 0 \tag{3.11}$$

设 X 和 Y 是两随机变量，$X \sim Pareto(\theta_1, \beta_1)$，$Y \sim Pareto(\theta_2, \beta_2)$，$u$ 和 v 分别为两随机变量的分布函数，$u = F(x \mid \theta_1, \beta_1)$，$v = F(y \mid \theta_2, \beta_2)$。根据第 2 章相关知识，可得基于 Pareto 分布的 Frank Copula 的分布函数为

$$F(x, y \mid \alpha, \theta_1, \beta_1, \theta_2, \beta_2) = \frac{1}{\alpha}\ln\left[1 + \frac{\left\{e^{\alpha\left(1-\left(1+\frac{x}{\theta_1}\right)^{-\beta_1}\right)} - 1\right\}\left\{e^{\alpha\left(1-\left(1+\frac{y}{\theta_2}\right)^{-\beta_2}\right)} - 1\right\}}{e^\alpha - 1}\right] \tag{3.12}$$

对上式左边微分，可得 Pareto 分布的 Frank Copula 函数的概率密度函数为

$$f(x, y \mid \alpha, \theta_1, \beta_1, \theta_2, \beta_2)$$

$$= \frac{\left(1+\frac{x}{\theta_1}\right)^{-\beta_1}\beta_1 e^{\alpha\left(1-\left(1+\frac{x}{\theta_1}\right)^{-\beta_1}\right)}\alpha\left(1+\frac{y}{\theta_2}\right)^{-\beta_2}\beta_2 e^{\alpha\left(1-\left(1+\frac{y}{\theta_2}\right)^{-\beta_2}\right)}}{\theta_1\left(1+\frac{x}{\theta_1}\right)\theta_2\left(1+\frac{y}{\theta_2}\right)(e^\alpha-1)\left(1+\dfrac{\left\{e^{\alpha\left[1-\left(1+\frac{x}{\theta_1}\right)^{-\beta_1}\right]}-1\right\}\left\{e^{\alpha\left[1-\left(1+\frac{y}{\theta_2}\right)^{-\beta_2}\right]}-1\right\}}{e^\alpha-1}\right)}$$

$$- \frac{\left(1+\frac{x}{\theta_1}\right)^{-\beta_1}\beta_1 e^{\alpha\left[1-\left(1+\frac{x}{\theta_1}\right)^{-\beta_1}\right]}\left\{e^{\alpha\left[1-\left(1+\frac{x}{\theta_1}\right)^{-\beta_1}\right]}-1\right\}\left\{e^{\alpha\left[1-\left(1+\frac{y}{\theta_2}\right)^{-\beta_2}\right]}-1\right\}\alpha\left(1+\frac{y}{\theta_2}\right)^{-\beta_2}\beta_2 e^{\alpha\left[1-\left(1+\frac{y}{\theta_2}\right)^{-\beta_2}\right]}}{\theta_1\left(1+\frac{x}{\theta_1}\right)(e^\alpha-1)^2\left(1+\dfrac{\left\{e^{\alpha\left[1-\left(1+\frac{x}{\theta_1}\right)^{-\beta_1}\right]}-1\right\}\left\{e^{\alpha\left[1-\left(1+\frac{y}{\theta_2}\right)^{-\beta_2}\right]}-1\right\}}{e^\alpha-1}\right)\theta_2\left(1+\frac{y}{\theta_2}\right)}$$

$$\tag{3.13}$$

在对模型参数进行贝叶斯估计之前，讨论如何从边际 Pareto 分布的 Frank Copula 模型抽出随机样本。

根据 Copula 函数的相关理论，下面给出从模型中抽出随机样本的一般步骤：

(1) 设模型参数 α，θ_1，θ_2，β_1 和 β_2 已知；

(2) 随机抽出独立同分布随机变量 u_1 和 u_2，u_1，$u_2 \sim unif(0,1)$；

(3) 令 $U_1 = u_1$，计算 $X = F^{-1}(U_1 \mid \theta_1, \beta_1)$；

(4) 根据联合分布函数，令 $U_2 = \alpha^{-1}\ln\left[1 + \dfrac{u_2(e^\alpha - 1)}{e^{\alpha u_1}(1 - u_2) + u_2}\right]$；

(5) 计算 $Y = F^{-1}(U_2 \mid \theta_2, \beta_2)$。

利用上述算法，可以得到边际为 Pareto 分布且相关系数 α 的 Frank Copula 模型的一组随机样本。

3.3.2 基于二元 Pareto 分布 Frank Copula 模型的贝叶斯分析

考虑相依参数 $\alpha \sim N(\mu, \sigma^2)$，参数 θ_1，θ_2 的先验分布为 Pareto 分布，β_1 和 β_2 的先验分布为 Gamma 分布，同时假定它们之间相互独立，即 $\theta_i \sim Pareto(a_i, b_i)$，$\beta_i \sim Gamma(c_i, d_i)$，$i = 1,2$。利用上述参数的先验信息，可得参数 θ_1，θ_2，β_1，β_2 的联合后验分布为

$$f(\alpha, \theta_1, \theta_2, \beta_1, \beta_2 \mid x, y) \propto f(\alpha)f(\theta_1, \beta_1)f(\theta_2, \beta_2)\prod_{i=1}^{n}f(x, y \mid \alpha, \theta_1, \theta_2, \beta_1, \beta_2)$$

(3.14)

下面说明如何估计模型参数，首先假设相依参数 α 已知，利用 Copula 函数的相关理论，可计算 Spearman 秩相关系数。根据此信息，可对正态分布的参数 μ 和 σ^2 进行设置。然后考虑参数 θ 和 β 的相关性，下面说明如何得到参数 θ 和 β 的协方差矩阵。

利用式（3.11），可得

$$\log(f(x; \theta, \beta)) = \log\beta + \beta\log\theta - (\beta + 1)\log(x + \theta)$$

(3.15)

式（3.15）两边分别对参数 θ 求两阶偏导数，可得

$$\frac{\partial^2\log(f(x; \theta, \beta))}{\partial\theta^2} = -\frac{\beta}{\theta^2} - \frac{\beta + 1}{(x + \theta)^2}$$

(3.16)

在式（3.15）两边分别对参数 β 求两阶偏导数，可得

$$\frac{\partial^2\log(f(x; \theta, \beta))}{\partial\beta^2} = -\frac{1}{\beta^2}$$

(3.17)

同时，在式（3.15）两边分别对参数 θ 和 β 求两阶偏导数，可得

$$\frac{\partial^2 \log(f(x;\ \theta,\ \beta))}{\partial\theta\partial\beta} = \frac{1}{\theta} - \frac{1}{x+\theta} \tag{3.18}$$

利用 Pareto 分布的概率密度函数，可知

$$E\left(\frac{1}{X+\theta}\right) = \frac{\beta}{\theta(\beta+1)},\quad E\left(\frac{1}{(X+\theta)^2}\right) = \frac{\beta}{\theta^2(\beta+2)} \tag{3.19}$$

利用上述结果，可得参数 θ 和 β 的协方差矩阵为

$$Cov(\theta,\ \beta) = -\left(-nE\left(\frac{\partial^2 \log(f(x;\ \theta,\ \beta))}{\partial\theta\partial\beta}\right)\right)^{-1}$$

$$= \begin{pmatrix} \dfrac{n\beta}{\theta^2(\beta+2)} & -\dfrac{n}{\theta(\beta+1)} \\[3mm] -\dfrac{n}{\theta(\beta+1)} & \dfrac{n}{\beta^2} \end{pmatrix}^{-1} \tag{3.20}$$

同时对先验分布的超参数，利用抽样样本的极大似然估计，如 $\theta_i \sim Pareto(a_i,\ b_i)$，可知 $E(\theta_i) = \dfrac{a_i}{b_i - 1}$，$Var(\theta_i) = \dfrac{b_i a_i^2}{(b_i - 1)^2(b_i - 2)^2}$，利用此关系式，可得 $a_i = (b_i - 1)E(\theta_i)$，$b_i = \dfrac{2Var(\theta_i)}{Var(\theta_i) - (E(\theta_i))^2}$，同时如 $\beta_i \sim Gamma(c_i,\ d_i)$，可知 $E(\beta_i) = \dfrac{c_i}{d_i}$，$Var(\beta_i) = \dfrac{c}{d^2}$，可得到超参数的取值，即 $c_i = d_i \times E(\beta_i)$，$d_i = \dfrac{E(\beta_i)}{Var(\beta_i)}$。

由于联合后验分布形式的复杂性，不可能直接得到参数 $\alpha\theta_1$，θ_2，β_1 和 β_2 的后验分布和相关统计量，利用 M-H 抽样算法估计模型参数，具体步骤如下：

步骤 1：给定参数初始值 $\alpha^{(0)}$，$\theta_1^{(0)}$，$\theta_2^{(0)}$，$\beta_1^{(0)}$ 和 $\beta_2^{(0)}$；

步骤 2：

（i）根据 α 的先验设置，抽取 $\alpha^{(1)} \sim N(\mu,\ \sigma^2)$；

（ii）根据备选分布和参数的后验分布计算 M-H 算法的接受概率，即

$\mathrm{r} = \dfrac{p(\alpha^{(1)} \mid x)J(\alpha^{(0)} \mid \alpha^{(1)})}{J(\alpha^{(1)} \mid \alpha^{(0)})p(\alpha^{(0)} \mid x)}$，J 为转移概率，p 为给定样本条件下参数后验概率；

（iii）抽取 $\mathrm{s} \sim unif(0,\ 1)$，如 $\mathrm{r} > \mathrm{s}$，接受 $\alpha^{(1)}$；否则，令 $\alpha^{(1)} = \alpha^{(0)}$。

步骤 3：给定参数值 $\alpha^{(1)}$，$\theta_1^{(0)}$，$\theta_2^{(0)}$，$\beta_1^{(0)}$ 和 $\beta_2^{(0)}$，对参数 θ_1 抽样，具体如下：

（ i ）根据 θ_1 的先验设置，抽取 $\theta_1 \sim Pareto(a_1, b_1)$；

（ ii ）计算参数 θ_1 的接受概率，即 $r = \dfrac{p(\theta_1^{(1)} \mid x) J(\theta_1^{(0)} \mid \theta_1^{(1)})}{J(\theta_1^{(1)} \mid \theta_1^{(0)}) p(\theta_1^{(0)} \mid x)}$；

（ iii ）抽取 $s \sim unif(0, 1)$，如 $r > s$，接受 $\theta_1^{(1)}$；否则，令 $\theta_1^{(1)} = \theta_1^{(0)}$。

步骤 4：给定参数值 $\alpha^{(1)}$，$\theta_1^{(1)}$，$\beta_1^{(0)}$，$\theta_2^{(0)}$ 和 $\beta_2^{(0)}$，对参数 β_1 抽样，具体如下：

（ i ）根据 β_1 的先验设置，抽取 $\beta_1 \sim Gamma(c_1, d_1)$；

（ ii ）计算参数 β_1 的接受概率，即 $r = \dfrac{p(\beta_1^{(1)} \mid x) J(\beta_1^{(0)} \mid \beta_1^{(1)})}{J(\beta_1^{(1)} \mid \beta_1^{(0)}) p(\beta_1^{(0)} \mid x)}$；

（ iii ）抽取 $s \sim unif(0, 1)$，如 $r > s$，接受 $\beta_1^{(1)}$；否则，令 $\beta_1^{(1)} = \beta_1^{(0)}$。

步骤 5：给定参数值 $\alpha^{(1)}$，$\theta_1^{(1)}$，$\beta_1^{(1)}$，$\theta_2^{(0)}$ 和 $\beta_2^{(0)}$，对参数 θ_2 抽样，具体如下：

（ i ）根据 θ_2 的先验设置，抽取 $\theta_2 \sim Pareto(a_2, b_2)$；

（ ii ）计算参数 θ_2 的接受概率，即 $r = \dfrac{p(\theta_2^{(1)} \mid x) J(\theta_2^{(0)} \mid \theta_2^{(1)})}{J(\theta_2^{(1)} \mid \theta_2^{(0)}) p(\theta_2^{(0)} \mid x)}$；

（ iii ）抽取 $s \sim unif(0, 1)$，如 $r > s$，接受 $\theta_2^{(1)}$；否则，令 $\theta_2^{(1)} = \theta_2^{(0)}$。

步骤 6：给定参数值 $\alpha^{(1)}$，$\theta_1^{(1)}$，$\beta_1^{(1)}$，$\theta_2^{(1)}$ 和 $\beta_2^{(0)}$，对参数 β_2 抽样，具体如下：

（ i ）根据 β_2 的先验设置，抽取 $\beta_2 \sim Gamma(c_2, d_2)$；

（ ii ）计算参数 β_2 的接受概率，即 $r = \dfrac{p(\beta_2^{(1)} \mid x) J(\beta_2^{(0)} \mid \beta_2^{(1)})}{J(\beta_2^{(1)} \mid \beta_2^{(0)}) p(\beta_2^{(0)} \mid x)}$；

（ iii ）抽取 $s \sim unif(0, 1)$，如 $r > s$，接受 $\beta_2^{(1)}$；否则，令 $\beta_2^{(1)} = \beta_2^{(0)}$。

步骤 7：把抽样得到的参数值 $\alpha^{(1)}$，$\theta_1^{(1)}$，$\beta_1^{(1)}$，$\theta_2^{(1)}$ 和 $\beta_2^{(1)}$Z 作为新的初始值，重复步骤 2-6，直至迭代依分布收敛到目标分布，Markov 链达到平稳状态时，抽取的样本达到设定的样本数停止。

3.4　Monte Carlo 仿真实验分析

3.4.1　仿真设计与贝叶斯估计

设定参数 $\theta_1 = 0.5\theta_2 = 0.16$ 和 $\alpha = 5$，对指数分布的 Frank Copula 模型利用式（3.1）产生 500 对样本，计算这些样本的 Spearman 秩相关系数为 -0.6183。根据 Copula 的相关理论，可知服从两指数分布，且参数已知的 Frank Copula 函数理论相关系数为 -0.6435，接近理论值。同时利用这些样本，根据 3.2 节相关知识，可以得出超参数的取值，即 $a_1 = 22.85$，$b_1 = 56.87$，$a_2 = 15.37$，$b_2 = 85.80$。

利用 MCMC 抽样算法，产生 5 条 Markov 链，从指数边际分布和参数为 α 的 Frank Copula 模型抽样 10 000 个样本，"舍弃"前 5 000 个样本，利用每条链的后 5 000 个抽样样本进行模拟分析，图 3.4 为 MCMC 抽样第 1 和第 5 条链参数的后验密度图。

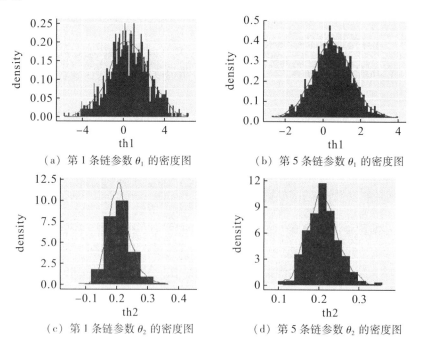

（a）第 1 条链参数 θ_1 的密度图　　　　（b）第 5 条链参数 θ_1 的密度图

（c）第 1 条链参数 θ_2 的密度图　　　　（d）第 5 条链参数 θ_2 的密度图

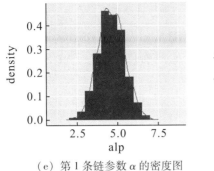
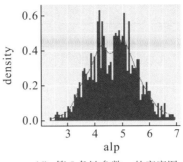

（e）第 1 条链参数 α 的密度图　　　（f）第 5 条链参数 α 的密度图

图 3.4　模型参数的后验概率密度图

图 3.5 给出第 1 条链和第 5 条链各参数的动态轨迹图，从这两条链的迭代轨迹图可知，迭代的 Markov 链收敛，MCMC 仿真过程是平稳的。

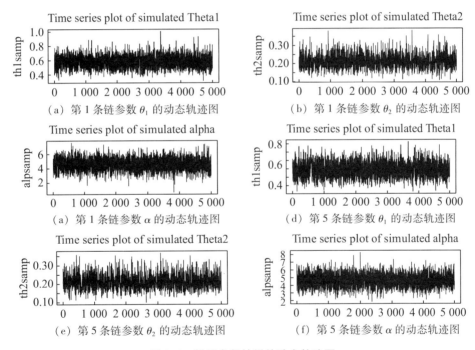

图 3.5　模型参数抽样的动态轨迹图

通过"退火"舍弃 5 000 样本量，从 5 条链的动态轨迹图可以知道每条链收敛，对每条链的后 5 000 个样本进行统计分析，得出参数估计的均值、标准差和 95% 的置信区间如表 3.3 所示。通过和参数的极大似然估计比较，发现贝叶斯参数的均值接近各参数的极大似然估计，并且给出更多的参数信息。

表 3.3　模型参数贝叶斯估计结果

参数	统计量			
	均值	标准差	2.5%分位数	97.5%分位数
θ_1	0.412 5	0.003 8	0.215 4	0.678 3
θ_2	0.175 4	0.001 9	0.063 1	0.352 7
α	4.627 1	0.039 4	1.624 5	7.624 1

3.4.2　参数贝叶斯估计检验

通过对参数的先验设置和 M-H 抽样过程，有必要对选择的先验信息与估计方法进行评价，采用参数后验预测检验方法[175]对模型进行评价，对模型参数进行 M-H 抽样，产生 5 条链，每条链为 5 000 对样本，计算每条链样本的极小值、均值和极大值，同时和参数的真实值进行比较。如图 3.6 所示：

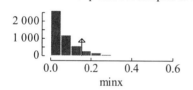

（a）预测样本 x 极小值的直方图

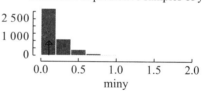

（b）预测样本 y 极小值的直方图

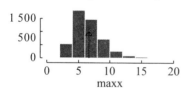

（c）预测样本 x 极大值的直方图

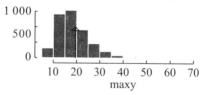

（d）预测样本 y 极大值的直方图

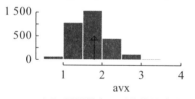

（e）预测样本 x 平均值的直方图

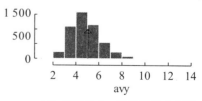

（f）预测样本 y 平均值的直方图

图 3.6　预测样本 x 和 y 统计量的直方图

图 3.6 表示参数的预测结果的直方图。箭头表示各参数的真实值，可以发现利用 M-H 算法得到参数预测效果较好。表 3.4 给出后验参数预测样本每条链贝叶斯预测 p 值，从结果可知，p 值没有任何值接近 0 或 1，说明后验参数预测样本的准确性。

表 3.4　每条链产生预测样本的贝叶斯 p 值（样本量 5 000）

统计量	第 1 条链	第 2 条链	第 3 条链	第 4 条链	第 5 条链	平均值
X 极小值	0.456 3	0.431 5	0.463 8	0.438 1	0.450 9	0.446 8
X 极大值	0.386 1	0.316 7	0.326 4	0.312 7	0.286 7	0.336 7
Y 极小值	0.562 6	0.523 4	0.570 1	0.562 7	0.531 6	0.553 8
Y 极大值	0.276 4	0.304 2	0.230 1	0.246 1	0.273 1	0.261 7
x 平均值	0.417 2	0.364 1	0.385 2	0.382 7	0.346 7	0.372 4
y 平均值	0.431 9	0.412 7	0.401 7	0.401 3	0.406 2	0.410 2

同时为了检验具有后验参数的指数分布的 Frank Copula 模型是否收敛到真实的边际分布和联合分布，用不同的初始值，产生独立 5 条 Markov 链，每条链产生 5 000 对样本，分别计算组内方差，组间方差，利用加权平均的边际后验方差计算方差比，结果如表 3.5 所示。从结果可知，检验量接近 1，说明后验参数预测效果显著。

表 3.5　后验参数预测检验结果（样本量 5 000）

参数	组内方差	组间方差	边际后验方差	方差比
α	0.008 2	0.009 1	0.008 3	1.000 026
θ_1	0.604 7	0.402 1	0.603 8	1.000 143
θ_2	0.002 6	0.003 6	0.002 6	1.000 091

3.5　本章小结

利用在生物统计、可靠性工程和质量控制应用研究广泛的指数和 Pareto 分布，构建此两类分布相依结构为 Frank Copula 模型。首先分别讨论边际为指数分布和 Pareto 分布，联合分布为 Frank Copula 的边际样本的抽样算法，分别对独立的两指数分布和已知相依参数同类型的指数分布抽样，说明设计抽样算法的有效性，讨论边际为指数分布和 Pareto 分布的 Frank Copula 参数的贝叶斯抽样算法。最后通过 Monte Carlo 仿真分析，实现相依参数的 M-H 抽样过程，利用参数的抽样迭代轨迹图、密度图和预测的贝叶斯 p 值，对抽样的稳健性和有效性进行分析比较，说明考虑参数不确定性的贝叶斯方法可以准确实现参数的估计。

第 4 章　基于贝叶斯 Copula 函数的删失生存模型构建

对多元件组成系统的生存寿命特征和可靠性进行研究时，单元的失效时间相互单独的假设通常不成立。例如，在医学试验中，我们通常关注成对器官的身体机能，如成对动物肾和眼睛的生存时间对生命长度的影响，或这些成对器官的恢复时间受药物或治疗手段的影响。在工业可靠性试验中，系统的持续运行时间通常依靠成对元件正常运行时间长度，如飞机的双引擎发动机的正常运行的持续时间对飞机性能的影响。二元单元的生存时间或可靠性程度通常是相关的，学界对它们之间的相依结构已经广泛进行了研究。其中应用最广泛的是包含一个或多个随机效应的异质模型[177-180]，通常假定在给定异质变量的前提下，各个单元的生存时间是相互独立的，利用 Copula 函数研究各个单元的生存时间的相依结构也得到充分发展[181-182]。

目前对生存时间的相依结构讨论问题，主要是建立在经典频率方法的基础上，且对各个单元完整的生存时间之间的相依结构进行研究。本章主要研究贝叶斯推断理论结合 Copula 方法探讨删失生存时间之间的相依结构，利用 MCMC 抽样算法对删失生存相依结构参数进行估计，针对删失生存的实际数据，利用构建删失生存模型，给出模型参数的一步与两阶段贝叶斯估计结果，然后利用 DIC、EAIC、EBIC 和 CPO 等统计量对所用模型进行比较选择。

4.1　异质贝叶斯 Copula 删失生存模型构建

4.1.1　异质 Copula 生存模型

设 C_α 为 Copula 的分布函数，c_α 为相应的概率密度函数。(T_1, T_2) 为成对单元

的生存（失效）时间，S_i，f_i 分别为每个单元的生存函数和概率密度函数，$i = 1$，2，则成对单元基于 Copula 函数的联合生存函数为

$$S(t_1, t_2) = C_\alpha(S_1(t_1), S_2(t_2)), \quad t_1, t_2 > 0 \tag{4.1}$$

成对单元的联合生存的概率密度函数为

$$f(t_1, t_2) = c_\alpha(S_1(t_1), S_2(t_2))f_1(t_1)f_2(t_2), \quad t_1, t_2 > 0 \tag{4.2}$$

给定随机变量 W，(T_1, T_2) 在 W 条件下独立，即 $S(t_1, t_2 \mid w) = S_1(t_1 \mid w)S_2(t_2 \mid w)$，从而有

$$S(t_1, t_2) = E(S(t_1, t_2 \mid W)) = p[q(S_1(t_1)) + q(S_2(t_2))] \tag{4.3}$$

此处，$q(S_i(t_i))$ 为相应的累积危险率函数，$p[.]$ 为变量 W 的 Laplace 转换，$q[.]$ 为相应的 Laplace 逆转换。

描述成对单元生存（失效）时间的相依程度用 τ_α 表示为

$$\tau_\alpha(T_1, T_2) = 4\int_0^1 \frac{\varphi^{-1}(t)}{[\varphi^{-1}(t)]'}dt + 1 \tag{4.4}$$

此处，φ 为 Copula 函数的生成元。

另一种度量成对单元生存（失效）时间的相依程度用交叉比函数描述。即

$$\theta^*(t_1, t_2) = \frac{S(t_1, t_2)\frac{\partial^2(S(t_1, t_2))}{\partial t_1 \partial t_2}}{\frac{\partial(S(t_1, t_2))}{\partial t_1} \cdot \frac{\partial(S(t_1, t_2))}{\partial t_2}} \tag{4.5}$$

对于阿基米德 Copula 函数，根据 Oakes[180] 的观点，可以证明交叉比函数和联合生存函数之间的关系为

$$\theta^*(t_1, t_2) = \theta(S(t_1, t_2)) \tag{4.6}$$

其中

$$q_k(v) = \int_v^1 \exp\left\{\int_z^{1-k} \frac{\theta(y)}{y}dy\right\}dz, \quad \theta(v) = \frac{-vq''[v]}{q'[v]}$$

考虑成对单元存在不变的交叉比函数，考虑 $\theta(v) = \alpha + 1$，$\alpha \in R^+$，利用它与 Laplace 逆转换函数之间的关系，可得 $q[v] = \alpha^{-1}(v^{-\alpha} - 1)$，从而 $p[u] = (1 + \alpha u)^{-1/\alpha}$，利用式（4.3）可得成对单元的联合生存函数为

$$S(t_1, t_2) = (S_1(t_1)^{-\alpha} + S_2(t_2)^{-\alpha} - 1)^{-\frac{1}{\alpha}} \tag{4.7}$$

利用式（4.4）可得到成对单元生存（失效）的相关系数为

$$\tau_\alpha(T_1, T_2) = \frac{\alpha}{\alpha + 2} \tag{4.8}$$

讨论边际分布为比例危险模型的异质模型，交叉比函数是成对单元生存时间

的递减函数。在这一过程中，Laplace 转换函数为 $p[u] = \exp(-u^\alpha)$，从而可求得交叉比函数为 $\theta(v) = 1 - \dfrac{1-\alpha}{\alpha \ln v}$。同时可得成对单元的联合生存函数为

$$S(t_1,\ t_2) = \exp\{-[(-\ln(S_1(t_1)))^{1/\alpha} + (-\ln(S_2(t_2)))^{1/\alpha}]^\alpha\} \tag{4.9}$$

第二类递减的交叉比函数为成对单元的联合生存 Frank 的分布函数，表达式为

$$\Pr\{T_1 \leqslant t_1,\ T_2 \leqslant t_2\} = \log_\alpha(1 + \frac{(\alpha^{t_1}-1)(\alpha^{t_2}-1)}{\alpha-1}),\ \alpha \neq 1 \tag{4.10}$$

对于 $\alpha \in (0,\ 1)$，$p[u] = \log_\alpha(1 - (1-\alpha)e^{-u})$，交叉比函数为 $\theta(v) = -v \dfrac{\ln\alpha}{1-\alpha}$，从而可得成对单元的联合生存函数为

$$S(t_1,\ t_2) = \log_\alpha(1 + \frac{(\alpha^{S_1(t_1)}-1)(\alpha^{S_2(t_2)}-1)}{\alpha-1}) \tag{4.11}$$

4.1.2 删失异质生存模型的贝叶斯估计

设 $(T_{i1},\ T_{i2})$ 为第 i 个体成对单元的生存（失效）的时间，$i = 1, 2, \cdots, n$，相应的删失时间为 $(C_{i1},\ C_{i2})$，同时真实的个体成对单元的生存时间 $Z_{ij} = \min\{T_{ij},\ C_{ij}\}$，$\delta_{ij} = I(Z_{ij} = T_{ij})$，$j = 1, 2$，$\theta_1$ 和 θ_2 分别为两边际分布的参数集，相应参数的先验设置为 $\pi_j^\theta(.)$，$j = 1, 2$，则在删失条件下边际分布的联合似然函数为

$$L(\theta_j \mid z_j,\ \delta_j) = \prod_{i=1}^{n} f_{j\theta_j}(z_{ij})^{\delta_{ij}} S_{j\theta_j}(z_{ij})^{1-\delta_{ij}},\ j = 1, 2 \tag{4.12}$$

利用贝叶斯定理，可得边际分布参数的后验估计为

$$\pi(\theta_j \mid z_j,\ \delta_j) \propto L(\theta_j \mid z_j,\ \delta_j) \pi_j^\theta(\theta_j) \tag{4.13}$$

设 $\tilde{\theta}_j$ 为根据式（4.13）得到边际分布参数的后验估计，则可得相依参数 α 的似然函数为

$$L(\alpha \mid z_1,\ z_2,\ \delta_1,\ \delta_2,\ \tilde{\theta}_1,\ \tilde{\theta}_2) = \prod_{i=1}^{n} f(z_{i1},\ z_{i2};\ \alpha)^{\delta_{i1}\delta_{i2}} \frac{\partial S(z_{i1},\ z_{i2};\ \alpha)}{\partial z_{i1}}^{\delta_{i1}(1-\delta_{i2})}$$

$$\times \frac{\partial S(z_{i1},\ z_{i2};\ \alpha)}{\partial z_{i2}} S(z_{i1},\ z_{i2};\ \alpha)(1-\delta_{i1})(1-\delta_{i2}) \tag{4.14}$$

此处，$f(.,.)$ 为两元生存函数 $S(.,.)$ 的概率密度函数。

利用相依参数的条件似然函数，成对单元生存时间的相依结构 α 的后验密度为

$$\pi(\alpha \mid z_1,\ z_2,\ \delta_1,\ \delta_2,\ \bar{\theta}_1,\ \bar{\theta}_2) \propto L(\alpha \mid z_1,\ z_2,\ \delta_1,\ \delta_2,\ \bar{\theta}_1,\ \bar{\theta}_2)\pi^{\alpha}(\alpha)$$

$$(4.15)$$

此处，$\pi^{\alpha}(\alpha)$ 为相依参数 α 的先验分布。

4.1.3 删失异质生存 Copula 模型参数的贝叶斯推断

设 $(u_{i1},\ u_{i2}) = (\tilde{S}_1(Z_{i1}),\ \tilde{S}_2(Z_{i2}))$，$i = 1,\ 2,\ \cdots,\ n$。则基于 Copula 函数相依参数 α 的似然函数为

$$L(\alpha \mid \delta_1,\ \delta_2,\ u_1,\ u_2) = \prod_{i=1}^{n} c_{\alpha}(u_{i1},\ u_{i2})^{\delta_1\delta_2} \frac{\partial C_{\alpha}(u_{i1},\ u_{i2})^{\delta_{i1}(1-\delta_{i2})}}{\partial u_{i1}}$$

$$\times \frac{\partial C_{\alpha}(u_{i1},\ u_{i2})^{\delta_{i2}(1-\delta_{i1})}}{\partial u_{i2}} C_{\alpha}(u_{i1},\ u_{i2})(1-\delta_{i1})(1-\delta_{i2}) \qquad (4.16)$$

此处，$u_1 = (u_{11},\ u_{21},\ \cdots,\ u_{n1})$，$u_2 = (u_{12},\ u_{22},\ \cdots,\ u_{n2})$，从而可得基于 Copula 函数相依参数 α 的后验密度为

$$\pi(\alpha \mid \delta_1,\ \delta_2,\ u_1,\ u_2) \propto L(\alpha \mid \delta_1,\ \delta_2,\ u_1,\ u_2)\pi(\alpha) \qquad (4.17)$$

前面讨论二阶段的贝叶斯估计，即先对生存（失效）时间的边际分布估计，然后再利用 MCMC 抽样讨论相依参数的后验分布。下面讨论边际分布和相依参数的联合估计方法，设成对单元生存（失效）时间 $(T_1,\ T_2)$ 的边际生存和密度函数分别为 $(S_{1\theta_1},\ S_{2\theta_2})$ 和 $(f_{1\theta_1},\ f_{2\theta_2})$，则边际分布参数 θ_1，θ_2 和基于 Copula 函数相依参数 α 的联合似然函数为

$$L(\alpha,\ \theta_1,\ \theta_2 \mid z_1,\ z_2,\ \delta_1,\ \delta_2)$$

$$= \prod_{i=1}^{n} (c_{\alpha}(S_{1\theta_1}(z_{i1}),\ S_{2\theta_2}(z_{i2}))f_{1\theta_1}(z_{i1})f_{2\theta_2}(z_{i2}))^{\delta_{i1}\delta_{i2}}$$

$$\times \left(\frac{\partial C_{\alpha}(S_{1\theta_1}(z_{i1}),\ S_{2\theta_2}(z_{i2}))}{\partial S_{1\theta_1}(z_{i1})} \cdot (-f_{1\theta_1}(z_{i1}))\right)\delta_{i1}(1-\delta_{i2}) \qquad (4.18)$$

$$\times \left(\frac{\partial C_{\alpha}(S_{1\theta_1}(z_{i1}),\ S_{2\theta_2}(z_{i2}))}{\partial S_{2\theta_2}(z_{i2})} \cdot (-f_{2\theta_1}(z_{i2}))\right)\delta_{i2}(1-\delta_{i1})$$

$$\times C_{\alpha}(S_{1\theta_1}(z_{i1}),\ S_{2\theta_2}(z_{i2}))^{(1-\delta_{i1})(1-\delta_{i2})}$$

根据联合似然函数，可得边际分布参数 θ_1，θ_2 和基于 Copula 函数相依参数 α 的联合后验密度为

$$\pi(\alpha,\ \theta_1,\ \theta_2 \mid z_1,\ z_2,\ \delta_1,\ \delta_2) \propto L(\alpha,\ \theta_1,\ \theta_2 \mid z_1,\ z_2,\ \delta_1,\ \delta_2)\pi(\alpha,\ \theta_1,\ \theta_2)$$

$$(4.19)$$

此处，$\pi(\alpha,\ \theta_1,\ \theta_2)$ 为联合参数的先验分布。

4.2 正稳态删失生存的贝叶斯 Copula 模型构建

4.2.1 正稳态删失模型的贝叶斯分析

设 $T = (T_1, T_2)$ 表示成对单元的生存（失效）时间，由于观测的不确定性，N_{ik} 为每个单元无法观测的潜变量的个数，$i = 1, 2, \cdots, n$，$k = 1, 2$，潜变量的个数 N_{i1} 和 N_{i2} 相互独立，$N_{ik} \sim poisson(\theta_k w_i)$，$\theta_k$ 表示治愈率参数，w_i 表示潜变量之间的异质部分，它们之间的相关关系用正稳态参数 α 表示，即 $w_i \sim Stable(\alpha)$，$0 < \alpha < 1$，概率密度为

$$f_s(w_i \mid \alpha) = aw^{-(a+1)} \int_0^1 s(u) \exp\left\{-\frac{s(u)}{w^a}\right\} du, \ w > 0 \tag{4.20}$$

其中

$$a = \frac{\alpha}{1-\alpha}, \ s(u) = \left(\frac{\sin(\alpha\pi u)}{\sin(\pi u)}\right)^a \left(\frac{\sin[(1-\alpha)\pi u]}{\sin(\pi u)}\right)$$

利用式（4.20）可得参数 w 和 u 的联合密度函数为

$$f(w, u \mid \alpha) = aw^{-(a+1)} s(u) \exp\left(-\frac{s(u)}{w^a}\right), \ w > 0, \ 0 < u < 1 \tag{4.21}$$

在生存分析或可靠性分析过程中，由于各种不同原因常会出现数据的删失，令 c_{ik} 表示删失时间，从而得到真实的观测时间 $y_{ik} = \min(t_{ik}, c_{ik})$，删失指示变量 $\delta_{ik} = I(t_{ki} \leq c_{ki})$，$F_k(. \mid \gamma_k)$ 和 $S(. \mid \gamma_k)$ 分别为真实观测时间的分布和生存函数，γ_k 为分布的参数集，选用最常用的 Weibull 分布为真实观测时间的分布。密度函数为

$$f_k(y \mid \gamma_k) = \xi_k y^{\xi_k - 1} \exp\{\lambda_k - y^{\xi_k} \exp(\lambda_k)\} \tag{4.22}$$

令 $y_k = (y_{1k}, y_{2k}, \cdots, y_{nk})$，$\delta_k = (\delta_{1k}, \delta_{2k}, \cdots, \delta_{nk})$，$w = (w_1, w_2, \cdots, w_n)$，$\gamma = (\gamma_1, \gamma_2)$，$\theta = (\theta_1, \theta_2)$，$N_k = (N_{1k}, N_{2k}, \cdots, N_{nk})$，$\gamma_k = (\xi_k, \lambda_k)$，$k = 1, 2$，删失的完全数据集为 $D = (n, y_1, y_2, \delta_1, \delta_2, N_1, N_2, w)$，可观测的数据集 $D_1 = (n, y_1, y_2, \delta_1, \delta_2)$，则可得参数 (θ, γ) 基于完全数据集 D 的联合似然函数为

$$L(\theta, \gamma \mid D) = \prod_{k=1}^2 \left\{ \left(\prod_{i=1}^n S_k(y_{ik} \mid \gamma_k)^{N_{IK} - \delta_{IK}} (N_{ik} f_k(y_{ik} \mid \gamma_k))^{\delta_{ik}} \right) \right.$$

$$\left. \times \exp\left(\sum_{i=1}^n (N_{ik} \log(w_i \theta_k) - \log(N_{ik}!) - w_i \theta_k) \right) \right\} \tag{4.23}$$

由于每个个体，治愈率 θ_i 互有差异，令 $x'_i = (x_{i1}, x_{i2}, \cdots, x_{ip})$ 为第 i 个个体的 p 维的协变量，$\beta_k = (\beta_{1k}, \beta_{2k}, \cdots, \beta_{pk})'$ 表示相应的回归系数，即 $\theta_{ik} = \exp(x'_i\beta_k)$，$\beta = (\beta_1, \beta_2)$，根据 Chen 等[183]的定理，可得基于观测数据集参数 (β, γ, α) 的联合似然函数为

$$L(\beta, \gamma, \alpha \mid D_1, X) = (\alpha^{d_1+d_2} \prod_{k=1}^{2} \prod_{i \in \Omega_k} \exp(x'_i\beta_k) \left[\prod_{k=1}^{2} \prod_{i=1}^{n} f_k(y_{ik} \mid \gamma_k)^{\delta_{ik}} \right]$$

$$\times \prod_{i=1}^{n} \left\{ \left[\exp(x'_i\beta_1) F_1(y_{i1} \mid \gamma_1) + \exp(x'_2\beta_2) F_2(y_{i2} \mid \gamma_2) \right]^{(\alpha-1)(\delta_{i1}+\delta_{i2})} \right\} \tag{4.24}$$

$$\times \prod_{i=1}^{n} \left[\alpha^{-1}(1-\alpha)(\exp(x'_i\beta_1)F_1(y_{i1} \mid \gamma_1) + \exp(x'_i\beta_2)F_2(y_{i2} \mid \gamma_2))^{-\alpha} + 1 \right]^{\delta_{i1}\delta_{i2}}$$

$$\times \prod_{i=1}^{n} \exp \left\{ - (\exp(x'_i\beta_1)F_1(y_{i1} \mid \gamma_1) + \exp(x'_i\beta_2)F_2(y_{i2} \mid \gamma_2))^{\alpha} \right\}$$

此处，$d_k = \sum_{i=1}^{n} \delta_{ik}$，$\Omega_k$ 表示观测时间发生删失的个体集，X 为 $n \times p$ 的协方差矩阵。

根据 Chen 等[183]的观点，参数 (β, γ, α) 的先验设置为

$$\pi(\beta, \gamma, \alpha) \propto I(0 < \alpha < 1) \prod_{k=1}^{2} \pi(\xi_k, \lambda_k) \tag{4.25}$$

其中 $\pi(\xi_k \mid v_0, \tau_0) \propto \xi_k^{v_0-1} \exp(-\tau_0\xi_k)$，$\pi(\lambda_k) \propto \exp(-c_0\lambda_k^2)$，$v_0$，$\tau_0$ 和 c_0 为超参数。

根据参数的先验和参数的联合似然函数，可得参数 (β, γ, α) 的联合后验密度为

$$p(\beta, \gamma, \alpha \mid D_1, X) \propto L(\beta, \gamma, \alpha \mid D_1, X) \prod_{k=1}^{2} \pi(\xi_k \mid v_0, \tau_0) \pi(\lambda_k) \tag{4.26}$$

上述参数 (β, γ, α) 中加入辅助变量 $N = (N_1, N_2)$，$w = (w_1, w_2, \cdots, w_n)$ 和 $u = (u_1, u_2, \cdots, u_n)$。可得新参数集的联合后验密度为

$$p(\beta, \gamma, \alpha, N, w, u \mid D_1, X) \propto (\prod_{k=1}^{2} \prod_{i=1}^{n} S_k(y_{ik} \mid \gamma_k)^{N_{ik}-\delta_{ik}} (N_{ik}f_k(y_{ik} \mid \gamma_k))^{\delta_{ik}})$$

$$\times \exp \left\{ \sum_{i=1}^{n} (N_{ik}\log(w_i\theta_{ik}) - \log(N_{ik}!) - w_i\theta_{ik}) \right\} \tag{4.27}$$

$$\times \prod_{i=1}^{n} \left[w_i^{-(a+1)} s(u_i) \exp \left\{ -\frac{s(u_i)}{w_i^a} \right\} \right] \times \prod_{k=1}^{2} (\pi(\xi_k \mid v_0, \tau_0) \pi(\lambda_k))$$

此处，$\theta_{ki} = \exp(x'_i\beta_k)$，$v_0 > -\min\{d_1, d_2\}$，$\tau_0 > 0$，$c_0 > 0$

利用 Gibbs 抽样，从条件分布 $(\gamma \mid \beta, \alpha, N, w, u, D_1, X)$ 和 $(\beta, \alpha, N, w, u \mid \gamma, D_1, X)$ 抽取得到参数的后验条件密度。得到 γ 的条件后验密度为

$$p(\gamma \mid \beta, \alpha, N, u, D_1, X) \propto \prod_{k=1}^{2} \xi_k^{d_k + \nu_0 - 1} \exp\{d_k \lambda_k + \sum_{i=1}^{n} [\delta_{ik} \xi_k \log(y_{ik})]$$
$$- N_{ik} e^{\lambda_k} y_{ik}^{\xi_k} - \tau_0 \xi_k - c_0 \lambda_k^2\} \qquad (4.28)$$

利用 Berger 和 Sun[184] 的证明，说明参数 γ 的条件后验密度对 ξ_k 和 λ_k 是对数凹，采用自适宜抑制算法[185] 可以完成对参数 γ 的抽样。

而对 $(\beta, \alpha, N, w, u \mid \gamma, D_1, X)$ 抽样分两步进行，即分别从条件后验 $(\beta, \alpha, w, u \mid \gamma, D_1, X)$ 和 $(N \mid \beta, \alpha, w, u, \gamma, D_1, X)$ 抽取相应参数。先讨论对 $(\beta, \alpha, w, u \mid \gamma, D_1, X)$ 的抽样过程，可以分别从 $(\beta \mid \alpha, w, u, \gamma, D_1, X)$ 和 $(\alpha, w, u \mid \beta, \gamma, D_1, X)$ 抽样。

参数 β 的条件后验密度为

$$p(\beta \mid \alpha, w, u, \gamma, D_1, X) \propto \exp\{\sum_{k=1}^{2} \sum_{i=1}^{n} [\delta_{ik} x_i' \beta_k - w_i F_k(y_{ik} \mid \gamma_k) \exp(x_i' \beta_k)]\}$$
$$\qquad (4.29)$$

因参数 β 的条件后验密度为对数凹，采用自适宜抑制算法对参数 β 抽样。

对 $(\alpha, w, u \mid \beta, \gamma, D_1, X)$ 抽样，首先从退化了 w 和 u 的条件分布 $(\alpha \mid \beta, \gamma, D_1, X)$ 中抽取 α，然后从联合条件分布 $(w, u \mid \alpha, \beta, \gamma, D_1, X)$ 抽取 (w, u)。

参数 α 的条件后验密度为

$$p(\alpha \mid \beta, \gamma, D_1, X) \propto L(\beta, \gamma, \alpha \mid D_1, X) \qquad (4.30)$$

对参数 α 采用 M-H 方法进行抽样，详细的抽样过程可参见 Chen 等 (1999)[186] 给出的步骤。

对参数 α 抽样完成之后，然后对联合参数 (w, u) 抽样，联合条件后验密度为

$$p(w, u \mid \alpha, \beta, \gamma, D_1, X) \propto \prod_{i=1}^{n} w_i^{\delta_i} \exp\{-w_i \sum_{k=1}^{2} \exp(x_i' \beta_k)(1 - S_k(y_{ik} \mid \gamma_k))\}$$
$$\times w_i^{-(a+1)} s(u_i) \exp\{-\frac{s(u_i)}{w_i^a}\} \qquad (4.31)$$

此处，$\delta_i = \delta_{i1} + \delta_{i2}$。

联合参数 (w, u) 抽样可用均匀比方法和拒绝算法（Devroye, 1986）[187] 完成。

最后，完成对无法观测的潜变量 N 抽样，条件后验密度为

$$N_{ik} \mid \beta, \alpha, w, u, \gamma, D_1, X \sim Poisson(w_i S_k(y_{ik} \mid \gamma_k) \exp(x_i' \beta_k)) + \delta_{ik}$$
$$\qquad (4.32)$$

4.2.2 正稳态删失 Copula 模型的两种贝叶斯估计

首先讨论正稳态删失 Copula 模型的两阶段贝叶斯估计，假设成对单元的生存（失效）时间的边际分布 $T_j \sim Weibull(r_j, \lambda_j)$，$j = 1, 2$，参数 λ_j 用协变量表示，即 $\lambda_j = \exp(\beta_{0j} + \beta_{1j} X)$，对边际参数的贝叶斯估计可参见 4.2.1 节的具体步骤，得到边际参数 $(\tilde{\theta}_1, \tilde{\theta}_2)$ 的估计，$(\tilde{\theta}_1, \tilde{\theta}_2) = (\tilde{r}_1, \tilde{\beta}_{01}, \tilde{\beta}_{02}; \tilde{r}_2, \tilde{\beta}_{11}, \tilde{\beta}_{12})$，可得到相依参数 α 的似然函数为

$$L(\alpha \mid z_1, z_2, \delta_1, \delta_2, \tilde{\theta}_1, \tilde{\theta}_2) \propto \prod_{i=1}^{n} \alpha^{-\delta_{i1}\delta_{i2}} \tilde{\lambda}_1^{\delta_{i1}/\alpha} \tilde{\lambda}_2^{\delta_{i2}/\alpha} (z_{i1}^{\tilde{r}_1\delta_{i1}} z_{i2}^{\tilde{r}_2\delta_{i2}}) \frac{1}{\alpha} - 1$$

$$\times s_{\alpha i}^{\alpha(\delta_{i1}+\delta_{i2}-\delta_{i1}\delta_{i2})-\delta_{i1}-\delta_{i2}} e^{-s_{\alpha i}^{\alpha}} (1 - \alpha + \alpha s_{\alpha i}^{\alpha})^{\delta_{i1}\delta_{i2}} \tag{4.33}$$

其中

$$s_{\alpha i} = (\tilde{\lambda}_1 z_{i1}^{\tilde{r}_1})^{1/\alpha} + (\tilde{\lambda}_2 z_{i2}^{\tilde{r}_2})^{1/\alpha}$$

根据 Gustafson 等[188]的观点，设相依结构参数 α 的先验分布为 Beta 分布，即 $\alpha \sim Beta(a, b)$，则可得参数 α 的后验密度为

$$\pi(\alpha \mid z_1, z_2, \delta_1, \delta_2, \tilde{\theta}_1, \tilde{\theta}_2) \propto \alpha^{a-\sum_{i=1}^{n}\delta_{i1}\delta_{i2}-1} (1-\alpha)^{b-1} \prod_{i=1}^{n} \tilde{\lambda}_1^{\delta_{i1}/\alpha} \tilde{\lambda}_2^{\delta_{i2}/\alpha}$$

$$\times (z_{i1}^{\tilde{r}_1\delta_{i1}} z_{i2}^{\tilde{r}_2\delta_{i2}})^{\frac{1}{\alpha}-1} s_{\alpha i}^{\alpha(\delta_{i1}+\delta_{i2}-\delta_{i1}\delta_{i2})-\delta_{i1}-\delta_{i2}}$$

$$\times e^{-s_{\alpha i}^{\alpha}} (1 - \alpha + \alpha s_{\alpha i}^{\alpha})^{\delta_{i1}\delta_{i2}} \tag{4.34}$$

下面讨论正稳态删失 Copula 模型的一步贝叶斯估计，成对单元的边际分布设置于两阶段贝叶斯估计一致，可得待估计参数的联合似然函数为

$$L(\alpha, r_1, r_2, \beta_1, \beta_2 \mid z_1, z_2, \delta_1, \delta_2, X) \propto \prod_{i=1}^{n} \alpha^{-\delta_{i1}\delta_{i2}} e^{(\delta_{i1}/\alpha)(\beta_{01}+\beta_{11}X)}$$

$$\times e^{(\delta_{i2}/\alpha)(\beta_{02}+\beta_{12}X)} z_{i1}^{\delta_{i1}(r_1/\alpha-1)} z_{i2}^{\delta_{i2}(r_2/\alpha-1)} r_1^{\delta_{i1}} r_2^{\delta_{i2}} \tag{4.35}$$

$$\times s_{\alpha i}^{\alpha(\delta_{i1}+\delta_{i2}-\delta_{i1}\delta_{i2})-\delta_{i1}-\delta_{i2}} e^{-s_{\alpha i}^{\alpha}} (1 - \alpha + \alpha s_{\alpha i}^{\alpha})^{\delta_{i1}\delta_{i2}}$$

其中

$$s_{\alpha i} = (z_{i1}^{r_1} e^{(\beta_{01}+\beta_{11}X)})^{1/\alpha} + (z_{i2}^{r_2} e^{(\beta_{02}+\beta_{12}X)})^{1/\alpha}, \quad \beta_j = (\beta_{0j}, \beta_{1j})$$

根据 Gustafson 等[188]的观点，设置参数的先验分布为，$\alpha \sim Beta(a, b)$，$\beta_{0j} \sim N(c_{0j}, d_{0j}^2)$，$\beta_{1j} \sim N(c_{1j}, d_{1j}^2)$，可得参数的联合条件后验密度为

$$\pi(\alpha, r_1, r_2, \beta_1, \beta_2 \mid z_1, z_2, \delta_1, \delta_2, X) \propto \alpha^{a-\sum_{i}^{n}\delta_{i1}\delta_{i2}-1}(1-\alpha)b-1e^{-r_{01}r_1-r_{00}r_0}$$

$$\times e^{\sum_{i=1}^{n}(\beta_{01}+\beta_{11}X_i)\delta_{i1}/\alpha-(\beta_{01}^2-2\beta_{01}c_{01})/2d_{01}^2-(\beta_{11}^2-2\beta_{11}c_{01})/2d_{11}^2}$$

$$\times e^{\sum_{i=1}^{n}(\beta_{02}+\beta_{12}X_i)\delta_{i2}/\alpha-(\beta_{02}^2-2\beta_{02}c_{02})/2d_{02}^2-(\beta_{12}^2-2\beta_{12}c_{02})/2d_{12}^2}\prod_{i=1}^{n}z_{i1}^{\delta_{i1}(r_1/\alpha-1)}$$

$$\times z_{i2}^{\delta_{i2}(r_2/\alpha-1)}r_1^{\delta_{i1}}r_2^{\delta_{i2}}s_{ai}^{\alpha(\delta_{i1}+\delta_{i2}-\delta_{i1}\delta_{i2})-\delta_{i1}-\delta_{i2}}e^{-s_{ai}^{\alpha}}(1-\alpha+\alpha s_{ai}^{\alpha})\delta_{i1}\delta_{i2} \tag{4.36}$$

4.3 基于删失治愈率的贝叶斯 Copula 模型分析

4.3.1 删失治愈率 Copula 生存模型结构

生存数据的治愈率模型在临床和流行病医学变得越来越重要，应用研究最广泛的是混合单变量治愈率模型。假设由于无法观测的因素影响，研究样本中一部分个体免于感染或治愈某种病症，而其他样本会出现感染某种病症或死亡现象，对于感染或死亡的个体，它的生存函数最常用的是 Gompertz，指数和威布尔分布。我们关注的是不同感染或死亡个体之间的联合分布以及如何度量这些变量之间的相依结构，从而为预防或治疗疾病提供参考依据。

设 (T_1, T_2) 为成对单元的生存时间 p_j，表示研究样本中免于感染或治愈个体占总样本的比例，$j = 1, 2$。S_j 和 f_j 分别表示边际样本的生存函数和概率密度函数。S_0 表示未治愈个体的生存函数。整样本的生存函数可以表示为

$$S_j(t_j) = p_j + (1 - p_j)S_0(t_j) \tag{4.37}$$

根据 Conway[189] 讨论的 Farlie-Gumbel-Morgenstern（FGM）分布，考虑 FGM Copula 模型，因它考虑边际生存时间与观测次数是弱相关，它的分布函数表达式为

$$C_\varphi(u, v) = uv[1 + \varphi(1 - u)(1 - v)] \tag{4.38}$$

此处，$0 \leq u, v \leq 1$，$-1 < \varphi < 1$，u, v 为边际分布函数，φ 为相依结构参数。

考虑成对单元的生存时间服从 FGM Copula 函数，从而可知成对单元的生存时间的联合生存函数为

$$S(t_1, t_2) = S_1(t_1)S_2(t_2)(1 + \varphi(1 - S_1(t_1))(1 - S_2(t_2))) \tag{4.39}$$

当 $\varphi = 0$，可知 $S(t_1, t_2) = S_1(t_1)S_2(t_2)$，表明两随机变量 T_1 和 T_2 相互独立。

设成对样本的生存时间 T_j 的概率密度函数为威布尔分布，相应的概率密度为

$$f(t_j) = \alpha_j \lambda_j t_j^{\alpha_j - 1} \exp\{ -\lambda_j t_j^{\alpha_j} \}, \quad j = 1, 2 \tag{4.40}$$

设参数 λ_j 跟协变量有关，通常用指数分布来描述。

$$\lambda_{ij} = \exp(\beta_{0j} + \beta_{1j} x_i) \tag{4.41}$$

设 (C_{i1}, C_{i2}) 为第 i 个体成对单元的删失时间，同时观测的生存时间与删失时间相互独立，这第 i 个体真实的生存时间可以表示为 $t_{ij} = \min (T_{ij}, C_{ij})$，删失指示变量为 $\delta_{ij} = I(t_{ij} = T_{ij})$，$i = 1, 2, \cdots, n$，$j = 1, 2$，$\gamma_j$ 表示边际分布参数向量。可得第 i 个体的对数似然函数为

$$\zeta_i(\theta) = \delta_{i1} \delta_{i2} \log \left(\frac{\partial^2 S(t_1, t_2)}{\partial t_{i1} \partial t_{i2}} \right) + \delta_{i1}(1 - \delta_{i2}) \log \left(\frac{-\partial S(t_1, t_2)}{\partial t_{i1}} \right)$$

$$+ \delta_{i2}(1 - \delta_{i1}) \log \left(\frac{-\partial S(t_1, t_2)}{\partial t_{i2}} \right) + (1 - \delta_{i1})(1 - \delta_{i2}) \log S(t_1, t_2) \tag{4.42}$$

此处，$\theta = (\varphi, \gamma_1, \gamma_2)$。

对全样本 n 个个体，则对参数 θ 的联合似然函数为

$$L(\theta) = \exp \left(\sum_{i=1}^{n} \zeta_i(\theta) \right) \tag{4.43}$$

4.3.2 删失治愈率 Copula 生存模型的 MCMC 抽样设计

对删失治愈率 Copula 生存模型进行贝叶斯估计。设 D 为观测数据集，假设参数的先验设置为无信息先验，参数 $\theta = (\varphi, \gamma_1, \gamma_2)$ 的先验设置为

$$\pi(\theta) \propto (1 - \varphi)^{r_1 - 1} (1 + \varphi)^{r_2 - 1} \prod_{j=1}^{2} \pi(\gamma_j) \tag{4.44}$$

此处，$(1-\varphi)/2 \sim Beta(r_1, r_2)$，$\pi(\gamma_j)$ 为边际参数的先验分布，$\varphi \in (-1, 1)$。

边际分布为威布尔分布参数的先验设置为

$\beta_{kj} \sim N(\mu_{kj}, \sigma_{kj}^2)$，$\alpha_j \sim Gamma(a_j, b_j)$，$p_j \sim Beta(e_j, f_j)$，$k = 0, 1, j = 1, 2$

利用联合似然函数和参数的先验设置，利用 Gibbs 抽样可得相关参数的完全条件后验密度为

$$\pi(\varphi \mid D, \theta_{(-\varphi)}) \propto (1 - \varphi)^{r_1 - 1} (1 + \varphi)^{r_2 - 1} \left(\prod_{i=1}^{n} \Delta_i \right) \tag{4.45}$$

其中：

$$\Delta_i = v_{1i}^{(1-\delta_1)(1-\delta_2)} v_{2i}^{\delta_1 \delta_2} v_{3i}^{\delta_1(1-\delta_2)} v_{4i}^{\delta_2(1-\delta_1)},$$

$$v_{1i} = 1 + \varphi \prod_{j=1}^{2} (1 - S_j(t_{ij})),$$

$$v_{2i} = 1 + \varphi\left(1 + \prod_{j=1}^{2}\left(1 - 2S_j(t_{ij})\right)\right),$$

$$v_{3i} = 1 + \varphi\left(1 - 2S_1(t_{ij}) - S_2(t_{ij}) + 2\prod_{j=1}^{2}S_j(t_{ij})\right),$$

$$v_{4i} = 1 + \varphi\left(1 - S_1(t_{ij}) - 2S_2(t_{ij}) + 2\prod_{j=1}^{2}S_j(t_{ij})\right)$$

治愈率 p_j 的完全条件后验密度为

$$\pi(p_j \mid D, \theta_{(-p_j)}) \propto \left(\prod_{i=1}^{n}\Delta_i S_j^{(1-\delta_{ij})}(t_{ij})\right) p_j^{(e_j-1)}(1-p_j)^{\left(\sum\limits_{i=1}^{n}\delta_{ij}+f_j-1\right)} \tag{4.46}$$

参数 β_{0j} 的完全条件后验密度为

$$\pi(\beta_{0j} \mid D, \theta_{(-\beta_{0j})}) \propto \left(\prod_{i=1}^{n}\Delta_i S_j^{(1-\delta_{ij})}(t_{ij})\right)$$
$$\times \exp\left(\left\{\sum_{i=1}^{n}\delta_{ij} + \frac{\mu_{0j}}{\sigma_{0j}^2}\right\}\beta_{0j} - \frac{\beta_{0j}^2}{2\sigma_{0j}^2} - \sum_{i=1}^{n}e^{(\beta_{0j}+\beta_{1j}x_i)}t_{ij}^{\alpha_j}\delta_{ij}\right) \tag{4.47}$$

参数 β_{1j} 的完全条件后验密度为

$$\pi(\beta_{1j} \mid D, \theta_{(-\beta_{1j})}) \propto \left(\prod_{i=1}^{n}\Delta_i S_j^{(1-\delta_{ij})}(t_{ij})\right)$$
$$\times \exp\left(\left\{\sum_{i=1}^{n}\delta_{ij}x_i + \frac{\mu_{1j}}{\sigma_{1j}^2}\right\}\beta_{1j} - \frac{\beta_{1j}^2}{2\sigma_{1j}^2} - \sum_{i=1}^{n}e^{(\beta_{0j}+\beta_{1j}x_i)}t_{ij}^{\alpha_j}\delta_{ij}\right) \tag{4.48}$$

同样，可以得到参数 α_j 的完全条件后验密度为

$$\pi(\alpha_j \mid D, \theta_{(-\alpha_j)}) \propto \left(\prod_{i=1}^{n}\Delta_i t_{ij}^{(\alpha_j-1)\delta_{ij}}S_j^{(1-\delta_{ij})}(t_{ij})\right)\alpha_j^{(a_j-1)\sum\limits_{i=1}^{n}\delta_{ij}}$$
$$\times \exp\left(-\sum_{i=1}^{n}(\beta_{0j}+\beta_{1j}x_i)t_{ij}^{\alpha_j}\delta_{ji} - b_j\alpha_j\right) \tag{4.49}$$

4.4 应用研究

4.4.1 数据来源

糖尿病视网膜病变是糖尿病的并发症，它是引起病人视力全失或者视力减退的主要原因。从 1971 年开始美国和其他工业国家研究激光治疗对视力的影响，初

始样本为 1 742 位糖尿病人，其视力在 0.2 或以上，经过两个连续四个月的观察治疗之后，终点将视力低于 0.025 的病人作为最后的观测对象，选用激光治疗病人的一只眼睛是随机选择的，另一只作为控制组，目的是考察激光治疗对延缓病人视力丧失的效果，研究时间持续 5 年，最终选择用 197 位 60 岁以下的个体作为研究对象[190-192]，大约有一半未治疗和四分之一使用激光治疗的数据符合研究要求。数据为每位病人成对眼睛视力丧失时间，其中之一为使用激光对病人的一只眼睛治疗，从治疗开始到最终视力满足控制要求所用的时间，同时把另一只眼睛当做控制组，从观察开始到视力满足控制要求所用的时间。在研究过程中由于个体退出，死亡等原因，197 位病人中有 159 位发生删失，其中 80 位研究对象的两只眼睛的治疗时间发生删失，激光治疗组有 63 位发生删失。同时把病人的年龄作为协变量，年龄 20 岁以上和 20 岁以下两组分别研究治疗组和未治疗组样本之间的相关性。选用此数据作为删失生存贝叶斯 Copula 模型的应用研究。

4.4.2 一步贝叶斯估计结果

边际观测时间 $T_j \sim Weibull(r_j, \lambda_j)$，$j = 0, 1$，$T_0$ 为未使用激光治疗的删失时间，T_1 为使用激光治疗的删失时间，年龄协变量通过参数 λ 表示，即 $\lambda_j = \exp(\beta_{0j} + \beta_{1j}X)$。对三种 Copula 模型进行一步贝叶斯估计，模型参数的先验设置为 $\alpha \sim Beta(1, 1)$，$r_j \sim \exp(0.001)$，$\beta_{kj} \sim N(0, 100^2)$，$k = 0, 1$，$j = 1, 2$，利用 MCMC 抽样算法退火舍弃 2 000 次，然后再抽样 10 000 次进行后验参数的估计，得到每个模型参数的抽样轨迹图、后验概率密度图和自相关图。首先给出正稳态 Copula 模型一步贝叶斯估计参数的相关统计量，表 4.1 给出了模型贝叶斯估计参数的后验均值、标准差和 95% 的置信区间。正稳态 Copula 模型的相依结构参数均值为 0.792 9，95% 置信区间为（0.686 0，0.899 6），同时得到 Kendall 系数的均值为 0.209 3，95% 的置信区间为（0.096，0.306 1），说明贝叶斯方法综合参数的先验信息，估计的结果更有效。从协变量的系数可知，激光治疗对 20 岁以下的青少年的治疗效果比成年组相对显著。

表 4.1　正稳态 Copula 模型参数一步贝叶斯估计结果

参数	均值	标准差	95%的置信区间
β_{01}	-3.980 0	0.397 1	（-4.824 0，-3.309 0）
β_{11}	-0.431 5	0.274 9	（-0.975 3，0.105 1）
β_{02}	-3.638 0	0.303 2	（-4.298 0，-3.093 0）

表4.1(续)

参数	均值	标准差	95%的置信区间
β_{12}	0.359 5	0.195 8	$(-0.016\ 7,\ 0.748\ 1)$
r_1	0.786 4	0.096 6	$(0.602\ 5,\ 0.985\ 2)$
r_2	0.815 4	0.071 8	$(0.688\ 9,\ 0.973\ 5)$
α	0.792 9	0.055 1	$(0.686\ 0,\ 0.899\ 6)$
τ_α	0.209 3	0.057 3	$(0.098\ 0,\ 0.308\ 1)$

图 4.1 给出了正稳态 Copula 模型一步贝叶斯估计参数的后验均值的概率密度图。从参数的后验概率密度图可知，密度图平滑且呈钟型，说明模型参数的一步贝叶斯估计抽样的有效性。

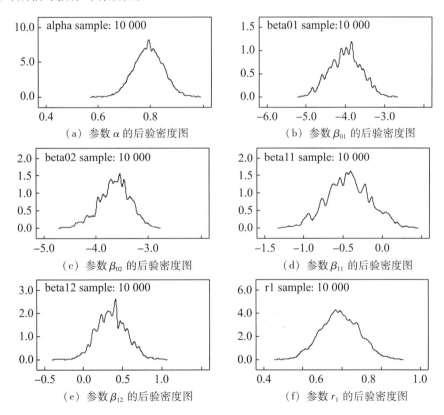

（a）参数 α 的后验密度图　　　　（b）参数 β_{01} 的后验密度图

（c）参数 β_{02} 的后验密度图　　　　（d）参数 β_{11} 的后验密度图

（e）参数 β_{12} 的后验密度图　　　　（f）参数 r_1 的后验密度图

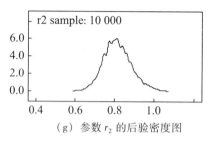

（g）参数 r_2 的后验密度图

图4.1 正稳态 Copula 模型一步贝叶斯估计参数的后验密度图

　　为了检验抽样的有效性和收敛性，图4.2和图4.3分别给出了 MCMC 抽样的迭代轨迹图和自相关图。从轨迹图可知，抽样的马尔可夫链收敛，MCMC 抽样过程平稳。从自相关图可知，参数的抽样过程相关过程很弱，说明抽样检查的有效性。

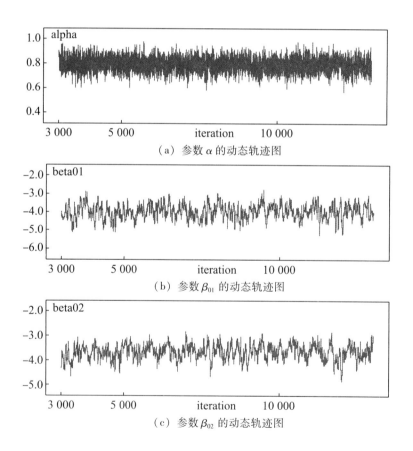

（a）参数 α 的动态轨迹图

（b）参数 β_{01} 的动态轨迹图

（c）参数 β_{02} 的动态轨迹图

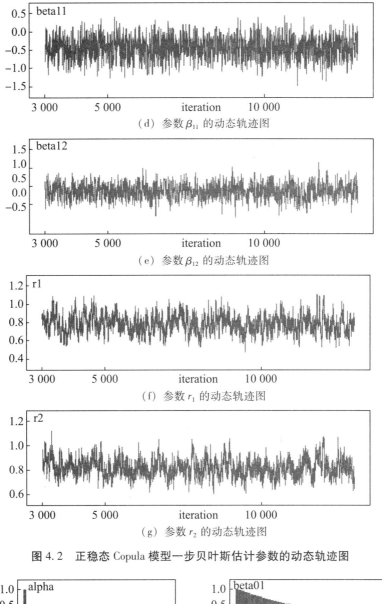

（d）参数 β_{11} 的动态轨迹图

（e）参数 β_{12} 的动态轨迹图

（f）参数 r_1 的动态轨迹图

（g）参数 r_2 的动态轨迹图

图 4.2　正稳态 Copula 模型一步贝叶斯估计参数的动态轨迹图

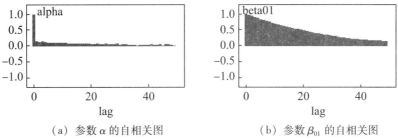

（a）参数 α 的自相关图　　　　　　（b）参数 β_{01} 的自相关图

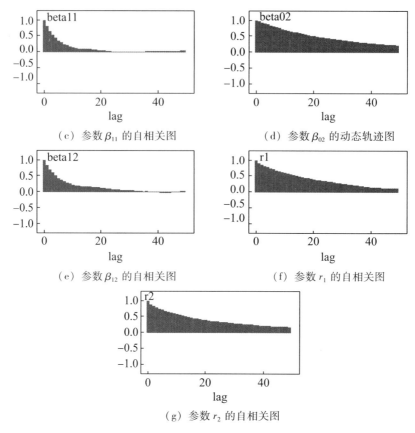

（c）参数 β_{11} 的自相关图　　　　　　（d）参数 β_{02} 的动态轨迹图

（e）参数 β_{12} 的自相关图　　　　　　（f）参数 r_1 的自相关图

（g）参数 r_2 的自相关图

图 4.3　正稳态 Copula 模型一步贝叶斯估计参数的自相关图

然后给出 Frank Copula 一步贝叶斯估计参数的相关统计量，表 4.2 给出模型的一步贝叶斯估计结果。参数估计的结果和正稳态 Copula 模型贝叶斯估计的区别不大。Frank Copula 模型的相依结构参数均值为 0.157 3，95%置信区间为（0.037 2，0.418 7），同时得到 Kendall 系数的均值为 0.215 0，95%的置信区间为（0.102 0，0.338 1），说明贝叶斯方法可提供更丰富的参数信息。从协变量的系数可知，激光治疗对 20 岁以下的青少年的治疗效果比成年组相对显著。

表 4.2　Frank Copula 模型参数一步贝叶斯估计结果

参数	均值	标准差	95%的置信区间
β_{01}	−4.034 0	0.382 2	（−4.824 7，−3.309 0）
β_{11}	−0.497 9	0.286 3	（−1.094 3，0.049 0）
β_{02}	−3.687 1	0.312 9	（−4.319 1，−3.059 0）

参数	均值	标准差	95%的置信区间
β_{12}	0.352 2	0.193 5	（−0.026 1，0.727 2）
r_1	0.807 8	0.092 7	（0.630 2，0.995 4）
r_2	0.832 7	0.071 8	（0.688 3，0.983 7）
α	0.157 3	0.102 1	（0.037 2，0.418 7）
τ_{α}	0.215 0	0.059 1	（0.102 0，0.338 1）

表 4.3 给出了 Clayton Copula 模型一步贝叶斯估计参数的相关统计量。参数估计的结果和正稳态 Copula 模型贝叶斯估计的区别不大。Clayton Copula 模型的相依结构参数均值为 1.051 2，95% 置信区间为（0.448 8，1.811 2），同时得到 Kendall 系数的均值为 0.319 2，95% 的置信区间为（0.188 0，0.463 7），比前两种模型估计的系数较高，同样说明贝叶斯方法可提供更丰富的参数信息。从协变量的系数可知，激光治疗对 20 岁以下的青少年的治疗效果比成年组相对显著。

表 4.3　Clayton Copula 模型参数一步贝叶斯估计结果

参数	均值	标准差	95%的置信区间
β_{01}	−4.022 0	0.397 1	（−4.802 7，−3.243 0）
β_{11}	−0.462 4	0.290 2	（−1.029 3，0.113 7）
β_{02}	−3.713 1	0.317 3	（−4.323 5，−3.115 0）
β_{12}	0.387 0	0.195 0	（−0.001 5，0.748 4）
r_1	0.800 6	0.096 2	（0.615 7，0.990 6）
r_2	0.832 9	0.074 0	（0.696 4，0.979 5）
α	1.051 2	0.347 0	（0.448 8，1.811 2）
τ_{α}	0.319 2	0.075 3	（0.188 0，0.463 7）

4.4.3　两阶段贝叶斯估计结果分析

首先研究边际观测时间 $T_j \sim Weibull(r_j, \lambda_j)$，其中年龄协变量通过参数 λ 表示，即 $\lambda_j = \exp(\beta_{0j} + \beta_{1j}X)$。对参数的先验设置如下：$r_j \sim exp(0.001)$，$\beta_{0j} \sim N(0, 100^2)$，$\beta_{1j} \sim N(0, 100^2)$，$j = 1, 2$。对模型参数进行贝叶斯估计，表4.4给出参

数两边际分布参数的后验均值、方差和95%的置信区间。

表4.4 边际分布参数的贝叶斯估计结果

边际时间	参数	均值	标准差	95%置信区间
	r_1	0.793 2	0.067 3	（0.623 7, 1.005 2）
T_1	β_{01}	−4.107 5	0.209 0	（−4.739 2, −3.162 6）
	β_{02}	−0.536 2	0.183 2	（−0.716 1, 0.083 6）
	r_2	0.827 4	0.061 4	（0.613 4, 0.981 9）
T_2	β_{11}	−3.843 6	0.284 8	（−4.183 0, −3.027 1）
	β_{12}	0.294 7	0.193 3	（−0.037 5, 0.734 3）

从表4.4可以看出，边际分布生存数据用威布尔分布的拟合情况良好，年龄协变量对激光治疗的效果敏感，从 β_{01} 的系数为负，说明激光治疗对较大年龄的患者治疗效果更好，但从95%的置信区间来看，两者的差别较小。然后考虑用正稳态、Frank和Clayton三种Copula模型对成对删失的生存数据进行相依结构分析。对Frank Copula模型参数 α 的先验设置为：$\alpha \sim Beta(1, 1)$。对于Clayton Copula模型参数 α 的先验设置为：$\alpha \sim Gamma(1, 0.001)$，对每个模型"退火"舍弃1 000次，然后再抽样10 000次进行参数估计，得到三种Copula模型参数的贝叶斯估计结果。图4.4分别给出了相依结构参数的抽样迭代轨迹图，从轨迹图可以看出，抽样的马尔可夫链是收敛的。

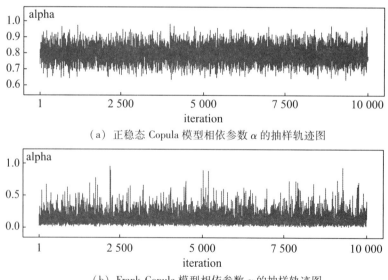

（a）正稳态Copula模型相依参数 α 的抽样轨迹图

（b）Frank Copula模型相依参数 α 的抽样轨迹图

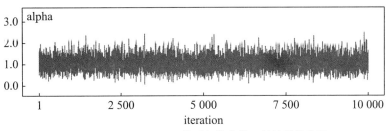

（c）Clayton Copula 模型相依参数 α 的抽样轨迹图

图 4.4　三种 Copula 模型两阶段相依参数 α 的抽样轨迹图

表 4.5 给出三种 Copula 模型相依参数 α 的后验均值、标准差和 95% 的置信区间，同时利用 Copula 模型相依参数与 Kendall 系数的关系，求出 Kendall 系数的相应统计量。从参数的估计来看，和 Huster[190]，Therneau 和 Grambsch[191] 得出的结论类似。从三种模型的贝叶斯估计的相依结构来看，成对视力的退化减弱时间之间存在显著的正相关关系。

表 4.5　三种 Copula 模型参数二阶段贝叶斯估计结果

Copula	参数	均值	标准差	95% 置信区间
正稳态	α	0.796 9	0.051 1	(0.700 5, 0.900 9)
	τ_α	0.204 3	0.052 4	(0.098 5, 0.296 4)
Frank	α	0.153 2	0.100 1	(0.036 1, 0.413 2)
	τ_α	0.218 6	0.063 7	(0.106 7, 0.336 1)
Clayton	α	1.064 8	0.330 9	(0.472 8, 1.045 5)
	τ_α	0.339 4	0.074 6	(0.187 6, 0.469 2)

同时为了说明用贝叶斯方法抽样的可行性，图 4.5 和图 4.6 分别给出了三种 Copula 模型二阶段贝叶斯估计参数的后验分布密度图和抽样的自相关图，从三种模型参数的后验分布密度图可以看出，表现为比较平滑呈钟型，说明其有效地模拟了参数的后验颁布。从自相关图可以知道，抽样很快就消除抽样的自相关性，说明抽样的有效性。

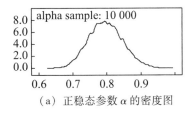

（a）正稳态参数 α 的密度图

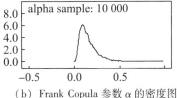

（b）Frank Copula 参数 α 的密度图

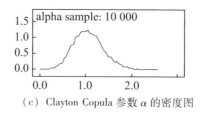

（c）Clayton Copula 参数 α 的密度图

图 4.5　三种 Copula 模型参数两阶段贝叶斯估计的后验密度图

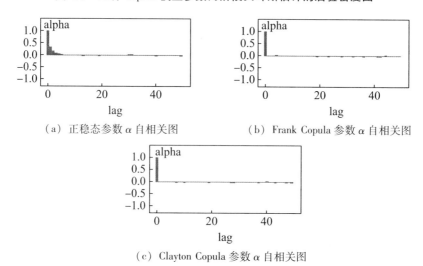

（a）正稳态参数 α 自相关图　　　（b）Frank Copula 参数 α 自相关图

（c）Clayton Copula 参数 α 自相关图

图 4.6　三种 Copula 模型参数两阶段的贝叶斯估计自相关图

4.4.4　模型的比较分析

为了检验不同模型对成对删失生存数据相依结构的度量情况，选用四种贝叶斯标准对所用模型进行评价，分别是离差信息准则 DIC[193]、期望赤池信息准则 EAIC[194]、期望贝叶斯信息准则 EBIC[195] 和条件预测统计量 CPO[196]。表 4.6 给出了两阶段和一步三种模型的贝叶斯比较标准结果。

表 4.6　模型的贝叶斯估计评价结果

Copula 模型	DIC	EAIC	EBIC	CPO
一步正稳态	625.12	638.47	642.93	−318.81
一步 Frank	627.38	641.91	648.07	−321.47
一步 Clayton	626.87	639.58	643.80	−319.57
二阶段正稳态	642.65	659.27	666.48	−325.34

表4.6(续)

Copula 模型	DIC	EAIC	EBIC	CPO
二阶段 Frank	646.59	667.31	676.31	−332.61
二阶段 Clayton	643.65	661.26	673.04	−330.07

从模型的评价标准结果可以看出，二阶段贝叶斯估计的结果比一步贝叶斯估计的结果更优。同时二阶段贝叶斯 Frank Copula 模型可以很好地描述成对删失视力退化的正相关关系。

4.5 本章小结

本章主要研究了基于删失数据的 Copula 生存模型的贝叶斯推断理论，包括：异质、正稳态和治愈率删失 Copula 生存模型构建；推导异质删失生存 Copula 模型参数的条件后验分布；设计 Gibbs 抽样、自适宜算法和 M-H 抽样对正稳态删失生存 Copula 模型边际参数的估计；利用一步和两阶段贝叶斯估计分别推导相依参数的条件后验分布；设计 Gibbs 抽样推导治愈率删失 Copula 模型参数的完全条件后验分布。最后，利用删失生存的实际数据，说明所构建的正稳态删失 Copula 生存模型应用，给出两阶段与一步贝叶斯估计的参数后验统计量，然后利用 DIC、EAIC、EBIC 和 CPO 等统计量对所用模型进行比较选择。

第 5 章 基于混合变量的多元贝叶斯 Copula 模型构建

阿基米德 Copula 函数广泛应用刻画边际分布为连续分布的相依结构[20,78,197]，然后在实际应用中，变量都为连续变量，很难和实际相符合。如在经济分析中，销售与购买某种商品、犯罪、生育和患病与否等，这些经济变量为离散变量，如何去度量离散变量之间的相依结构是一个值得关注问题。当边际变量为离散随机变量时，由于联合函数不唯一，从而造成模型参数估计和相应统计推断困难，当边际为离散分布时，对 Copula 函数的统计性质已经进行了相关的推断[37,198,199,200]。

经典频率的方法已经广泛应用于模型的推断和解释，本章拟利用贝叶斯方法解决边际分布为连续、离散和混合变量多元 Copula 函数的参数估计和统计推断。首先构建基于连续变量的多元正态 Copula 函数模型，利用 M-H 抽样获得边际参数的条件后验分布，通过相关矩阵参数化，引入二元指示变量，设计 M-H 抽样算法对潜变量和参数化矩阵元素的估计。然后研究边际分布为离散和混合变量的多元 Copula 模型理论，设计 MCMC 抽样算法得到参数的条件后验分布；其次构建基于多元正态 Copula 回归模型，讨论协方差矩阵的先验设置，设计离散和连续变量的多元回归模型参数的 MCMC 抽样算法。最后通过 Monte Carlo 仿真研究混合变量的正态 Copula 模型的贝叶斯推断。

5.1 连续变量的多元贝叶斯 Copula 模型构建

5.1.1 连续变量的正态 Copula 模型结构

多元正态 Copula 函数的模型结构为

$$C_G(u_1, u_2, \cdots, u_m) = \Phi_m(\Phi^{-1}(u_1), \Phi^{-1}(u_2), \cdots, \Phi^{-1}(u_m)) \quad (5.1)$$

此处 C_G 为正态 Copula 函数，Φ_m 为 m 维标准正态分布的联合分布函数，Φ^{-1} 为标准正态分布的逆分布函数。

令 $X = (\Phi^{-1}(u_1)$, $\Phi^{-1}(u_2)$, $\cdots$, $\Phi^{-1}(u_m))'$，表示一组正态逆分布向量，Σ 为相关系数矩阵，$u_i = (u_{i1}$, u_{i2}, $\cdots$, $u_{im})' = \Phi(x_i)$, $i = 1, 2, \cdots, m$，φ 为相依结构参数，则多元正态 Copula 的概率密度函数函数为

$$c(\mathrm{u}; \varphi) = c(\Phi(x_1), \Phi(x_2), \cdots, \Phi(x_r)) = \frac{1}{|\Sigma|^{1/2}} \exp\left(-\frac{1}{2}X'(\Sigma^{-1} - I_m)X\right)$$

$$(5.2)$$

设 n 个连续分布的随机变量 y_i，$y_i = (y_{i1}$, y_{i2}, $\cdots$, $y_{im})'$, $y = \{y_1$, y_2, $\cdots$, $y_n\}$，令 $\Theta = \{\theta_1$, θ_2, $\cdots$, $\theta_m\}$ 表示边际分布的参数集，则联合概率密度函数为

$$f(y \mid \Theta, \varphi) = \prod_{i=1}^{n} f(y_i \mid \Theta, \varphi) = \prod_{i=1}^{n} \left\{c(u_i; \varphi) \prod_{j=1}^{m} f_j(y_{ij}; \theta_j)\right\} \quad (5.3)$$

其中

$$f_j(y_{ij}; \theta_j) = \frac{\partial}{\partial y_{ij}} F_j(y_{ij}; \theta_j), \quad u_{ij} = F_j(y_{ij}; \theta_j)$$

利用式（5.2）和式（5.3）可得基于 Θ 和 Σ 联合似然函数为

$$f(y \mid \Theta, \Sigma) = \frac{1}{|\Sigma|^{n/2}} \left(\prod_{i=1}^{n} \exp\left\{-\frac{1}{2}x_i'(\Sigma^{-1} - I_m)x_i\right\} \prod_{j=1}^{m} f_j(y_{ij}; \theta_j)\right) \quad (5.4)$$

其中

$$x_i = (x_{i1}, x_{i2}, \cdots, x_{im})', \quad x_{ij} = \Phi^{-1}(u_{ij})$$

由于似然函数的复杂性，利用极大似然估计来求解参数可微困难。因 y_{ij} 为连续随机变量，$x_{ij} = \Phi^{-1}(F_j(y_{ij}; \theta_j))$，故 $f(\theta_j \mid y, \theta_{\backslash j}; \Sigma) = f(\theta_j \mid y_{.j}, x_{.\backslash j}; \Sigma)$，$\theta = \{\theta_j, \theta_{\backslash j}\}$；$x_{.\backslash j} = \{x_{.1}, x_{.2}, \cdots, x_{.j-1}, x_{.j+1}, \cdots, x_{.m}\}$。利用贝叶斯首先分别估计边际分布参数 θ_j，然后估计变量之间的联合相关系数矩阵 Σ。

5.1.2　连续变量的多元 Copula 模型 MCMC 抽样设计

对模型参数进行贝叶斯估计，进行 MCMC 抽样，分如下两个步骤进行：

第一步：从函数 $f(\theta_j \mid \theta_{.\backslash j}, \Sigma, y)$, $j = 1, 2, \cdots, m$ 中抽取边际分布参数 θ_j；

第二步：从函数 $g(\Sigma \mid \Theta, y)$ 中得到联合相关系数矩阵 Σ。

两个步骤重复进行，经过充分"退火"舍弃后，迭代到 Markov 链收敛到真实的联合后验分布 $f(\Theta, \Sigma \mid y)$。分别讨论两个抽样步骤的 MCMC 抽样过程。

根据贝叶斯定理，利用参数的先验分布与似然函数乘积获得多元正态 Copula 模型参数的联合后验分布，从而可以得到参数的条件后验密度。

边际分布参数 θ_j 相互独立，可得参数的条件后验分布为

$$f(\theta_j \mid \theta_{\cdot, \backslash j}, \ \Sigma, \ y) = f(y \mid \Theta, \ \Sigma) \pi(\theta_j)$$

$$\propto \mid \Sigma \mid^{-n/2} (\prod_{i=1}^{n} \exp\{-\frac{1}{2} x_i'(\Sigma^{-1} - I_m) x_i\} f_i(y_{ij}; \ \theta_j)) \pi(\theta_j) \qquad (5.5)$$

此处，$\pi(\theta_j)$ 为参数 θ_j 的先验分布。

式（5.5）的概率分布未知，同时 x_{ij} 是参数 θ_j 的函数，直接抽取参数不可能，选用 M-H 抽样对边际分布参数抽样。通过迭代利用 quasi-Newton-Raphson 算法得到 θ_j 的众数的近似估计值 $\dot{\theta}_j$，然后计算信息矩阵 H：

$$H = \frac{\partial^2 \log(f(\theta_j \mid \theta_{\cdot, \backslash j}, \ \Sigma, \ y)}{\partial \theta_j (\partial \theta_j)'} \Big|_{\theta_j = \hat{\theta}_j}$$

根据 Pitt[201] 观点，选用多元 t 分布作为目标分布，均值为 $\dot{\theta}_j$，尺度矩阵 $V = -H^{-1}$，自由度为 ν，表示为 $T_\nu(\dot{\theta}_j, \ V)$。设 θ_j^c 表示 θ_j 的当前值，θ_j^p 表示来自目标分布参数的值，$\theta_j^p \sim T_\nu(\dot{\theta}_j, \ V)$，可得 M-H 抽样的接受概率为

$$\min\left\{1, \ \frac{f(\theta_j^p \mid \theta_{\cdot, \backslash j}, \ \Sigma, \ y_{\cdot, j}) T_\nu(\theta_j^c \mid \dot{\theta}_j, \ V)}{f(\theta_j^c \mid \theta_{\cdot, \backslash j}, \ \Sigma, \ y_{\cdot, j}) T_\nu(\theta_j^p \mid \dot{\theta}_j, \ V)}\right\}$$

此处，$T_\nu(\theta_j \mid \dot{\theta}_j, \ V)$ 度量密度函数 $T_\nu(\dot{\theta}_j, \ V)$ 在 θ_j 的可能性。

利用上述抽样算法分别对边际分布参数 θ_j 进行估计，然后再估计相关系数矩阵。根据 Daniels 和 Pourahmadi[202] 的观点，把相关矩阵参数化为局部相关，即

$$\lambda_{t, s} = Corr(X_t, \ X_s \mid X_{t-1}, \ X_{t-2}, \ \cdots, \ X_{s+1}), \ s < t \qquad (5.6)$$

令 $\Lambda = \{\lambda_{t, s}; \ t = 2, \ 3, \ \cdots, \ m, \ s < t\}$，从而相关矩阵 Σ 可以用 Λ 参数化表示。当 $\lambda_{t, s} = 0$ 表示 y_t 和 y_s 是条件相互独立的，联合概率密度函数可表示为

$$f(y_t, \ y_s \mid y_{t-1}, \ y_{t-2}, \ \cdots, \ y_{s+1}) = f(y_t \mid y_{t-1}, \ y_{t-2}, \ \cdots, \ y_{s+1}) f(y_s \mid y_{t-1}, \ y_{t-2}, \ \cdots, \ y_{s+1})$$

$$(5.7)$$

引入二元指示变量 $\gamma_{t, s}$，如 $\lambda_{t, s} = 0$，则 $\gamma_{t, s} = 0$；$\lambda_{t, s} \neq 0$，则 $\gamma_{t, s} = 1$。同时设潜变量表示为 $\tilde{\lambda}_{t, s}$，$t = 2, \ 3, \ \cdots, \ m, \ s < t$，$\widetilde{\Lambda} = \{\tilde{\lambda}_{t, s}; \ t = 2, \ 3 \cdots, \ m, \ s < t\}$。如 $\gamma_{t, s} = 1$，则 $\tilde{\lambda}_{t, s} = \lambda_{t, s}$ 令 $\gamma = \{\gamma_{t, s}; \ t = 2, \ 3, \ \cdots, \ m, \ s < t\}$，$\varpi_r = \sum_{t, s} \gamma_{t, s}$ 表示相关矩阵非零元素的总和。根据 Zhang、Dai 和 Jordan[203] 和 Bottolo 和 Richardson[204] 的观点，指示变量 $\gamma_{t, s}$ 的先验分布设置为

$$\pi(\gamma_{t, s} = 1 \mid \gamma \backslash \gamma_{t, s}) \propto Beta \ (N - \varpi_r + 1, \ \varpi_r + 1) \qquad (5.8)$$

此处，Beta $(., .)$ 表示贝塔函数，$N = \frac{m(m-1)}{2}$。

式（5.8）中指示变量 $\gamma_{t,s}$ 的先验设置等价于 $\pi(\gamma) = \dfrac{1}{N+1} C_N^R$，表明相关矩阵非零元素的和服从均匀分布，即 $\pi(\varpi_r) = \dfrac{1}{N+1}$。

在抽取边际分布参数 θ_j 的条件下，下面说明如何抽取局部相关参数 $\lambda_{t,s}$ 和局部相关潜变量 $\tilde{\lambda}_{t,s}$，分为如下两个步骤：

第一步：从密度 $f(\tilde{\lambda}_{t,s}, \gamma_{t,s} \mid \Theta, \{\widetilde{\Theta} \setminus \tilde{\lambda}_{t,s}\}, \{\gamma \setminus \gamma_{t,s}\}, y)$ 抽取 $\{\tilde{\lambda}_{t,s}, \gamma_{t,s}\}$，$j = 1, 2, \cdots, m$，$s < t$。

第二步：根据 $\{\widetilde{\Lambda}, \gamma\}$ 计算相关矩阵 Λ。

在第一步 M-H 抽样过程，M-H 的目标分布密度为

$$q(\tilde{\lambda}_{t,s}, \gamma_{t,s}) = q_1(\lambda_{t,s}) q_2(\tilde{\lambda}_{t,s}) \tag{5.9}$$

二元指示变量 $\gamma_{t,s}$ 的概率分布为 $q_1(\gamma_{t,s} = 0) = q_2(\gamma_{t,s} = 1) = \dfrac{1}{2}$，$\tilde{\lambda}_{t,s}$ 的目标分布 q_2 为取值为 $(-1, 1)$ 对称的概率分布。$\{\tilde{\lambda}_{t,s}^{(0)}, \gamma_{t,s}^{(0)}\}$ 表示抽样给出的变量初始值，$\{\tilde{\lambda}_{t,s}^{(1)}, \gamma_{t,s}^{(1)}\}$ 表示抽样后变量的取值，则 M-H 抽样的接收概率为

$$\min\{1, \alpha \frac{\pi(\tilde{\lambda}_{t,s}^{(1)})}{\pi(\tilde{\lambda}_{t,s}^{(0)})}\tau\} \tag{5.10}$$

其中 $\tau = \dfrac{Q_2(1 - \tilde{\lambda}_{t,s}^{(0)}) - Q_2(-1 - \tilde{\lambda}_{t,s}^{(0)})}{Q_2(1 - \tilde{\lambda}_{t,s}^{(1)}) - Q_2(-1 - \tilde{\lambda}_{t,s}^{(1)})}$，$Q_2$ 为 q_2 的分布函数。

M-H 抽样的接收概率表达式（5.10）中 α 的取值有四种可能性，分别表示如下：

$$\alpha((\tilde{\lambda}_{t,s}^{(0)}, \gamma_{t,s}^{(0)} = 0) \rightarrow (\tilde{\lambda}_{t,s}^{(1)}, \gamma_{t,s}^{(1)} = 0)) = 1$$

$$\alpha((\tilde{\lambda}_{t,s}^{(0)}, \gamma_{t,s}^{(0)} = 0) \rightarrow \tilde{\lambda}_{t,s}^{(1)}, \gamma_{t,s}^{(1)} = 1) = \frac{L(\tilde{\lambda}_{t,s}^{(1)}, \gamma_{t,s}^{(1)} = 1)\delta_1}{L(0, \gamma_{t,s}^{(0)} = 0)\delta_0}$$

$$\alpha((\tilde{\lambda}_{t,s}^{(0)}, \gamma_{t,s}^{(0)} = 1) \rightarrow \tilde{\lambda}_{t,s}^{(1)}, \gamma_{t,s}^{(1)} = 0) = \frac{L(0, \gamma_{t,s}^{(1)} = 0)\delta_0}{L(\tilde{\lambda}_{t,s}^{(0)}, \gamma_{t,s}^{(0)} = 1)\delta_1}$$

$$\alpha((\tilde{\lambda}_{t,s}^{(0)}, \gamma_{t,s}^{(0)} = 1) \rightarrow \tilde{\lambda}_{t,s}^{(1)}, \gamma_{t,s}^{(1)} = 1)) = \frac{L(\tilde{\lambda}_{t,s}^{(1)}, \gamma_{t,s}^{(1)} = 1)}{L(\tilde{\lambda}_{t,s}^{(0)}, \gamma_{t,s}^{(0)} = 1)}$$

此处，$\delta_0 = pr(\gamma_{t,s} = 0 \mid \{\gamma \setminus \gamma_{t,s}\})$，$\delta_1 = pr(\gamma_{t,s} = 1 \mid \{\gamma \setminus \gamma_{t,s}\})$，$L(\tilde{\lambda}_{t,s}, \gamma)$ 为两参数的似然函数。

重复步骤 2 和 3，直至迭代收敛到参数的目标分布，此时 Markov 链达到平稳。假设为了消除参数初始值的影响，"退火"舍弃开始的 L 次迭代，后面再进行 M 次的迭代对模型参数进行估计，从而利用抽样样本计算参数的相关统计量。从而可知：

$$pr(\gamma_{t,s} = 1 \mid y) \approx \frac{1}{M} \sum_{j=1}^{M} \gamma_{t,s}^{(j)}, \quad E(\lambda_{t,s} \mid y) \approx \frac{1}{M} \sum_{j=1}^{M} \lambda_{t,s}^{(j)}$$

5.2 离散和混合变量的多元贝叶斯 Copula 模型构建

5.2.1 离散变量的多元贝叶斯 Copula 模型结构分析

设 $X = (X_1, X_2, \cdots, X_m)$，$X_j = (x_{1j}, x_{2j}, \cdots, x_{nj})$ 为离散随机变量，F 为 X 的分布函数，$a_j = F_j(X_j^-)$，a_j 为 X_j 的分布函数 F_j 的左极限，$b_j = F(X_j)$，从而可得 $a_j = F_j(X_j - 1)$，利用 Copula 函数差分的相关知识 Nelsen[6]，可以得到离散变量的联合概率密度函数为

$$f(x) = Pr(X_1 = x_1, X_2 = x_2, \cdots, X_m = x_m) = \Delta_{a_1}^{b_1} \Delta_{a_2}^{b_2} \cdots \Delta_{a_m}^{b_m} C(U) \quad (5.11)$$

其中，$\Delta_{a_k}^{b_k} C(u_1, u_2, \cdots, u_{k-1}, u_k, u_{k+1}, \cdots, u_m) = C(u_1, u_2, \cdots, u_{k-1}, b_k, u_{k+1}, \cdots, u_m) - C(u_1, u_2, \cdots, u_{k-1}, a_k, u_{k+1}, \cdots, u_m) U = (U_1, U_2, \cdots, U_m)$，$U_i = (u_{i1}, u_{i2}, \cdots, u_{im})$，$U_j$ 为边际分布函数。

因 X_j 是离散随机变量，故分布函数 F_j 不是一一对应函数，条件分布 $X_j \mid U_j$ 是退化的，其概率密度函数为

$$f(x_j \mid u_j) = I(F_j(x_j^-) \leqslant u_j < F_j(x_j)) \quad (5.12)$$

此处，$I(A)$ 为指示函数。

可以得到 (X, U) 的联合概率密度函数为

$$f(x, u) = f(x \mid u)f(u) = \prod_{j=1}^{m} I(F_j(x_j^-) \leqslant u_j < F_j(x_j))c(u) \quad (5.13)$$

利用 Copula 函数的相关理论，可知 U 的联合密度函数为

$$c(u) = \frac{\partial^{m-j}}{\partial u_{j+1} \partial u_{j+2} \cdots \partial u_m} \left(\frac{\partial^j}{\partial u_1 \partial u_2 \cdots \partial u_j} C(u) \right)$$

$$= \frac{\partial^{m-j}}{\partial u_{j+1} \partial u_{j+2} \cdots \partial u_m} \{ c(u_1, u_2, \cdots, u_j)$$

$$\times C_{j+1, j+2, \cdots, m \mid 1, 2, \cdots, j}(u_{j+1}, u_{j+2}, \cdots, u_m \mid u_1, u_2, \cdots, u_j) \}$$

根据式（5.13）可得，参数条件分布的概率密度函数为

$$f(u_1, u_2, \cdots, u_j \mid \mathbf{x}) = \int \cdots \int f(\mathbf{u} \mid \mathbf{x}) du_{j+1} du_{j+2} \cdots du_m$$

$$= \frac{\prod_{k=1}^{j} \mathrm{I}(a_k \leqslant u_k < b_k)}{f(\mathbf{x})} c(u_1, u_2, \cdots, u_j) \times \Delta_{a_{j+1}}^{b_{j+1}} \Delta_{a_{j+2}}^{b_{j+2}} \cdots \Delta_{a_m}^{b_m}$$

$$C_{j+1, j+2, \cdots, m \mid 1, 2, \cdots, j}(u_{j+1}, u_{j+2}, \cdots, u_m \mid u_1, u_2, \cdots, u_j) \qquad (5.14)$$

利用式（5.13），可得参数的联合似然函数为

$$f(\mathbf{x}, \mathbf{u} \mid \Theta, \varphi) = \prod_{i=1}^{n} f(\mathbf{x}_i, \mathbf{u}_i \mid \Theta, \varphi)$$

$$= \prod_{i=1}^{n} c(\mathbf{u}_i; \varphi) \prod_{j=1}^{m} I(a_{ij} \leqslant u_{ij} < b_{ij}) \qquad (5.15)$$

其中

$$a_{ij} = F_j(x_{ij}^-; \theta_j); \quad b_{ij} = F_j(x_{ij}; \theta_j)$$

5.2.2 离散变量的多元贝叶斯 Copula 模型 MCMC 算法

抽样过程是首先抽出边际分布 θ_j，然后对潜变量 u_j 抽样，最后对联合分布的相关参数 φ 抽样，下面具体说明抽样过程。

第一步：从 $f(\theta_j \mid \Theta \setminus \theta_j, \varphi, \mathbf{u} \setminus \mathbf{u}_j, \mathbf{x})$ 抽取 θ_j，θ_j 的条件后验分布为

$$f(\theta_j \mid \Theta \setminus \theta_j, \varphi, \mathbf{u} \setminus \mathbf{u}_j, \mathbf{x}) \propto f(\mathbf{x} \mid \Theta, \varphi, \mathbf{u} \setminus \mathbf{u}_j) \pi(\theta_j)$$

$$\propto \int f(x, u \mid \Theta, \varphi) du_j \pi(\theta_j)$$

$$= \prod_{i=1}^{n} \left\{ \int f(x_i, u_i \mid \Theta, \varphi) du_{ij} \pi(\theta_j) \right\}$$

结合式（5.15），可得

$$f(\theta_j \mid \Theta \setminus \theta_j, \varphi, \mathbf{u} \setminus \mathbf{u}_j, \mathbf{x}) \propto \prod_{i=1}^{n} \left\{ \int \prod_{k=1}^{m} \{ I(a_{ik} \leqslant u_{ik} < b_{ik}) \} c(\mathbf{u}_i; \varphi) du_{ij} \right\} \pi(\theta_j)$$

$$\propto \prod_{i=1}^{n} \left\{ \int_{a_{ij}}^{b_{ij}} c(\mathbf{u}_i; \varphi) du_{ij} \right\} \pi(\theta_j) \qquad (5.16)$$

把上式中的概率密度函数的积分转化为求条件分布函数

$$f(\theta_j \mid \Theta \setminus \theta_j, \varphi, \mathbf{u} \setminus \mathbf{u}_j, \mathbf{x}) \propto \prod_{i=1}^{n} \{ C_{j \mid k \neq j}(b_{ij} \mid u_{i, k \neq j}; \varphi)$$

$$- C_{j \mid k \neq j}(a_{ij} \mid u_{i, k \neq j}; \varphi) \} \pi(\theta_j) \qquad (5.17)$$

第二步：从 $f(\mathbf{u}_{(j)} \mid \Theta, \varphi, \mathbf{u}_{(k \neq j)}, \mathbf{x})$ 抽取潜变量 $\mathbf{u}_{(j)}$，$\mathbf{u}_{(j)} = \{ u_{1j}, u_{2j}, \cdots, u_{nj} \}$，潜变量的条件后验分布为

$$f(u_{(j)} \mid \Theta, \varphi, u_{(k \neq j)}, x) \propto f(x \mid \Theta, u)f(u_{(j)} \mid \varphi, u_{(k \neq j)})$$

$$\propto \prod_{i=1}^{n} I(a_{ij} \leqslant u_{ij} < b_{ij})c(u_i; \varphi)$$

$$\propto \prod_{i=1}^{n} I(a_{ij} \leqslant u_{ij} < b_{ij})c_{j \mid k \neq j}(u_{ij} \mid u_{i, k \neq j}; \varphi) \tag{5.18}$$

在抽样过程中，目标分布为

$$g(u_i) = \prod_{j=2}^{m} g_j(u_{ij} \mid u_{i1}, u_{i2}, \cdots, u_{i, j-1})g_1(u_{i1}) \tag{5.19}$$

其中

$$g_j \propto c_{j \mid 1, 2, \cdots, j-1}, \quad g_1(u_{i1}) = \frac{I(a_{i1} \leqslant u_{i1} < b_{i1})}{b_{i1} - a_{i1}}$$

$$g_j(u_{ij} \mid u_{i1}, u_{i2}, \cdots, u_{i, j-1})$$

$$= \frac{c_{j \mid 1, 2, \cdots, j-1}(u_{ij} \mid u_{i1}, u_{i2}, \cdots, u_{i, j-1}; \varphi)I(a_{ij} \leqslant u_{ij} < b_{ij})}{C_{j \mid 1, 2, \cdots, j-1}(b_{ij} \mid u_{i1}, u_{i2}, \cdots, u_{i, j-1}; \varphi) - C_{j \mid 1, 2, \cdots, j-1}(a_{ij} \mid u_{i1}, u_{i2}, \cdots, u_{i, j-1}; \varphi)} \tag{5.20}$$

M-H 抽样依次从目标分布 g_j 抽出 u_j，$u_i^{(1)} = (u_{i1}^{(1)}, u_{i2}^{(1)}, \cdots, u_{im}^{(1)})$ 表示新抽取的潜变量，$u_i^{(0)} = (u_{i1}^{(0)}, u_{i2}^{(0)}, \cdots, u_{im}^{(0)})$ 表示原来的潜变量，接收概率为 $\min\{1, \alpha_i\}$，其中

$$\alpha_i = \frac{C_{j \mid 1, 2, \cdots, j-1}(b_{ij} \mid u_{i1}^{(1)}, u_{i2}^{(1)}, \cdots, u_{i, j-1}^{(1)}; \varphi) - C_{j \mid 1, 2, \cdots, j-1}(a_{ij} \mid u_{i1}^{(1)}, u_{i2}^{(1)}, \cdots, u_{i, j-1}^{(1)}; \varphi)}{C_{j \mid 1, 2, \cdots, j-1}(b_{ij} \mid u_{i1}^{(0)}, u_{i2}^{(0)}, \cdots, u_{i, j-1}^{(0)}; \varphi) - C_{j \mid 1, 2, \cdots, j-1}(a_{ij} \mid u_{i1}^{(0)}, u_{i2}^{(0)}, \cdots, u_{i, j-1}^{(0)}; \varphi)}$$

$$\tag{5.21}$$

第三步：从 $f(\varphi \mid u)$ 抽出联合分布相依参数。

在第一步和第二步抽样的基础上，得到 φ 的后验概率分布为

$$f(\varphi \mid u, \Theta, x) = f(\varphi \mid u) \propto \prod_{i=1}^{n} c(u_i; \varphi)\pi(\varphi) \tag{5.22}$$

抽样过程依赖 Copula 函数的类型和相依参数先验的选择，Pitt[201] 讨论正态 Copula 条件下，相关系数矩阵的选择问题。对其他类型 Copula 函数的先验选择问题，Daniels 和 Pourahmadi[202] 讨论选用退化先验作为相关系数矩阵先验的参数抽样问题。

5.2.3 基于混合变量贝叶斯 Copula 模型分析

在边际分布为离散变量的基础上，对变量为混合的情形进行推导。设边际分布由部分离散和连续变量组成。令 $D = \{j_1, j_2, \cdots, j_r\}$，$E = \{j_{r+1}, j_{r+2}, \cdots, j_m\}$，离散变量用 $X_D = \{X_j; j \in D\}$ 表示，连续变量用 $X_E = \{X_j; j \in E\}$，相应的离散变量的边际分布的概率密度和分布函数分别表示为 $u_D = \{u_j; j \in D\}$，$U_D = \{U_j; j \in$

$D\}$，连续变量的概率密度和分布函数分别表示为 $u_E = \{u_j; j \in E\}$，$U_E = \{U_j; j \in E\}$，对连续变量，有 $f(x_j \mid u_j) = I(u_j = F_j(X_j))$，$j \in E$，从而可得混合变量的概率密度函数为

$$f(\mathrm{u}, \mathrm{x}) = c(\mathrm{u}) \prod_{j=1}^{m} f(x_j \mid u_j)$$

$$= c_{D\mid E}(\mathrm{u}_D \mid \mathrm{u}_E) c(\mathrm{u}_E) \prod_{j \in D} I(F_j(x_j^-) \leqslant u_j < F_j(x_j)) \times \prod_{j \in E} I(u_j = F_j(x_j))$$

$$(5.23)$$

对边际分布参数积分，得到混合变量的边际概率分布为

$$f(\mathrm{x}) = \int_{[0, 1]^R} \prod_{j \in D} I(a_j \leqslant \tilde{u}_j < b_j) \Big\{ \int_{[0, 1]^{m-r}} c_{D\mid E}(\mathrm{u} \sim_D \mid \mathrm{u} \sim_E) c(\mathrm{u} \sim_E)$$

$$\times \prod_{j \in E} I(\tilde{u}_j = F_j(x_j) d\mathrm{u} \sim_E \} d\mathrm{u} \sim_D$$

$$= \Big\{ \int_{[0, 1]^r} \prod_{j \in D} I(a_j \leqslant \tilde{u}_j < b_j) c_{D\mid E}(\mathrm{u} \sim_D \mid \mathrm{u} \sim_E) d\mathrm{u} \sim_D \} c(\mathrm{u}_E) \prod_{j \in E} f_j(u_j)$$

$$= \Delta_{a_{j1}}^{b_{j1}} \Delta_{a_{j2}}^{b_{j2}} \cdots \Delta_{a_{jr}}^{b_{jr}} C_{D\mid E}(u_{j1}, u_{j2}, \cdots, u_{jr} \mid \mathrm{u}_E) c(\mathrm{u}_E) \prod_{j \in E} f_j(u_j) \qquad (5.24)$$

此处，$u_j = F_j(x_j)$，$j \in E$，$b_j = F_j(x_j)$，$a_j = F_j(x_j^-)$，$j \in D$

可得离散边际分布参数的条件后验分布为

$$f(\mathrm{u}_D \mid \mathrm{x}) \propto \frac{c(\mathrm{u}_E) \prod_{j \in E} f(x_j)}{f(\mathrm{x})} \times c_{D\mid E}(\mathrm{u}_D \mid \mathrm{u}_E) \times \Big(\prod_{j \in D} I(a_j \leqslant u_j < b_j) \Big) \quad (5.25)$$

连续边际分布参数的条件后验分布为

$$f(\theta_j \mid \theta_{k \neq j}, \mathrm{u}_{k \neq j}, \mathrm{x}) \propto \pi(\theta_j) \prod_{i=1}^{n} f(x_{ij} \mid \theta_j) c(\mathrm{u}_i; \varphi), j \in E \quad (5.26)$$

随机变量 X_i 和 X_j 的相依结构参数 $\tau_{i,j}^F$ 可以估计为

$$E(\tau_{i,j}^F) = \int \tau_{i,j}^F(\varphi, \Theta) f(\varphi, \Theta \mid x) d\Theta d\varphi \quad (5.27)$$

5.3 多元混合变量的贝叶斯 Copula 回归模型构建

5.3.1 多元正态 Copula 回归模型协方差矩阵先验设置

设有 n 个观测值 y_1，y_2，$\cdots$，y_n，p 个变量，则多元正态 Copula 回归模型可以表示为

$$y_{ij} = F_{ij}^{-1}(\Phi(x_{ij})), \quad x_i = (x_{i1}, x_{i2}, \cdots, x_{ip})' \sim N_p(0, \Omega) \qquad (5.28)$$

此处，$i = 1, 2, \cdots, n$，$j = 1, 2, \cdots, p$，$F_{ij}(.)$ 为 y_{ij} 的分布函数，$f_{ij}(.)$ 为密度函数，Ω 为协方差矩阵；同时，$F_{ij}(.) = F_j(. \mid \theta_j, z_{ij})$，$f_{ij}(. \mid \theta_{ij}) = f_j(. \mid \theta_j)$，$\theta_j$ 为边际分布未知参数，z_{ij} 为协变量。$y_{ij} \sim N(z'_{ij}\beta, \sigma^2)$，$\theta_{ij} = \theta_j = (\beta, \sigma^2)$。式 (5.28) 中，观测值 y_{ij} 为连续变量时，$F_{ij}^{-1}(.)$ 为一一对应函数，y_{ij} 为离散变量时，$F_{ij}^{-1}(.)$ 不再是一一对应函数。

下面讨论协方差矩阵的先验选择，根据 Wong 等[205] 的观点，给出协方差矩阵非对角线元素为 0 的先验设置。设 Ω 为协方差矩阵，把协方差矩阵分解为 $\Omega^{-1} = TDT$，T 为对角矩阵，D 为相关系数矩阵，则 $T_i = (D^{-1})_{ii}^{1/2}$。根据表达式可知，协方差矩阵 Ω 是相关系数矩阵 D 的函数，Ω 可根据相关矩阵参数化，设 $p(D) \propto g(D) = I(D \in \ell_p)$，$\ell_p$ 为所有 $p \times p$ 相关矩阵的集合，D_{ij} 为对角线元素为 1 的对角正定矩阵。进一步，令 $J_{ij} = \begin{cases} 0, & D_{ij} = 0 \\ 1, & \end{cases}$，$J = \{J_{ij}, i = 1, 2, \cdots, p, j < i\}$，$S(J)$ 表示集合 J 中元素为 1 的数量，$S(J_{\backslash ij})$ 表示集合 J 中除 $J_{ij} = 1$ 外元素为 1 的数量。$D_{|J=1|} = \{D_{ij}, J_{ij} \in J, J_{ij} = 1\}$，$D_{|J=0|} = \{D_{ij}: J_{ij} \in J, J_{ij} = 0\}$。从而，

$$V(J) = \int g(D) dD_{|J=1|} = \int_{D \in \ell_p} dD_{|J=1|} \qquad (5.29)$$

$$\bar{V}(l) = \frac{\sum_{J: S(J)=l} V(J)}{C_r^l}, \quad r = \frac{p(p-1)}{2} \qquad (5.30)$$

根据 Wong 等[205] 的观点，对相关矩阵 D 给出下列先验设置：

$$f(dD \mid J) = \frac{dD_{|J=1|} I(D_{|J=0|} = 0 g(D)\}}{V(J)} \qquad (5.31)$$

$$f(J \mid S(J) = l\} = \frac{V(J)}{\bar{V}(l) C_l^r} = \frac{V(J)}{\sum_{J: S(J)=l} V(J)} \qquad (5.32)$$

$$f\{S(J) = l \mid \psi\} = C_r^l \psi^l (1 - \psi)^{r-l}, \quad \psi = pr\{J_{ij} = 1\} \qquad (5.33)$$

下面具体说明如何抽取矩阵 D_{ij}，$i = 1, 2 \cdots, p$，$j < i$。设 $D = \begin{pmatrix} U & V' \\ V & W \end{pmatrix}$，$U = \begin{pmatrix} 1 & D_{12} \\ D_{12} & 1 \end{pmatrix}$，矩阵 V 和 W 于 D_{12} 独立，D 为正定矩阵。说明如何抽取 D_{12}，矩阵的其他元素可以类似抽取。

$$\det(D) = \det(W) \det(U - V'W^{-1}V) = \det(W) \det(U - K) \qquad (5.34)$$

此处，$K = V'W^{-1}V$，$\det(U - K) = (1 - K_{11})(1 - K_{22}) - (D_{12} - K_{12})^2 > 0$。等价

$\mid D_{12} - a_{12} \mid < b_{12}$，$a_{12} = K_{12}$，$b_{12} = \sqrt{(1 - K_{11})(1 - K_{22})}$，从而得到矩阵 D 的似然函数为

$$p(X \mid D) \propto \det(T)^n \det(D)^{n/2} \exp\left\{-\frac{1}{2} tr(TDTS_x)\right\} = g(D_{12}) \qquad (5.34)$$

此处，$S_x = \sum\limits_{i=1}^{n} x_i x_i'$。

矩阵 D 的似然函数可以看成 D_{12} 的函数。D_{12} 的条件先验密度为

$$p(dD_{12} \mid X, D_{\mid \backslash 12 \mid}) \propto g(D_{12}) p(dD_{12} \mid D_{\mid \backslash 12 \mid}) \qquad (5.35)$$

根据 Wong 等[205] 的观点，D_{12} 的先验选择为

$$p(dD_{12} \mid D_{\mid \backslash 12 \mid}) = I(\mid D_{12} - a_{12} \mid < b_{12}) \frac{I(D_{12} = 0) + dD_{12} h\{S(J_{\mid \backslash 12 \mid})\}}{I(\mid a_{12} \mid < b_{12}) + 2b_{12} h\{S(J_{\mid \backslash 12 \mid})\}} \qquad (5.36)$$

此处，$h\{S(J_{\mid \backslash 12 \mid})\} = \dfrac{S(J_{\mid \backslash 12 \mid}) + 1}{r - S(J_{\mid \backslash 12 \mid})} \times \dfrac{\bar{V}\{S(J_{\mid \backslash 12 \mid})\}}{\bar{V}\{S(J_{\mid \backslash 12 \mid}) + 1\}} = h$。

可得 J_{12} 和 D_{12} 的联合密度函数为

$$p\{J_{12}, D_{12} \mid X, D_{\mid \backslash 12 \mid}\} = p(J_{12} \mid X, D_{\mid \backslash 12 \mid}) p(dD_{12} \mid X, J_{12}, D_{\mid \backslash 12 \mid}) \qquad (5.37)$$

其中

$$p(D_{12} = 0 \mid X, J_{12} = 0, D_{\mid \backslash 12 \mid}) = 1$$

$$p(dD_{12} \mid X, J_{12} = 1, D_{\mid \backslash 12 \mid}) \propto I(\mid D_{12} - a_{12} \mid < b_{12}) hg(D_{12})$$

先抽取指示变量 J_{12}，然后从给定 J_{12}，$D_{\mid \backslash 12 \mid}$ 的条件下抽取 D_{12}。指示变量 J_{12} 的条件后验密度为

$$p(J_{12} = 1 \mid X, D_{\mid \backslash 12 \mid}) \propto h \int I(\mid D_{12} - a_{12} \mid < b_{12} = hg(\dot{D}_{12})/g_a(\dot{D}_{12}) \qquad (5.38)$$

此处，$\dot{D}_{12}$ 为 $g(D_{12})$ 的极大似然估计，$g_a(D_{12})$ 为抽样 D_{12} 的目标分布。

J_{12} 抽样的目标分布为

$$q(J_{12}) = p_a(J_{12} = 1 \mid X, D_{\mid \backslash 12 \mid}) = \frac{hg(\dot{D}_{12})/g_a(\dot{D}_{12})}{I(\mid a_{12} \mid < b_{12}) g(o) + hg(\dot{D}_{12})/g_a(\dot{D}_{12})} \qquad (5.39)$$

设 J_{12}^c，D_{12}^c 为变量给出的初始值，J_{12}^p，D_{12}^p 为抽样后的变量值。下面给出四种转换的 M-H 抽样的转移概率。

$$\alpha(J_{12}^c = 0, \ D_{12}^c = 0 \to J_{12}^p = 0, \ D_{12}^p = 0) = 1$$

$$\alpha(J_{12}^c = 0, \ D_{12}^c = 0 \to J_{12}^p = 1, \ D_{12}^p \neq 0)$$

$$= \min\left\{1, \ \frac{g(D_{12}^p)2b_{12}h}{g(0)} \times \frac{q(J_{12}^c = 0)}{q(J_{12}^p = 1)g_a(D_{12}^p)}\right\}$$

$$\alpha(J_{12}^c = 1, \ D_{12}^c \neq 0 \to J_{12}^p = 0, \ D_{12}^p = 0) =$$

$$\min\left\{1, \ \frac{g(0)}{g(D_{12}^c)2b_{12}h} \times \frac{q(J_{12}^c = 1)g_a(D_{12}^c)}{a(J_{12}^c = 0)}\right\}$$

$$\alpha(J_{12}^c = 1, \ D_{12}^c \neq 0 \to J_{12}^p = 1, \ D_{12}^p \neq 0) = \min\left\{1, \ \frac{g(D_{12}^p)}{g(D_{12}^c)} \times \frac{g_a(D_{12}^c)}{g_a(D_{12}^p)}\right\}$$

5.3.2　多元正态 Copula 回归模型 MCMC 抽样算法

多元正态 Copula 回归模型 MCMC 抽样过程由两部分组成，首先对边际分布参数 $\theta = (\theta_1, \ \theta_2, \ \cdots, \ \theta_p)$ 进行抽样，然后在给定边际分布参数 θ 和样本信息的条件下，对协方差相关矩阵 C 进行抽样。下面分别讨论连续和离散两种边际分布情形下的抽样算法。

设 y_{ij} 为连续的观测变量，利用式（5.28）可得

$$x_{ij} = \Phi^{-1}\{F_j(y_{ij}; \ \theta_j, \ z_{ij})\} \tag{5.40}$$

利用正态 Copula 回归的密度函数，可得参数 θ 和协方差矩阵 C 的似然函数为

$$f(Y \mid \theta, \ C) = |C|^{-n/2} \prod_{i=1}^{n} \exp\left\{\frac{1}{2} x_i'(I - C^{-1}) x_i\right\} \prod_{j=1}^{p} f_j(y_{ij}; \ \theta_j) \tag{5.41}$$

在变量连续的情形下，$f(\theta_j \mid Y, \ \theta_{. \ \backslash j}; \ C) = f(\theta_j \mid y_{. \ , \ j}, \ x_{. \ , \ \backslash j}; \ C)$，从而可得

$$\log f(\theta_j \mid y_{. \ , \ j}, \ x_{. \ , \ \backslash j}; \ C) = M + \frac{1}{2}(1 - C^{-1}) \sum_{i=1}^{n} x_{ij}^2 - \sum_{i=1}^{n} \sum_{k=1, \ k\neq j}^{p} (C^{-1})_{jk} x_{ij} x_{ik}$$

$$+ \sum_{i=1}^{n} \log f(y_{ij}; \ \theta_j) + \log p(\theta_j) \tag{5.42}$$

此处，$\log f(\theta_j)$ 为参数 θ_j 先验密度的对数，M 为常数。

参数 θ_j 的密度函数形式非标准，同时当协变量维数较大时，相对困难得到参数 θ_j 的表达式，利用 block Metropolis 算法[206]进行参数抽样。

设 $\theta_j^{s, \ 0}$ 为参数 θ_j^s 的初始值，$\theta_j^{s, \ 1}$ 为参数 θ_j^s 从目标分布抽取的样本值，目标分布为 $\theta_j^{s, \ 1} \sim T_\nu(\hat{\theta}_j^s, \ V)$，可知 M-H 抽样的接受概率为

$$\min\left\{1, \ \frac{f(\theta_j^{s, \ 1} \mid x_{. \ , \ \backslash j}, \ C, \ \theta_j^{\backslash s}; \ y_{. \ , \ j}) T_\nu(\theta_j^{s, \ 0} \mid \hat{\theta}_j^s, \ V)}{f(\theta_j^{s, \ 0} \mid x_{. \ , \ \backslash j}, \ C, \ \theta_j^{\backslash s}; \ y_{. \ , \ j}) T_\nu(\theta_j^{s, \ 1} \mid \hat{\theta}_j^s, \ V)}\right\}$$

此处，$\theta_j = (\theta_j^s, \ \theta_j^{\backslash s})$

设 y_{ij} 为离散变量，先从条件密度 $f(\theta_j \mid y, z_{\cdot, \backslash j}, \theta_{\cdot, \backslash j}, C)$ 抽取 θ_j，然后从条件密度 $f(z_i \mid y, z_{\cdot, \backslash i}, \theta, C)$ 中抽取 z_i。条件密度 $f(\theta_j \mid y, z_{\cdot, \backslash j}, \theta_{\cdot, \backslash j}, C)$ 的表达式为

$$f(\theta_j \mid y, z_{\cdot, \backslash j}, \theta_{\cdot, \backslash j}, C) \propto \pi(\theta_j \mid \theta_{\cdot, \backslash j}) \prod_{i=1}^{n} \left\{ f(y_{ij} \mid z_{\cdot, \backslash j}, \theta_j, C) \right\}^{I(j \in S)_i}$$

$$(5.43)$$

其中：

$$f(y_{ij} \mid z_{\cdot, \backslash j}, \theta_j, C) = \int f(y_{ij} \mid z_{ij}, \theta_j) f(z_{ij} \mid z_{\cdot, \backslash j}, C) dz_{ij}$$

$$I(j \in S_i) = \begin{cases} 1, & j \in S_i \\ 0, & j \notin S \end{cases}$$

$$(z_{ij} \mid z_{\cdot, \backslash j}, C) \sim N(\mu_{i, \backslash j}, \sigma_{i, \backslash j}^2)$$

从而可得

$$pr(Y_{ij} \mid z_{i, \backslash j}, \theta_j, C) = \Phi\left(\frac{T^U - \mu_{i, \backslash j}}{\sigma_{i, \backslash j}}\right) - \Phi\left(\frac{T^L - \mu_{i, \backslash j}}{\sigma_{i, \backslash j}}\right) \quad (5.44)$$

其中：

$$T^L = \Phi^{-1}(F_j(y_{ij} - 1)), \quad T^U = \Phi^{-1}(F_j(y_{ij}))$$

对于潜变量 z_{ij}，条件密度函数为

$$f(z_{ij} \mid y, z_{i, \backslash j}, \theta, C) \propto f(y_{ij} \mid z_{ij}, \theta_j) f(z_{ij} \mid z_{i, \backslash j}, C) \quad (5.45)$$

其中：

$$f(y_{ij} \mid z_{ij}, \theta_j) = I(T^L < z_{ij} < T^U)$$

从而可得，对于离散变量 y_{ij}，潜变量的条件分布为

$$z_{ij} \mid y, z_{i, \backslash j}, \theta, C \sim N_{(T^L, T^U)}(\mu_{i, \backslash j}, \sigma_{i, \backslash j}^2) \quad (5.46)$$

5.4 Monte Carlo 仿真实验分析

为了研究混合数据的正态 Copula 模型的贝叶斯推断，仿真分析模型的两个离散变量服从 Poisson 分布（y_{i1} 和 y_{i2}），一个连续型随机变量 y_{i3} 服从正态分布，$i = 1, 2, \cdots, 1\,000$。设离散变量 $y_{i1} \sim Possin(\lambda_{i1})$，$\log(\lambda_{i1}) = z'_{ij}\beta_1$，$y_{i2} \sim Possin(\lambda_{i2})$，$\log(\lambda_{i2}) = z'_{ij}\beta_2$，连续变量 $y_{i3} \sim N(z'_{ij}\beta_3, \sigma_3^2)$，设置相关矩阵 C 为

$$C = \begin{pmatrix} 1.000\ 0 & 0.740\ 8 & -0.394\ 8 \\ 0.740\ 8 & 1.000\ 0 & -0.793\ 7 \\ -0.394\ 8 & -0.793\ 7 & 1.000\ 0 \end{pmatrix}$$

潜变量 $z'_{ij}(j = 1,\ 2,\ 3)$ 随机抽取服从（0，1）正态分布，根据 Wong 等[205] 的观点设置参数的先验信息，利用 M-H 算法得到各参数的边缘后验分布，把上述三变量用 M-H 抽样 10 000 次估计待估参数，得到相关参数的动态轨迹图 5.1，从轨迹图可以发现 Markov 链收敛，说明 MCMC 仿真过程平稳。

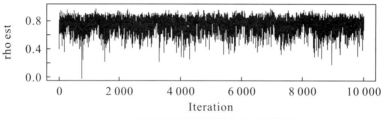

（a）Y1 和 Y2 相关系数的动态轨迹图

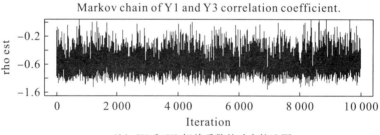

（b）Y1 和 Y3 相关系数的动态轨迹图

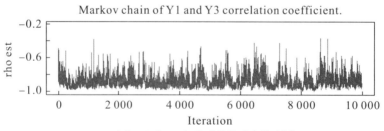

（c）Y2 和 Y3 相关系数的动态轨迹图

图 5.1　相关参数的动态迭代轨迹

表 5.1 给出了贝叶斯估计参数的真实值、后验均值和方差，从表中可以看出，参数的后验均值和参数的真实值差异较小，同时存在较小的方差。

表 5.1 模型参数的贝叶斯估计结果

参数	真实值	后验均值	后验方差
β_{11}	0.300 0	0.310 4	0.084 5
β_{12}	0.300 0	0.326 7	0.143 1
β_{13}	0.300 0	0.304 6	0.046 7
β_{21}	0.200 0	0.216 9	0.096 1
β_{22}	0.200 0	0.229 2	0.107 8
β_{23}	0.200 0	0.206 7	0.053 1
β_{31}	0.500 0	0.513 7	0.084 1
β_{32}	0.500 0	0.523 4	0.106 7
β_{33}	0.500 0	0.498 2	0.062 7
σ_3^2	3.000 0	2.731 5	0.168 7
C_{12}	0.740 8	0.802 7	0.613 4
C_{13}	−0.394 8	−0.380 1	0.402 1
C_{23}	−0.793 7	−0.832 7	0.512 7

图 5.2 给出了相关参数的后验密度图，从后验密度图可以看出，各相关参数表现为比较平滑，说明 M-H 算法有效地模拟了混合数据的 Copula 模型的各参数的后验边缘分布。

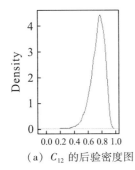
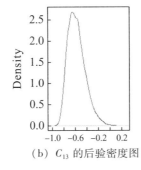
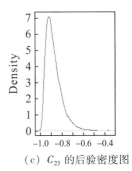

（a） C_{12} 的后验密度图　　　（b） C_{13} 的后验密度图　　　（c） C_{23} 的后验密度图

图 5.2 各相关参数的后验密度图

同时为了进一步检验 M-H 算法对混和数据 Copula 模型推断的有效性，对迭代过程中相关参数的变化情况，给出各参数变化的箱图，从参数的变化结果可以看出，M-H 算法的 Markov 链是收敛且有效的。

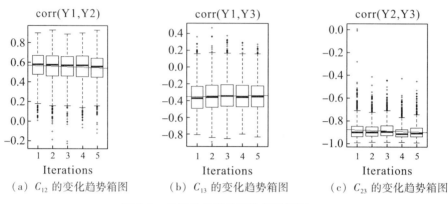

（a）C_{12} 的变化趋势箱图　　（b）C_{13} 的变化趋势箱图　　（c）C_{23} 的变化趋势箱图

图 5.3　各相关参数的变化趋势箱图

通过 Monte Carlo 仿真分析，把协方差矩阵参数化，设置恰当的先验分布，M-H 抽样算法可以较好解决混合变量的 Copula 模型的参数估计，参数的估计值与真实值之间的差异较小。

5.5　本章小结

本章主要研究了贝叶斯方法对边际分布为连续、离散和混合变量多元 Copula 模型参数估计和统计推断理论。首先研究了连续变量的多元正态 Copula 模型构建理论，利用 M-H 抽样获得边际参数的条件后验分布，通过相关矩阵参数化，引入二元指示变量，设计 M-H 抽样算法对潜变量和参数化矩阵元素的估计；然后讨论离散和混合变量的多元 Copula 模型构建，设计 MCMC 抽样算法对相关参数进行估计；其次构建多元正态 Copula 回归模型，讨论协方差矩阵的先验选择，给出离散和混合情形下边际分布参数和相关矩阵元素的抽样过程；最后结合 Monte Carlo 仿真对混合变量的正态 Copula 模型的贝叶斯抽样过程进行实现，给出相关参数的后验估计和检验。

第6章 亚太股票市场与国际油价相依结构研究

原油是自然和不可再生能源，在国家经济发展和金融市场扮演着重要角色。股票市场和原油价格的相依结构在金融各个领域得到不同程度的关注，如资产投资组合选择、风险管理和国际资产的分配等问题都需要考虑它们整体和尾部的相依结构。21世纪初到现在，特别是2008年国际金融危机以来，国际油价经历巨大的波动，油价和股市的相依结构，大量的学者进行了广泛的研究[207-211]。近年来，亚太国家的原油消费增长迅速，根据2012年英国能源评论的报告，亚太地区2012年原油消费比2011年增长了5.3%，比国际其他地区的需求增长要高很多，同时占到世界总的原油消费量的31.5%。根据国际能源组织和国际货币基金相关机构的报告，油价的波动对发展中国家的影响比发展国家经济要大得多，所以发展中国家特别是亚太国家的股市与国际油价之间的相依结构如何，是一个值得探讨的问题。以往的研究主要集中在线性和静态相关，相依结构通常利用向量自回归或协整误差修正模型来研究[212-215]，而对相依结构的非线性、非对称和动态相依结构研究较少。

本章利用静态、时变Copula和贝叶斯Copula模型分别研究国际油价与亚太股市之间的动态相依结构，同时考虑国际金融危机对国际油价的影响，对油价的结构突变分阶段讨论相依结构，讨论不同时期描述相依结构的模型选择问题，研究极端尾部相依结构对投资组合VaR的影响，最后为本章小结。

6.1 数据描述与结构突变检验

6.1.1 数据的结构稳定性检验

数据选用2000年1月4日到2012年3月30日期间，国际原油（WTI）日收盘价和亚太十个国家和地区，分别为澳大利亚、中国内地、中国香港、印度、印度尼西亚、日本、韩国、马来西亚、新加坡和中国台湾的股市日收盘价，共 3 030 个日收盘样本。定义股票和油价的收益为

$$R_t = 100 \times \ln\left(\frac{P_t}{P_{t-1}}\right) \tag{6.1}$$

此处，P_t 为指标在时刻 t 的指数。

考虑金融危机对油价波动的影响，采用 Chow 检验[216] 对油价收益波动的结构稳定性进行检验。检验结果如表 6.1 所示。

表 6.1　国际油价结构稳定性检验结果

检验变量	指标	结果
SUP_ F	统计量	13. 623 4
	p 值	0. 006 9
EXP_ F	结构突变点	09/23/2008
	统计量	4. 169 2
	p 值	0. 003 8
AVE_ F	统计量	6. 463 7
	p 值	0. 000 7

从表 6.1 可以看出，三个 Chow 检验 F 统计量都拒绝原假设，认为在金融危机期间，油价的波动存在结构突变，突变的日期为 2008 年 9 月 23 日。同时对亚太十个国家和地区股市的波动结构进行考虑，首先假设存在最多 3 个理论突变点，然后选用 Bai 和 Perron[217] 线性回归方法，对股票收益的波动情况进行检验，表 6.2 给出了亚太十个国家和地区股市的结构变化检验结果。

表 6.2　亚太十个国家和地区股市和原油收益结构突变检验结果

收益变量	理论结构突变点	BIC	实际结构突变点	突变日期	95% 置信区间
原油	0	−987.62			
	1	−1 021.37	1	09/23/2008	[07/10/2008；11/12/2008]
	2	−968.31			
	3	−976.26			

收益变量	理论结构突变点	BIC	实际结构突变点	突变日期	95％置信区间
澳大利亚	0	−923.67			
	1	−936.84	1	10/10/2008	[07/25/2008；
	2	−917.34			11/20/2008]
	3	−927.46			
中国内地	0	−862.37			
	1	−902.81	1	09/19/2008	[06/27/2008；
	2	−872.13			11/05/2008]
	3	−872.39			
中国香港	0	−951.32			
	1	−963.27	1	09/19/2008	[07/03/2008；
	2	−943.21			11/06/2008]
	3	−93 567			
印度	0	−1 034.61			
	1	−1 065.85	1	10/10/2008	[07/23/2008；
	2	−1 046.31			11/18/2008]
	3	−1 036.29			
印尼	0	−998.73			
	1	−1 023.52	1	10/6/2008	[07/17/2008；
	2	−1 013.46			11/26/2008]
	3	−1 007.64			
日本	0	−827.81			
	1	−841.03			
	2	−838.52			
	3	−834.75			
韩国	0	−846.21			
	1	−865.93	1	09/08/2008	[06/20/2008；
	2	−851.27			11/20/2008]
	3	−853.67			

收益变量	理论结构突变点	BIC	实际结构突变点	突变日期	95%置信区间
	0	−861.36			
马来西亚	1	−876.84	1	10/10/2008	[07/23/2008:
	2	−856.21			12/10/2008]
	3	−867.93			
	0	−921.35			
新加坡	1	−934.51	1	09/19/2008	[07/07/2008:
	2	−930.65			11/16/2008]
	3	−928.76			
	0	−863.07			
中国台湾	1	−876.21	1	09/19/2008	[06/27/2008:
	2	−865.64			12/02/2008]
	3	−870.37			

从表6.2可以知道，油价的结构突变日期为2008年9月23日，与Chow统计检验的结果一致。同时从亚太十个国家和地区股市的结构突变检验的BIC统计量，可以知道结构突变点只有一个，95%的置信区间也包括油价的结构突变日期，从而考虑金融危机对油价和亚太十个国家和地区股票市场的影响，我们选用2008年9月23日这一天作为结构变点，研究范围分成金融危机前、危机后和整个样本分别来讨论国际油价与亚太十个国家和地区股票市场的相依结构。

6.1.2 数据描述性统计结果分析

表6.3给出油价与亚太股票收益的描述性统计结果。从表6.3可知，金融危机前后所有收益的均值没有明显差别，但印度的股市收益比金融危机前有明显的上升；同时金融危机后收益的负偏度没有危机前明显；J-B统计量明显拒绝所有指标收益正态性假设；另外LM检验表明变量存在ARCH效应。

表 6.3　国际油价与亚太股市收益的描述性统计结果

变量	均值	方差	偏度	峰度	J-B 统计量	LM（10）统计量
表 A：01/04/2000 到 09/23/2008						
油价	0.062 7	2.358 0	−0.443 5	6.462 2	1 163***	103.848 8***
澳大利亚	0.017 7	0.867 0	−0.563 0	9.728 2	4 301***	348.654 0***
中国内地	0.215 1	1.609 7	0.009 8	8.313 3	2 675***	120.999 4***
中国香港	0.001 7	1.478 4	−0.190 9	7.875 8	2 164***	282.335 7***
印度	0.040 1	1.636 8	−0.521 7	6.405 8	1 149***	312.221 4***
印尼	0.045 6	1.445 1	−0.691 7	7.547 1	1 985***	128.397 0***
日本	−0.024 3	1.429 9	−0.197 7	4.550 2	229.2***	142.316 2***
韩国	0.014 6	1.809 4	−0.500 5	6.868 9	1 429***	187.117 5***
马来西亚	0.009 3	0.967 3	−0.966 3	12.701 9	8 779***	90.471 0***
新加坡	−0.004 1	1.203 6	−0.569 5	8.326 3	2 707***	100.046 4***
中国台湾	−0.019 8	1.620 3	−0.202 7	5.308 5	492.4***	209.465 9***
表 B：09/24/2008 到 03/30/2010						
油价	0.005 1	2.894 9	0.112 8	7.098 0	618.3***	214.577 7***
澳大利亚	−0.008 7	1.343 5	−0.573 1	12.893 7	606.8***	240.282 9***
中国内地	0.005 6	1.637 4	−0.359 0	9.967 8	154.8***	134.577 1***
中国香港	0.017 1	2.006 1	0.653 5	10.684 0	2 168***	253.904 7***
印度	0.383 8	1.827 5	0.448 9	13.050 0	3 635***	84.365 6***
印尼	0.109 6	1.633 9	−0.469 5	9.405 9	1 488***	130.577 3***
日本	−0.011 8	1.945 6	−0.569 4	11.874 0	2 842***	328.117 4***
韩国	0.040 2	1.727 3	−0.592 7	10.312 3	1 989***	271.780 9***
马来西亚	0.054 8	1.567 9	0.184 8	91.460 9	280 000***	367.536 0***
新加坡	0.027 2	1.480 1	−0.200 1	9.044 9	950.8***	252.263 0***
中国台湾	0.038 2	1.457 4	−0.300 4	5.587 1	253.7***	100.033 4***

注：J-B 统计量检验收益的正态性，LM（10）检验 10 阶滞后的异方差，＊＊＊表示在 0.01 显著水平拒绝原假设。

表 6.4 给出了金融危机前、危机后和全样本时期，油价和亚太股市收益的线性和秩相关系数。从全样本时期看，Pearson 线性相关，非参数秩相关，如 Kendall 和 Spearman 相关系数，油价和股市的相依结构是很弱的，Pearson 线性相关、Kendall 和 Spearman 相关的最大值分别为 0.129、0.085 和 0.113；金融危机前这三个相关系数和全样本时期相比，差别不大，同时除中国香港外，其他国家和地区与油价的相关系数为正，弱相关归因于 2000—2008 年亚太地区经济的快速增长，抵消油价对油价的负面影响，但中国香港低的资本市场更易受到油价波动的影响。但金融危机之后，三种相关明显增强，印度有最强的相关关系，然后是中国台湾、韩国和新加坡。

表 6.4 油价与亚太股市收益的相关系数估计结果

国家及地区	全样本			金融危机前			金融危机后		
	Pearson	Kendall	Spearman	Pearson	Kendall	Spearman	Pearson	Kendall	Spearman
澳大利亚	0.121	0.067	0.099	0.062	0.036	0.053	0.200	0.139	0.202
中国内地	0.083	0.051	0.075	0.050	0.027	0.039	0.152	0.109	0.159
中国香港	0.075	0.040	0.060	−0.042	−0.016	−0.024	0.246	0.165	0.239
印度	0.129	0.070	0.113	0.016	0.009	0.014	0.336	0.223	0.318
印度	0.107	0.085	0.092	0.091	0.070	0.104	0.163	0.122	0.178
日本	0.089	0.035	0.053	0.012	0.006	0.009	0.207	0.109	0.158
韩国	0.100	0.061	0.090	0.036	0.030	0.045	0.238	0.143	0.205
马来西亚	0.039	0.042	0.062	0.027	0.018	0.027	0.155	0.102	0.149
新加坡	0.114	0.071	0.105	0.030	0.029	0.042	0.249	0.176	0.251
中国台湾	0.092	0.045	0.068	0.016	0.006	0.009	0.262	0.165	0.239

6.1.3 收益边际分布模型刻画

研究原油与亚太股市收益的动态相依结构，根据 Copula 理论，先应对边际收益的结构进行刻画，根据金融数据是厚尾、偏峰和非正态的特征[217-218]。对油价与亚太十个国家和地区股市收益用 AR（p）-GARCH（1，1）-t 模型[113,126,219]描述，模型定义为

$$R_t = \mu + \sum_{j=1}^{p} \varphi_j R_{t-j} + \varepsilon_t$$

$$\sqrt{\frac{df}{\sigma_t^2(df-2)}} \cdot \varepsilon_t \mid I_{t-1} \sim t(df) \qquad (6.2)$$

$$\sigma_t^2 = \omega + \beta\sigma_{t-1}^2 + \alpha\varepsilon_{t-1}^2$$

此处，o_t 为服从偏态 t 分布的白噪声，σ_t^2 为 ε_t 的条件方差，p 为非负整数，df 为偏态 t 分布的自由度，φ_j 为自回归的系数，并由最优的 AIC（Akaike Information Criterion）决定，I_{t-1} 表示前一期的信息集。

对每个收益序列用 AR(p) -GARCH（1，1）-t 模型估计，设滞后阶数从 0 到 10，滞后阶数确定由最优 AIC 准则给定，表 6.5 给出了收益序列的估计结果，从估计结果可知，大部分系数和 t 统计量在 0.05 的显著性水平是显著的。

表 6.5　收益序列边际分布估计结果

参数	油价	澳大利亚	中国内地	中国香港	印度	印尼	日本	韩国	马来西亚	新加坡	中国台湾
				Panel A：01/04/2000 到 09/23/2008							
μ	0.120 (2.614)*	0.068 (1.916)*	0.042 (1.64)	0.016 (1.728)	0.139 (5.272)*	0.117 (4.563)*	0.036 (2.431)*	0.117 (4.007)*	0.025 (1.819)	0.041 4 (2.193)*	0.058 (2.257)*
ω	0.134 (2.059)*	0.002 (2.885)*	0.036 (2.88)*	0.007 (1.867)	0.083 (3.919)*	0.245 (3.323)*	0.015 (2.194)*	0.022 (2.364)*	0.020 (2.826)*	0.013 9 (2.755)*	0.010 (1.967)*
α	0.037 (3.484)*	0.095 (6.564)*	0.095 (5.76)*	0.052 (5.799)*	0.155 (7.099)*	0.153 (4.830)*	0.069 (5.992)*	0.069 (5.321)*	0.144 (5.664)*	0.082 8 (5.950)*	0.059 (5.788)*
β	0.937 (45.68)*	0.896 (59.98)*	0.900 1 (57.59)*	0.946 (104.7)*	0.818 (34.43)*	0.729 (12.41)*	0.925 (77.41)*	0.926 (70.43)*	0.844 (31.95)*	0.911 2 (65.69)*	0.938 8 (91.05)*
df	8.480 (6.320)*	7.814 (6.984)*	4.575 95 (9.337)*	7.149 (6.330)*	8.402 (6.242)*	5.623 (8.136)*	10.000 (5.461)*	6.974 (6.705)*	5.361 (9.028)*	6.518 4 (7.791)*	7.640 (6.241)*
AIC	4.458	2.181	3.536	3.311	3.527	3.373	3.415	3.761	2.399	2.942 3	3.545
BIC	4.474	2.196	3.552	3.327	3.543	3.389	3.431	3.777	2.414	2.957 9	3.560 8
				Panel B：09/24/2008 到 03/30/2010							
μ	0.050 (1.744)	0.047 (2.430)*	0.033 (1.688)	0.044 (1.709)	0.054 (1.868)	0.158 (4.144)*	0.078 (2.165)*	0.131 (3.456)*	0.078 (2.173)*	0.064 (2.033)*	0.094 (2.542)*
ω	0.058 (1.712)	0.018 (1.775)	0.031 (2.484)*	0.027 (1.959)*	0.033 (2.141)*	0.053 (2.386)*	0.102 (2.590)*	0.029 (2.104)*	0.248 (2.984)*	0.015 (2.067)*	0.017 (1.945)*
α	0.062 (3.661)*	0.018 (1.775)	0.046 (3.215)*	0.078 (4.505)*	0.081 (3.810)*	0.103 (4.149)*	0.149 (4.231)*	0.098 (4.329)*	0.537 (3.410)*	0.083 (4.419)*	0.062 (3.582)*
β	0.927 (49.42)*	0.912 (40.20)*	0.940 (50.57)*	0.912 (53.15)*	0.904 (41.47)*	0.874 (33.24)*	0.815 (21.09)*	0.888 (39.64)*	0.389 (4.331)*	0.907 (48.47)*	0.930 3 (52.13)*
df	10.00 (3.945)*	8.925 4 (4.093)*	6.687 5 (4.349)*	9.582 3 (3.895)*	8.913 3 (3.904)*	5.405 9 (5.895)*	9.562 2 (3.775)*	7.991 9 (3.758)*	2.942 7 (8.796)*	9.873 1 (3.420)*	5.754 8 (4.843)*
AIC	4.548	3.123 5	3.679 1	3.753 0	3.606 2	3.426 1	3.660 9	3.445 5	2.256 3	3.131 6	3.331 0
BIC	4.581	3.155 9	3.712 7	3.785 5	3.639 4	3.459 5	3.694 3	3.478 3	2.289 4	3.163 9	3.364 0

注：收益序列边际分布估计结果表给出了参数估计值。其中，括号中数字表示 t 统计量，* 表示在 0.05 显著性水平下显著。

表 6.6 给出了收益的边际分布模型的拟合优度检验结果。Ljung-Box 检验

GARCH 模型标准化残差的自相关性，不能拒绝原假设，在滞后 1，5 和 10 阶没有自相关；Engle ARCH 检验表明残差的平方项在滞后 1，5 和 10 阶没有自相关；K-S 检验表明每个边际分布服从（0，1）的均匀分布。

表 6.6　收益序列边际分布模型检验结果

	原油	澳大利亚	中国内地	中国香港	印度	印尼	日本	韩国	马来西亚	新加坡	中国台湾
Panel A：01/04/2000 到 09/23/2008											
Ljung-Box 检验											
QW(1)	0.155 2	0.241 4	0.220 5	0.113 0	0.162 9	0.086 6	0.620 1	0.518 4	0.180 8	0.133 0	0.449 4
QW(5)	0.177 7	0.189 7	0.160 5	0.202 1	0.165 9	0.109 0	0.890 2	0.292 3	0.129 0	0.334 5	0.269 1
QW(10)	0.416 8	0.137 1	0.124 3	0.273 3	0.241 2	0.060 5	0.733 9	0.377 6	0.178 5	0.390 8	0.536 6
Engle's 检验											
LM(1)	0.281 3	0.116 2	0.891 7	0.206 8	0.382 2	0.522 6	0.203 9	0.803 4	0.890 8	0.291 4	0.113 8
LM(5)	0.482 0	0.172 9	0.952 7	0.330 7	0.301 2	0.330 0	0.166 9	0.803 6	0.935 0	0.392 9	0.114 6
LM(10)	0.522 3	0.420 1	0.932 1	0.550 5	0.408 0	0.154 0	0.354 8	0.891 0	0.919 5	0.563 1	0.129 7
K-S 检验	0.453 2	0.324 6	03 482	03 034	0.375 2	0.284 6	0.303 2	0.274 6	0.484 6	0.307 4	0.321 7
Panel B：1 09/24/2008 到 03/30/2010											
Ljung-Box 检验											
QW(1)	0.689 7	0.920 2	0.931 3	0.717 2	0.994 2	0.194 9	0.858 7	0.954 9	0.914 7	0.866 4	0.911 1
QW(5)	0.835 3	0.895 5	0.680 9	0.470 2	0.999 0	0.275 9	0.835 4	0.955 0	0.937 8	0.679 8	0.821 9
QW(10)	0.714 7	0.912 5	0.514 6	0.503 3	0.997 1	0.478 0	0.924 3	0.955 4	0.954 2	0.103 0	0.490 8
Engles 检验											
LM(1)	0.379 5	0.142 0	0.225 8	0.069 3	0.827 5	0.982 0	0.147 5	0.866 5	0.842 7	0.071 9	0.910 8
LM(5)	0.599 5	0.127 3	0.123 3	0.243 0	0.968 3	0.994 3	0.193 1	0.952 3	0.954 6	0.142 8	0.921 7
LM(10)	0.447 9	0.283 1	0.151 4	0.424 4	0.995 7	0.995 7	0.222 8	0.985 8	0.968 7	0.273 2	0.914 2
K-S 检验	0.302 1	0.323 4	0.445 7	0.403 4	0.386 5	0.442 4	0.563 1	0.356 2	0.438 6	0.424 5	0.525 4

6.2　Copula 估计相依结果分析

6.2.1　Copula 模型估计

利用静态 Normal、Clayton、Gumbel 和 SJC Copula 模型以及时变动态正态和

SJC Copula 模型对油价和亚太十个国家和地区股市收益的相依结构进行描述，研究时期分为危机前、危机后两种情形，危机前的相依结构如表 6.7 所示。从正态 Copula 描述的结果来看，除了中国香港以外，油价与其他国家股市的相关关系为正，估计的结果和表 6.4 的结果相似，同时除了印度以外，油价与其他国家股市的相关程度低于 0.1，从非对称性 Copula 模型参数估计的结果可知，变量的下尾相依也相当弱，最大值为 0.098，上尾相依的结果和下尾相依没有明显差别。同时根据 SJC Copula 的估计结果，无论是上尾还是下尾的相关性表现为非常弱，另外根据时变动态相依的结果，可知和静态描述的结果也没有明显差异。

表 6.7　金融危机前油价与亚太股市相依结构

参数	澳大利亚	中国内地	中国香港	印度	印尼	日本	韩国	马来西亚	新加坡	中国台湾
Normal copula										
ρ	0.053 7	0.041 7	−0.031 5	0.014 6	0.101 6	0.008 0	0.036 0	0.026 0	0.042 0	0.006 0
AIC	−6.250 0	−3.563 0	−2.001 4	−0.449 6	−21.364	−0.123 0	−2.763 0	−1.402 0	−3.665 0	−0.084 0
Clayton copula										
θ	0.055 2	0.033 5	0.000 1	0.028 3	0.098 5	0.017 0	0.061 3	0.002 0	0.049 0	0.032 0
AIC	−8.273 2	−1.976 2	0.007 6	−1.617 0	−15.064	−0.607 0	−3.547 0	−0.014	−4.209 0	−2.245 0
Gumbel copula										
δ	1.100 0	1.102 7	1.100 5	1.006 4	1.095 4	1.082 1	1.056 0	1.002 0	1.062 0	1.065 0
AIC	12.810 0	8.408 0	70.549 1	40.342 1	−10.946	47.672 0	29.680 0	20.462 0	22.678 0	44.962 0
Symmetrized Joe-Clayton copula										
τ^U	0.000 6	0.004 3	0.000 1	0.000 3	0.005 4	0.000 1	0.000 1	0.000 2	0.000 1	0.000 1
τ^L	0.000 2	0.002 7	0.000 1	0.000 1	0.003 0	0.000 1	0.001 8	0.000 1	0.000 2	0.000 2
AIC	−8.810 0	−8.456 0	7.926 4	−0.124 6	−19.962 0	1.108 0	−4.336	−5.302 0	−4.367 0	−0.716 0
时变 Normal copula										
ω	−1.824 3	−1.999 2	0.001 5	1.155 0	0.215 9	1.067 4	1.070 4	1.306 0	1.752 0	−1.720 0
α	0.197 8	0.162 3	−0.064 5	0.013 1	−0.044 4	0.007 8	0.035 4	0.021 0	0.011 0	−0.001 5
β	0.145 9	0.636 5	−0.014 7	0.067 8	0.015 0	0.027 9	0.044 5	−0.115 0	0.028 0	−0.449 2
AIC	−9.345 0	−19.568 2	−2.108 9	−2.440 1	−21.682 0	−1.261 8	−6.554 0	−7.742 0	−5.806 0	−7.462 0
时变 SJC copula										
ω_U	−25.000 2	−8.700 9	−13.843 1	−13.864 1	−0.348 2	−12.864 0	−20.750 0	−12.499 0	−13.863 0	−13.364 0
α_U	−8.764 0	−1.833 0	−0.000 5	−0.000 3	−14.655	−0.000 3	−0.000 1	−1.705 0	−0.000 1	−0.000 2
β_U	−0.027 3	−0.011 7	0.000 1	0.000 1	0.087 6	0.000 1	0.000 1	−0.013 0	0.000 1	0.000 1
ω_L	−12.801 0	−24.321	13.846 2	−13.854 3	−5.818 0	−12.812	−11.457 0	−20.826 0	−11.578 0	−13.621 0
α_L	−0.968 0	0.000 5	−0.000 4	−0.000 2	−2.803 8	−0.000 2	−2.603 0	−0.000 1	−0.001 4	−0.000 1

表6.7(续)

参数	澳大利亚	中国内地	中国香港	印度	印尼	日本	韩国	马来西亚	新加坡	中国台湾
β_L	-0.002 0	0.000 3	0.000 1	0.000 1	-0.004 1	-0.000 1	-0.011 1	-0.000 2	0.000 1	0.000 1
AIC	-8.253 0	-5.429 3	21.496 1	6.044 2	-21.038	8.615 8	-2.184 0	1.023 0	-2.076 0	5.612 0

　　金融危机后油价与亚太股市相依结构的估计结果，如表 6.8 所示，和金融危机前的相依结构的估计结果相比，相依程度都有明显的提高，此结论和 Wen 等[220]研究的结果一致。他们的研究也表明金融危机后油价与股票市场的相关比危机前增强。从正态 Copula 的估计结果来看，所有相关关系为正，油价与印度的相关程度最高，相关系数为 0.339，最低的为马来西亚，相关系数为 0.158，油价与股市的下尾相关比上尾相关性要高，即油价下跌时与股市的相关性比油价上涨时的相关性要强，这于 Hamilton 和 Herrera[221]、Chang 等[222]和 Naifar 和 Al Dohaiman[223]的研究结果类似。相依结构增强的可能原因有以下两点：一为经济的萧条引发对能源需求减少，从而严重地影响股票市场。经过差不多一年的时间，在 2009 年油价整体是上涨趋势。国际能源组织 2010 年报告说明这是经济明显复苏的信号，经济复苏增强投资者对亚太股票市场的信心，同时经济的增长刺激能源特别是石油需求的增加，从而油价和亚太股市的相依结构比金融危机前增强；另一个可能的原因是金融市场的健全和相关市场的快速发展，石油的价格不再仅仅是由供给和需求决定，同时也受风险偏好投资者的行为影响。金融市场早期可能受负面新闻的影响，金融市场的调节作用会使市场收敛，从而油价与股票市场的相依结构得到明显增强。从非对称 Clayton 和 SJC Copula 估计结果看，下尾相关比金融危机前也有明显的增加，可能的原因为经历金融危机后，经济的快速复苏引起能源需求的迅猛增长，同时股票市场成为经济发展晴雨表，股票市场会正面影响油价的变化。油价和股票市场相依结构的增强，造成风险回避的效率降低，当下尾相关时，资产管理者会更加关注油价下降时风险。

表6.8　金融危机后油价与亚太股市相依结构

	澳大利亚	中国内地	中国香港	印度	印尼	日本	韩国	马来西亚	新加坡	中国台湾
Normal copula										
ρ	0.191 3	0.165 0	0.246 0	0.339 0	0.184 6	0.179 0	0.219 0	0.157 9	0.243 5	0.259 5
AIC	-32.084 0	-22.702 0	-53.642 0	-103.620	-29.324 0	-27.485 0	-53.405 0	-21.346 0	-52.906 0	-59.202 0
Clayton copula										
θ	0.306 1	0.223 9	0.391 3	0.558 9	0.231 2	0.255 1	0.333 8	0.254 8	0.415 6	0.340 1
AIC	-34.926 0	-28.462 0	-75.806 0	-132.650	-30.284 0	-37.673 0	-57.623 0	-36.856 0	-73.866 0	-57.623 0
Gumbel copula										
δ	1.141 0	1.109 0	1.179 0	1.266 2	1.137 8	1.131 1	1.165 9	1.119 3	1.199 5	1.195 1

	澳大利亚	中国内地	中国香港	印度	印尼	日本	韩国	马来西亚	新加坡	中国台湾
AIC	−30.678 0	−23.402 0	−52.730 0	−94.300 0	−35.283 0	−36.026 0	−49.021 0	−28.414 0	−61.056 0	−74.342 0
Symmetrized Joe-Clayton copula										
π^U	0.012 0	0.009 0	0.032 0	0.062 1	0.058 0	0.037 0	0.044 6	0.000 1	0.049 3	0.108 1
π^L	0.161 0	0.088 0	0.217 0	0.304 6	0.068 0	0.108 0	0.164 7	0.144 2	0.221 5	0.142 1
AIC	−34.284 0	−30.286 0	−78.462 0	−144.250	−37.626 0	−47.346 0	−67.416 0	−21.168 0	−82.722 0	−78.712 0
Time−varying Normal copula										
ω	0.629 1	0.345 0	2.105 0	−1.319 6	−1.190 3	−1.569 0	0.000 8	2.024 5	2.116 0	−0.000 1
α	−0.256 5	0.135 0	0.006 0	1.317 5	0.764 3	0.725 1	0.584 2	0.007 7	0.031 2	0.551 8
β	−0.730 6	−0.291 0	−0.023 0	−0.280 4	−0.469 3	−1.569 0	−0.252 1	−0.020	−0.072 7	−0.026 0
AIC	−36.643 0	−24.622 0	−79.128 0	−109.140	−41.887 0	−28.262 0	−47.865 0	−29.026 0	−111.563	−59.272 0
Time−varying SJC copula										
ω_U	−11.604	−4.516 7	−1.851 1	−1.411 7	−1.941 7	−0.341 5	−12.045	−11.561	1.768 8	−1.210 0
α_U	−2.322 0	−0.843 0	−5.169 3	−4.244 3	−3.232 2	−9.599 7	25.000 0	0.016 2	−14.594 0	−2.618 0
β_U	−0.071 6	−0.006 6	5.578 1	0.249 78	2.361 5	3.530 9	−8.093	0.000 1	−2.111	−0.173 7
ω_L	−1.579 4	1.404 9	2.099 5	−0.336 3	−2.761 0	−1.843 9	1.938 3	4.307 6	0.069 6	−0.279 5
α_L	−2.117 6	−12.415 0	−10.114 0	−1.889 4	−1.002 0	−2.549 4	−12.137	−20.579 0	−4.055 0	−7.423 1
β_L	3.961 9	−0.864 0	−2.982 0	0.034 81	7.674 9	4.672 6	−0.363 8	−7.473 0	−0.810 5	2.590 9
AIC	−44.926 0	−45.867 0	−91.602 0	−146.460	−30.294 0	−51.814 0	−81.827 0	−46.962 0	−93.827 0	−88.782 0

表6.9 给出了全样本情形下，静态和时变 Copula 模型估计油价与亚太股市的相依结构的结果。从结果来看，油价与亚太股市总的相依关系偏弱，正态 Copula 模型估计的最大值为0.112 3，同时尾部相关关系也很弱，同时根据 AIC 准则，在全样本情形下，油价与亚太十国股票市场相依结构用 SJC copula 模型来刻画最适合。

表6.9 01/04/2 010 到 03/30/2 012 期间油价与亚太股市相依结构

	澳大利亚	中国内地	中国香港	印度	印尼	日本	韩国	马来西亚	新加坡	中国台湾
Normal copula										
ρ	0.112 3	0.079 6	0.070 6	0.119 3	0.109 8	0.067 5	0.094 9	0.068 1	0.110 3	0.082 3
AIC	−19.222	−9.066 3	−7.447 3	−20.053 0	−24.813	−6.769 9	−13.484	−6.893 6	−18.512	−9.998 4
Clayton copula										
θ	0.146 7	0.091 7	0.107 7	0.158 5	0.141 6	0.095 4	0.137 0	0.073 5	0.155 3	0.107 4
AIC	−26.452	−9.894 6	−15.357	−30.634	−22.056	−12.606	−23.264	−7.067 6	−29.039	−14.576
Gumbel copula										
δ	1.117 0	1.109 0	1.116 0	1.162 3	1.123 7	1.100 2	1.121 9	1.103 2	1.130 7	1.140 7
AIC	−20.398 0	−8.435 2	2.558 2	−15.778 0	−24.984 0	−2.167 7	−9.219 8	−5.912 3	−19.755 0	−6.889 2

	澳大利亚	中国内地	中国香港	印度	印尼	日本	韩国	马来西亚	新加坡	中国台湾
Symmetrized Joe-Clayton copula										
π^U	0.002 7	0.005 7	0.000 1	0.000 2	0.017 0	0.000 0	0.000 1	0.009 6	0.000 2	0.000 4
π^L	0.039 0	0.002 2	0.002 8	0.059 7	0.018 0	0.016 2	0.046 6	0.000 1	0.055 9	0.017 6
AIC	−32.267 0	−13.678 0	−18.574 0	−35.456 0	−28.127 0	−16.034	−25.909	−10.413 0	−33.614	−17.841 0
Time-varying Normal copula										
ω	0.248 1	0.291 9	0.123 5	0.097 2	0.555 6	−0.004 5	0.056 9	0.214 7	0.307 2	−0.000 1
α	0.077 7	0.458 9	0.078 8	0.107 7	−0.213 2	0.006 4	0.037 2	0.068 9	0.104 0	0.002 4
β	−0.399 6	−2.008 2	0.010 5	0.908 9	−1.823 8	1.125 4	1.337	−1.342 5	−0.996 9	2.018 7
AIC	−20.053 0	−18.243 0	−8.634 1	−27.283 0	−26.791	−10.175 0	−14.709 0	−11.139 8	−34.533 0	−19.361 0
Time-varying SJC copula										
ω_U	−5.968 6	1.692 5	−15.258	−11.132	−1.717 6	−11.724	−20.166	−2.044 1	−9.773 1	−9.410 2
α_U	−1.000 6	−25.031	−0.003 3	−0.149 6	−7.315 2	−0.838 2	−0.000 1	−9.489 9	−0.158 5	−1.302 7
β_U	−0.000 6	−1.410 5	0.000 1	0.000 3	0.101 2	−0.001 2	0.000 7	0.033 5	−0.000 3	−0.001 9
ω_L	−0.589 3	2.508 3	0.357 9	−0.275 8	−3.278 4	0.739 2	−0.283 2	−13.511 0	−0.600 2	0.223 5
α_L	−8.300 5	−23.057 0	−13.044	−8.802 9	−2.549 1	−16.641 0	−8.928 9	−2.985 9	−7.426 2	−12.735 0
β_L	0.399 3	−3.005 9	3.119 4	2.674 7	0.022 3	−3.249 3	1.831 3	−0.005 0	2.186 2	3.105 0
AIC	−33.824 0	−21.809 0	−25.408 0	−42.715 0	−28.593 0	−16.743 0	−30.308 0	−14.484 0	−37.752 0	−22.976 0

　　利用油价与印度股票市场为例，对金融危机前后的相依结构进行分析，图6.1分别给出了金融危机前后的相依结构，从图中可以知道，金融危机后的相依关系增强显著。图6.2和图6.3分别给出了金融危机前后上下尾部的相依结构，从图6.2可知，危机前相依结构几乎为0，相关关系很弱；危机后，无论是静态还是动态的相依结构，比危机前的相关程度提高不少，同时还可以看出，金融危机后下尾的相关性比上尾的相关性要高。亚太地区大部分国家和地区股票市场与油价下尾相依要强于上尾相依，但研究结果发现两个例外，即日本和新加坡股票市场与油价的下尾相依结构弱于上尾相依，图6.4和图6.5给出了金融危机后这两国与油价的非对称相依结构。

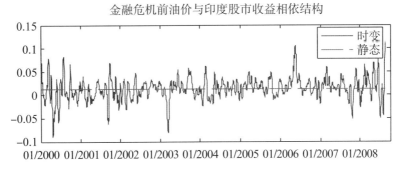

金融危机前油价与印度股市收益相依结构

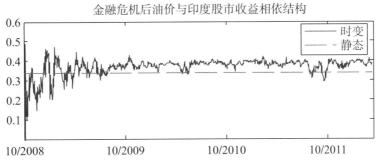

金融危机后油价与印度股市收益相依结构

图 6.1　金融危机前后油价与印度股市收益的相依结构

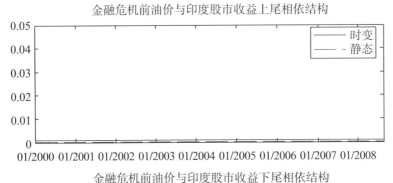

金融危机前油价与印度股市收益上尾相依结构

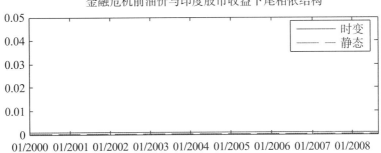

金融危机前油价与印度股市收益下尾相依结构

图 6.2　金融危机后油价与印度股票市场的非对称结构

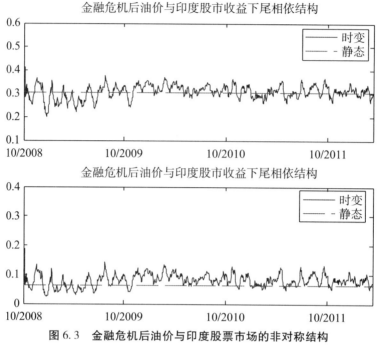

金融危机后油价与印度股市收益下尾相依结构

金融危机后油价与印度股市收益下尾相依结构

图 6.3　金融危机后油价与印度股票市场的非对称结构

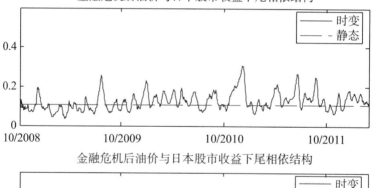

金融危机后油价与日本股市收益下尾相依结构

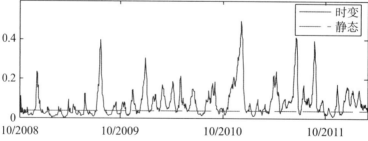

金融危机后油价与日本股市收益下尾相依结构

图 6.4　金融危机后日本股票市场收益与油价的非对称结构

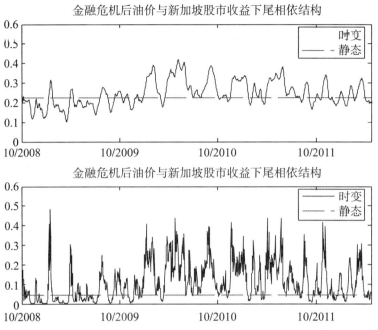

图 6.5　金融危机后新加坡股票市场收益与油价的非对称结构

6.2.2　模型的拟合优度检验

检验四个静态阿基米德 Copula 和二个动态 Copula 模型对油价与亚太股票收益相依结构刻画的合适性，利用 Genest 等[44,51] 提出的拟合优度对所用模型进行检验，比较经验 Copula 模型与估计 Copula 模型的距离，统计量根据 Cramér-von Mises 距离，定义为

$$S_n = \sum_{t=1}^{n} \{ C_\kappa(u_t,\ v_t;\ \hat{\kappa}) - C_n(u_t,\ v_t) \}^2 \tag{6.3}$$

统计量度量拟合的 Copula 函数 $C_\kappa(u_t,\ v_t;\ \hat{\kappa})$ 与经验 Copula 函数 $C_n(u_t,\ v_t)$ 的紧密程度，统计量的分布依赖未知参数 κ 的估计值，检验统计量的 p 值的重抽样算法由 Kojadinovic 和 Yan[224] 以及 Genest 等[44,51] 给出，越高的 p 值表明估计的和经验 Copula 模型有更小的距离，从而可以更准确刻画变量间的相依结构。

表 6.9 给出了拟合优度的检验结果，金融危机前描述相依结构最优的模型是时变正态 Copula 模型，同时金融危机前时变的模型比静态模型更能刻画变量间的相依结构；金融危机后，时变正态 Copula 模型更适合描述印度和新加坡股市与油价的相依结构，时变 SJC Copula 模型更适合刻画油价与亚太股市收益间相依结构，说明存在非对称相依结构关系。全样本时期，时变 SJC Copula 模型更适合描述变

量间的相依结构。

表 6.10　Copula 模型的拟合优度检验结果

股市与油价	Normal	Clayton	Gumbel	SJC	时变 Normal	时变 SJC
金融危机前						
澳大利亚	0.121 6	0.125 4	0.000 9	0.195 1	0.243 2	0.123 4
中国内地	0.136 3	0.092 1	0.000 4	0.170 2	0.264 6	0.153 9
中国香港	0.103 2	0.042 3	4.546 2e-5	0.016 5	0.157 1	0.056 1
印度	0.059 3	0.081 6	5.236 1e-5	0.075 3	0.097 6	0.024 3
印尼	0.163 7	0.141 2	0.093 5	0.174 3	0.336 1	0.179 5
日本	0.053 2	0.040 8	3.654 1e-4	0.033 0	0.118 3	0.052 8
韩国	0.062 3	0.076 1	5.195 4e-5	0.070 2	0.106 9	0.083 7
马来西亚	0.053 6	0.032 9	1.629 1e-4	0.073 5	0.128 3	0.009 4
新加坡	0.103 4	0.113 8	2.830 2e-4	0.136 8	0.143 2	0.096 1
中国台湾	0.032 4	0.135 8	3.192 7e-4	0.062 7	0.153 7	0.003 1
金融危机后						
澳大利亚	0.223 4	0.232 9	0.173 2	0.243 4	0.254 2	0.341 6
中国内地	0.182 4	0.216 4	0.193 1	0.192 8	0.261 6	0.351 3
中国香港	0.263 3	0.315 4	0.275 8	0.312 1	0.321 9	0.382 5
印度	0.276 9	0.301 8	0.202 6	0.293 9	0.283 5	0.363 1
印尼	0.209 1	0.210 6	0.215 2	0.236 1	0.303 1	0.196 4
日本	0.193 5	0.211 6	0.203 4	0.231 7	0.222 6	0.312 3
韩国	0.239 1	0.282 3	0.153 1	0.329 1	0.223 8	0.401 2
马来西亚	0.185 3	0.256 9	0.196 7	0.204 6	0.235 7	0.312 9
新加坡	0.263 1	0.290 8	0.183 4	0.325 4	0.468 1	0.395 2
中国台湾	0.270 4	0.284 1	0.152 9	0.360 8	0.274 6	0.382 1
全样本时期						
澳大利亚	0.133 2	0.140 8	0.093 1	0.215 6	0.156 2	0.256 3
中国内地	0.085 4	0.091 6	0.073 3	0.153 7	0.173 5	0.193 5

表6.10(续)

股市与油价	Normal	Clayton	Gumbel	SIC	时变 Normal	时变 SIC
中国香港	0.082 9	0.102 4	0.003 1	0.163 3	0.129 0	0.209 2
印度	0.163 7	0.174 6	0.120 8	0.246 2	0.210 3	0.276 1
印尼	0.198 1	0.180 3	0.201 7	0.229 4	0.216 3	0.238 4
日本	0.084 2	0.143 8	0.035 1	0.162 5	0.110 8	0.170 3
韩国	0.163 8	0.204 9	0.103 7	0.223 7	0.182 1	0.246 1
马来西亚	0.081 3	0.092 4	0.050 1	0.152 3	0.168 2	0.183 7
新加坡	0.153 4	0.182 7	0.172 9	0.210 4	0.254 3	0.276 4
中国台湾	0.134 5	0.153 9	0.065 5	0.169 1	0.194 2	0.213 7

6.3　贝叶斯时变 Copula 模型估计

6.3.1　贝叶斯时变 Copula 模型构建

利用 Copula GARCH 模型对变量的相依结构进行描述，没有考虑参数的不确定性，用二阶段法分别对边际参数和相依参数进行估计。本节主要讨论用一步贝叶斯对边际和联合分布所有参数进行估计，Copula 参数为时变演化，下面介绍如何对模型参数的 MCMC 抽样过程。

设 p 维的金融时间序列数据，$Y_t = (y_{1t}, y_{2t}, \cdots, y_{pt})$，边际分布为 GARCH（1，1）-t 分布。即 $y_{it} = \mu_i + \sqrt{h_{it}}\varepsilon_{it}$，$h_{it} = \omega_i + \alpha_i(y_{i,t-1} - \mu_i)^2 + \beta_i h_{i,t-1}$，$h_{it}$ 为 y_{it} 给定先期信息 $I_{i,t-1}$ 情形下的条件方差，ω_i，α_i，$\beta_i > 0$，且 $\alpha_i + \beta_i < 1$，同时设 ε_{it} 服从自由度为 v_i 的 t 分布，即 $\varepsilon_{it} \sim t_{v_i}(0, \frac{v_i}{v_i - 2})$，概率密度为 $f(\varepsilon_{it}) =$

$$\frac{\Gamma\left(\dfrac{v_i + 1}{2}\right)}{\Gamma\left(\dfrac{v_i}{2}\right)\sqrt{v_i\pi}}\left(1 + \frac{\varepsilon_{it}^2}{v_i}\right)^{-\frac{v_i+1}{2}},$$ 从而可知每个边际分布的条件分布函数为 $F_i(y_{it} \mid$

$\mu_i, h_{it}) = t_{v_i}((y_{it} - \mu_i)h_{it}^{-1/2})$，$i = 1, 2, \cdots, p$。

假设变量间的相依结构为时变的且自由度为 η 的 t-Copula 函数，演化的联合概率密度函数为

$$c^t_{\eta, R_t}(u_{1t}, u_{2t}, \cdots, u_{pt}) = \frac{f^t_{\eta, R_t}(t^{-1}_\eta(u_{1t}), t^{-1}_\eta(u_{2t}), \cdots, t^{-1}_\eta(u_{pt}))}{\prod\limits_{i=1}^{p} f^t_\eta(t^{-1}_{v_i}(u_{it}))} \tag{6.4}$$

此处，$u_{it} = F_i(y_{it} \mid \mu_i, h_{it})$，$f^t_{\eta, R_t}$ 为联合 t 分布概率密度函数，η 为自由度，R_t 为相关矩阵，$f^t_{v_i}$ 为单变量 t 分布，v_i 为自由度。时变参数相关矩阵 R_t 的表达式为

$$R_t = (1 - a - b)R + a\Psi_{t-1} + bR_{t-1} \tag{6.5}$$

此处，$0 \leqslant a, b \leqslant 1$，$a + b \leqslant 1$，$R$ 为静态 $p \times p$ 维对角元素为 1 的正定参数矩阵，且参数 r_{ij} 满足 $-1 \leqslant r_{ij} \leqslant 1$，$\Psi_{t-1}$ 为 $p \times p$ 维矩阵，元素 $\psi_{ij, t-1}$ 为

$$\psi_{ij, t-1} = \frac{\sum\limits_{h=1}^{m} x_{it-h} x_{jt-h}}{\sqrt{\sum\limits_{h=1}^{m} x^2_{it-h} \sum\limits_{h=1}^{m} x^2_{jt-h}}} \tag{6.6}$$

此处，$\psi_{ij, t-1}$ 表示 $t-1$ 期到 t-m 样本 $\{X_{t-1}, X_{t-2}, \cdots, X_{t-m}\}$ 期的相关系数，$X_t = (x_{1t}, x_{2t}, \cdots, x_{pt}) = (t^{-1}_\eta(t_{v_1}(\varepsilon_{1t})), t^{-1}_\eta(t_{v_2}(\varepsilon_{2t})), \cdots, t^{-1}_\eta(t_{v_p}(\varepsilon_{pt})))$。这种设置的好处是不需要像 Patton[23] 和 Dias 和 Embrechts[131] 对演化方程进行 logistic 转换，就能保证相依参数落在区间 $[-1, 1]$。

利用第 2 章的 Copula 相关理论，可得联合密度函数为

$$f(Y_t \mid \mu, h_t) = c^t_{\eta, R_t}\left(t_{v_1}\left(\frac{y_{1t} - \mu_1}{h^{1/2}_{1t}}\right), t_{v_2}\left(\frac{y_{2t} - \mu_2}{h^{1/2}_{2t}}\right), \cdots, t_{v_p}\left(\frac{y_{pt} - \mu_p}{h^{1/2}_{pt}}\right)\right)$$

$$\prod_{i=1}^{p} f^t_{v_i}\left(\frac{y_{it} - \mu_i}{h^{1/2}_{it}}\right)\frac{1}{h^{1/2}_{it}} = \frac{f^t_{\eta, R_t}(x_{1t}, x_{2t}, \cdots, x_{pt})}{\prod\limits_{i=1}^{p} f^t_\eta(x_{it})}\prod_{i=1}^{p} f^t_{v_i}\left(\frac{y_{it} - \mu_i}{h^{1/2}_{it}}\right)\frac{1}{h^{1/2}_{it}} \tag{6.7}$$

设参数集 $\theta = \{(\mu_i, \omega_i, \alpha_i, \beta_i, v_i), a, b, R, \eta\}$，则联合似然函数为

$$L(\theta \mid Y_t) = \prod_{t=1}^{T} f(y_t \mid \mu, h_t)$$

$$= \prod_{t=1}^{T} \frac{\Gamma\left(\frac{\eta + p}{2}\right)\Gamma\left(\frac{\eta}{2}\right)^{p-1}}{\Gamma\left(\frac{\eta + 1}{2}\right)} \cdot \frac{\left(1 + \frac{x'_t R^{-1}_t x_t}{\eta}\right)^{-\frac{\eta+p}{2}}}{\sqrt{|R_t|}}\prod_{i=1}^{p}\left(1 + \frac{x^2_{it}}{\eta}\right)^{\frac{\eta+1}{2}}$$

$$\times \prod_{i=1}^{p} \frac{\Gamma\left(\dfrac{v_i+1}{2}\right)}{\Gamma\left(\dfrac{v_i}{2}\right)\sqrt{\pi v_i h_{it}}}\left(1+\frac{y_{it}-\mu_i}{v_i h_{it}}\right)^{-\frac{v_i+1}{2}} \quad (6.8)$$

此处，$\mathbf{x}_t = (x_{1t},\ x_{2t},\ \cdots,\ x_{pt})$。

设边际参数 μ_i，ω_i，α_i，β_i 的先验为无信息先验，$f(v_i) \propto \dfrac{1}{1+v_i^2}$，$v_i > 0$，对联合分布参数在限定条件 $0 \le a$，$b \le 1$，$a+b \le 1$，$-1 \le r_{ij} \le 1$ 下的先验为无信息先验，$f(\eta) \propto \dfrac{1}{1+\eta^2}$，$\eta > 0$。根据贝叶斯相关理论，可得参数 $\varphi_i = \{\mu_i$，ω_i，α_i，$\beta_i\}$ 的条件后验密度为

$$f(\varphi_i \,|\, .) \propto \prod_{t=1}^{T} \frac{\left(1+\dfrac{\mathbf{x}'_t R_t^{-1}\mathbf{x}_t}{\eta}\right)^{-\frac{\eta+p}{2}}\left(1+\dfrac{(y_{it}-\mu_i)^2}{v_i h_{it}}\right)^{-\frac{v_i+1}{2}}}{\sqrt{|R_t|}\left(1+\dfrac{x_{it}^2}{\eta}\right)^{-\frac{\eta+1}{2}}\sqrt{h_{it}}} \quad (6.9)$$

边际 t 分布自由度 v_i 的条件后验密度为

$$f(v_i \,|\, .) \propto \frac{\Gamma\left(\dfrac{v_i+1}{2}\right)^T v_i^{-T/2}}{\Gamma\left(\dfrac{v_i}{2}\right)^T (1+v_i)^2}\prod_{t=1}^{T} \frac{\left(1+\dfrac{\mathbf{x}'_t R_t^{-1}\mathbf{x}_t}{\eta}\right)^{-\frac{\eta+p}{2}}}{\sqrt{|R_n|}\left(1+\dfrac{x_{it}^2}{\eta}\right)^{-\frac{\eta+1}{2}}\left(1+\dfrac{(y_{it}-\mu_i)^2}{v_i h_{it}}\right)^{\frac{v_i+1}{2}}}$$

$$(6.10)$$

联合 t 分布自由度 η 的条件后验密度为

$$f(\eta \,|\, .) \propto \frac{\Gamma\left(\dfrac{\eta+p}{2}\right)^T \Gamma\left(\dfrac{\eta}{2}\right)^{T(p-1)}}{\Gamma\left(\dfrac{\eta+1}{2}\right)^{Tp}}\prod_{t=1}^{T} \frac{\left(1+\dfrac{\mathbf{x}'_t R_t^{-1}\mathbf{x}_t}{\eta}\right)^{-\frac{\eta+p}{2}}}{\sqrt{|R_n|}\prod_{i=1}^{p}\left(1+\dfrac{x_{it}^2}{\eta}\right)^{-\frac{\eta+1}{2}}} \quad (6.11)$$

联合分布参数 $d = \{a,\ b,\ r_{ij}\}$ 的条件后验密度为

$$f(d \,|\, .) \propto \prod_{t=1}^{T} \frac{1}{\sqrt{|R_t|}}\left(1+\frac{\mathbf{x}'_t R_t^{-1}\mathbf{x}_t}{\eta}\right)^{-\frac{\eta+p}{2}} \quad (6.12)$$

6.3.2 模型参数估计结果

利用贝叶斯时变 t-Copula 模型对金融危机前后油价与亚太股市收益的相依结

构进行度量，表 6.11 表示金融危机前边际和联合分布参数一步贝叶斯估计的结果，给出参数估计的后验均值和标准差。在计算 $\psi_{ij,\,t-1}$ 时，为了能准确描述短期一周内油价与亚太股市收益的相关性，根据 Jondeau 和 Rochinger[111] 的观点，故选择 m=5，从给出的边际 t 分布的自由度 v_i 可知，用线性相关系数不适合刻画联合相依结构。

表 6.11　金融危机前相依结构贝叶斯时变 Copula 参数估计结果

参数		澳大利亚	中国内地	中国香港	印度	印尼	日本	韩国	马来西亚	新加坡	中国台湾
边际分布	μ_i	0.086 (0.035)	0.057 (0.026)	0.016 (0.016)	0.023 (0.031)	0.106 (0.071)	0.082 (0.010)	0.026 (0.043)	0.073 (0.041)	0.025 (0.027)	0.031 (0.056)
	ϖ_i	0.076 (0.052)	0.012 (0.066)	0.015 (0.084)	0.007 (0.051)	0.053 (0.073)	0.162 (0.057)	0.035 (0.087)	0.025 (0.047)	0.014 (0.037)	0.008 (0.016)
	α_i	0.043 (0.013)	0.085 (0.036)	0.065 (0.084)	0.053 (0.034)	0.121 (0.046)	0.123 (0.054)	0.070 (0.073)	0.053 (0.067)	0.113 (0.024)	0.073 (0.173)
	β_i	0.921 (0.067)	0.896 (0.013)	0.913 (0.046)	0.923 (0.048)	0.841 (0.017)	0.834 (0.027)	0.908 (0.024)	0.910 (0.083)	0.850 (0.047)	0.907 (0.473)
	v_i	7.684 (12.365)	6.587 (10.593)	4.572 (11.033)	6.749 (7.350)	7.827 (16.242)	4.864 (9.136)	13.276 (17.245)	7.214 (6.821)	6.420 (10.027)	5.518 (7.276)
联合分布	a	0.035 (0.032)	0.064 (0.103)	0.032 (0.084)	0.026 (0.051)	0.081 (0.066)	0.069 (0.039)	0.054 (0.065)	0.036 (0.072)	0.043 (0.026)	0.061 (0.015)
	b	0.951 (0.047)	0.913 (0.028)	0.954 (0.016)	0.961 (0.068)	0.893 (0.032)	0.921 (0.102)	0.920 (0.053)	0.940 (0.010)	0.910 (0.032)	0.927 (0.066)
	η	8.624 (2.318)	7.654 (3.241)	6.321 (2.034)	5.314 (2.654)	6.241 (1.934)	3.215 (2.003)	5.687 (2.254)	2.265 (2.394)	3.541 (1.712)	2.365 (2.004)

表 6.12 给出了金融危机后油价与亚太股市相依结构贝叶斯时变 Copula 参数估计的结果，参数的后验均值和方差。和金融危机前的参数估计相比，边际和联合 t 分布的自由度后验均值增大，说明金融危机以后，油价与亚太股市收益的波动明显，相依结构的非对称尾部效应增强，这与上节表述的结果一致。

表 6.12　金融危机后相依结构贝叶斯时变 Copula 参数估计结果

参数		澳大利亚	中国内地	中国香港	印度	印尼	日本	韩国	马来西亚	新加坡	中国台湾
边际分布	μ_i	0.051 (0.057)	0.046 (0.018)	0.038 (0.034)	0.083 (0.056)	0.042 (0.087)	0.043 (0.033)	0.036 (0.063)	0.103 (0.023)	0.083 (0.036)	0.053 (0.076)
	ϖ_i	0.043 (0.020)	0.020 (0.050)	0.050 (0.076)	0.024 (0.012)	0.013 (0.064)	0.103 (0.207)	0.062 (0.134)	0.013 (0.057)	0.096 (0.067)	0.055 (0.234)
	α_i	0.062 (0.015)	0.053 (0.032)	0.030 (0.081)	0.072 (0.055)	0.032 (0.066)	0.101 (0.105)	0.168 (0.045)	0.103 (0.127)	0.100 (0.056)	0.055 (0.270)
	β_i	0.930 (0.057)	0.937 (0.033)	0.940 (0.083)	0.901 (0.041)	0.948 (0.034)	0.863 (0.104)	0.813 (0.307)	0.873 (0.112)	0.883 (0.067)	0.913 (0.230)
	v_i	10.630 (20.365)	13.587 (15.006)	14.002 (14.036)	13.827 (9.347)	20.700 (13.350)	8.830 (12.034)	16.003 (15.239)	12.204 (9.803)	13.424 (18.023)	9.512 (14.230)

表6.12(续)

参数		澳大利亚	中国内地	中国香港	印度	印尼	日本	韩国	马来西亚	新加坡	中国台湾
联合分布	a	0.065 (0.032)	0.053 (0.080)	0.056 (0.094)	0.027 (0.033)	0.050 (0.066)	0.036 (0.107)	0.076 (0.364)	0.087 (0.063)	0.067 (0.026)	0.076 (0.063)
	b	0.941 (0.023)	0.931 (0.030)	0.930 (0.044)	0.966 (0.032)	0.940 (0.070)	0.953 (0.142)	0.911 (0.011)	0.900 (0.130)	0.920 (0.130)	0.910 (0.103)
	η	13.624 (14.083)	15.305 (9.260)	9.321 (3.034)	10.241 (5.900)	8.302 (3.604)	7.364 (4.015)	8.605 (3.224)	5.265 (6.028)	7.354 (4.706)	6.302 (5.097)

对贝叶斯抽样的稳健性进行讨论,以金融危机后油价与印度的相依结构为例,给出边际分布和相依结构联合分布参数的抽样迭代轨迹图和概率密度图。同时运行三条马尔可夫链分别抽样迭代,每条链"退火"舍弃前 1 000 次样本,取后 7 000 次样本对参数进行估计。从图 6.6 表示的抽样迭代轨迹图可以知道,三条链抽样迭代平稳,说明抽样过程的有效性。

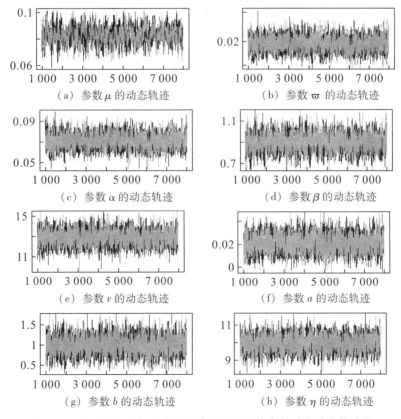

(a) 参数 μ 的动态轨迹   (b) 参数 ϖ 的动态轨迹

(c) 参数 α 的动态轨迹   (d) 参数 β 的动态轨迹

(e) 参数 v 的动态轨迹   (f) 参数 a 的动态轨迹

(g) 参数 b 的动态轨迹   (h) 参数 η 的动态轨迹

图 6.6 危机后油价与印度股市收益相依结构参数动态迭代轨迹图

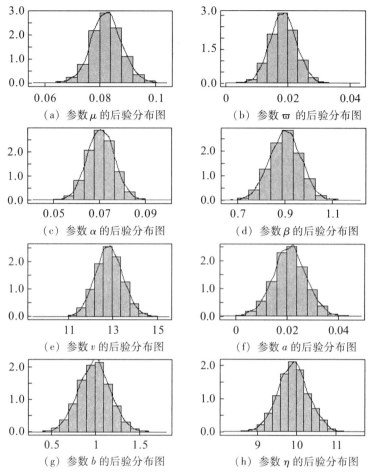

（a）参数 μ 的后验分布图　　　　　（b）参数 ϖ 的后验分布图

（c）参数 α 的后验分布图　　　　　（d）参数 β 的后验分布图

（e）参数 v 的后验分布图　　　　　（f）参数 a 的后验分布图

（g）参数 b 的后验分布图　　　　　（h）参数 η 的后验分布图

图 6.7　危机后油价与印度股市收益相依结构参数的后验分布图

　　图 6.7 的参数后验的概率密度图，表现为光滑且呈钟型，说明抽样算法可以有效地得到各参数的均值。同时，对抽样的收敛性用 Geweke 收敛诊断图进行诊断，采用第一条链抽样的 7 000 样本计算 Geweke 收敛诊断的 Z-score 统计量，从 Z-score 统计量可知，图 6.8 的抽样 Geweke 收敛诊断图说明抽样样本的前 10% 和后 50% 均值没有太大的区别，MCMC 抽样的有效性。

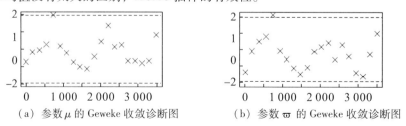

（a）参数 μ 的 Geweke 收敛诊断图　　　　　（b）参数 ϖ 的 Geweke 收敛诊断图

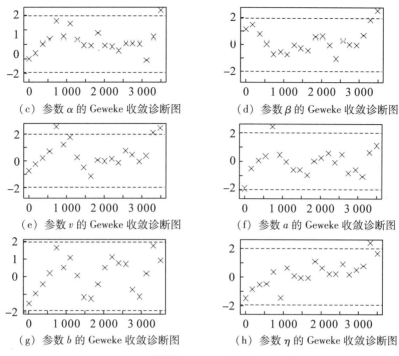

（c）参数 α 的 Geweke 收敛诊断图

（d）参数 β 的 Geweke 收敛诊断图

（e）参数 v 的 Geweke 收敛诊断图

（f）参数 a 的 Geweke 收敛诊断图

（g）参数 b 的 Geweke 收敛诊断图

（h）参数 η 的 Geweke 收敛诊断图

图 6.8　抽样 Geweke 收敛诊断图

6.4　估计 VaR 比较分析

由于油价与亚太股票市场收益存在非对称和非线性相依结构，传统的 VaR[225-227] 估计设定相依结构为多变量正态分布，从而不能确定准确估计 VaR。本节选用相关性最强的印度、中国台湾和韩国股票市场分别与油价相同权重组合。先对金融危机前各收益的边际分布用 GARCH-t 分布进行估计，相依结构分别利用时变正态、SJC、贝叶斯 Copulas 模型估计模拟 10 000 样本[78]，计算模型样本的 VaR。再利用金融危机后的样本计算真实的 VaR，比较预测样本的 VaR 和真实样本的 VaR，持续到危机后的最后的样本完成停止。

将 Backtesting 检验[228]用于评价 VaR 的比较估计。如果超出的个数与理论期望的个数接近，说明此模型能很好地估计不同收益组合 VaR，给定 $1-\alpha$ 的置信水平，理论期望的个数应该为 $\alpha \cdot N$，N 为金融危机前的样本数。表 6.13 给出了金融危机后样本在 95%、99% 和 99.5% 三个置信水平下，均值-方差 Copula、时变正态 Copula、时变 SJC Copula 和时变贝叶斯 Copula 模型估计 VaR 的比较结果，时变贝叶斯 Copula 模型最好描述在各个水平下金融危机后样本 VaR 的估计，其次是时变 Copula 模型比均值方差方法较好地估计 VaR，同时，在 95% 的置信水平，时变正态 Copula 模型比时变 SJC Copula 模型能更好地估计 VaR，在其他两个置信水平，时变 SJC Copula 模型比时变 Copula 模型能更好地估计 VaR。总的来说，利用贝叶斯 Copula 模型，能很好度量油价与亚太股市的相依结构，准确估计 VaR 提供理论基础。

表 6.13　Backtesting 估计 VaR 结果

原油与股市组合	$\alpha = 0.05$ 理论的超出个数（108）	$\alpha = 0.01$ 理论的超出个数（22）	$\alpha = 0.005$ 理论的超出个数（11）
均值-方差			
印度	135（0.062 41）	35（0.016 17）	17（0.007 85）
中国台湾	129（0.059 58）	44（0.020 32）	18（0.008 31）
韩国	128（0.059 12）	34（0.015 70）	19（0.008 75）
时变正态 copula			
印度	99（0.045 72）	17（0.007 85）	9（0.004 16）
中国台湾	95（0.043 87）	16（0.073 91）	8（0.003 69）
韩国	96（0.044 34）	17（0.007 85）	8（0.003 69）
时变 SJC copula			
印度	96（0.044 34）	21（0.009 69）	11（0.005 08）
中国台湾	94（0.043 41）	19（0.008 75）	10（0.004 62）
韩国	91（0.042 03）	18（0.008 31）	11（0.005 08）
时变贝叶斯 copula			
印度	103（0.047 33）	22（0.009 93）	11（0.005 08）
中国台湾	99（0.045 72）	20（0.009 19）	11（0.005 08）
韩国	101（0.046 15）	19（0.008 75）	11（0.005 08）

6.5　本章小结

本章利用静态、时变和时变贝叶斯 Copula 函数结合 GARCH 模型刻画原油和亚太十个国家和地区股票市场收益的相依结构。由于金融危机对原油价格的影响，首先考虑原油价格波动的结构突变点，把样本分为金融危机前后分别讨论相依关系，然后用 GARCH 模型描述原油和亚太十个国家和地区股票市场收益的边际分布，再分别用静态、时变和时变贝叶斯 Copula 函数刻画原油与各国及地区股票市场收益的联合分布，同时模型进行拟合优度检验，考虑相依结构存在非对称和非线性特征，最后利用 Backtesting 检验估计不同组合的 VaR，对所用的模型进行比较研究。

研究结果表明：

（1）2007—2008 的金融危机对国际原油和亚太股票市场有重要影响，每个收益序列存在结构突变点；

（2）金融危机后原油与亚太股票市场的相依关系比危机前明显增强，同时危机后相依结构中存在非对称效应；

（3）时变的 Copula 模型比静态 Copula 模型能更好地刻画相依结构，考虑参数不确定性的贝叶斯 Copula 模型比时变 Copula 模型能更好估计不同组合的 VaR。

结论表明，国际原油与亚太股票市场存在紧密联系，并且金融危机之后联系更紧密。贝叶斯 Copula 考虑参数的不确定性，可以更好地评价与刻画它们之间的动态、非对称和非线性的相依结构，从而为投资组合、风险管理和资产分配提供理论基础。

第7章　中国股票市场和人民币汇率动态联动效应研究

7.1　概述

据中国证券监督管理委员会（CSRC）报道，被中国巨大的发展和巨大的增长潜力所吸引，许多国际投资者密切关注中国股票市场和人民币汇率市场。研究两者之间的动态相依结构，原因有如下几点：第一，根据彭博社报道，人民币已超过欧元成为全球金融市场第二大货币，中国在世界经济日益增长的地位，增强人民币潜力，人民币国际化需要大量资本账户自由化，有效的金融监管和监督，这意味着中国政府需要走向一个更由市场决定的人民币汇率体系。第二，自2005年7月以来，中国实施了几项重要的汇率制度改革，这是中国政府提高汇率灵活性的努力的一缩影。2005年7月21日，中国人民银行建立了根据市场供求关系的浮动汇率制度，与汇率制度的一系列其他改革相结合。在新的汇率机制下，人民币汇率将参照中国主要贸易伙伴的一篮子货币进行管理，而不是简单地盯住美元，此外，自公告以来，人民币汇率变得更加灵活。从2014年3月开始，人民币被允许在更大的波动区间内浮动，将交易区间扩大一倍至每日设定的2%。2016年10月，人民币正式加入特别提款权（SDR）货币篮子，人民币汇率更加开放。第三，由于中国经济的快速发展，中国股票市场在过去20年里取得了巨大的发展，在世界股票市场中更加突出。2016年，中国股市市值超过60万亿人民币，中国取代日本成为世界第二大经济体。

2007—2008年的美国金融危机引发了全球金融市场动荡。在金融危机期间，人民币汇率升值受到了一些西方国家特别是美国和欧盟国家的压力。2008年7月，为应对全球金融危机，中国停止了人民币升值。当然，除了受到金融危机的影响，人民币升值也可能是由中国的牛市引起的。然而，随之而来的人民币贬值却震惊了包括中国股市在内的国际金融市场，自 2007 年 8 月以来，上证综指已从近 6 000 点跌至 1 700 点，跌幅约 70%。

因此，一个值得研究的问题是，危机前和危机后中国汇率制度的变化，是否影响了 2005 年汇率改革后中国股票市场和外汇市场的依赖结构。此外，股票市场反映了经济增长状况。因此，对汇率变动与股票市场价格之间的关系进行动态研究就显得尤为重要。本研究结果将有助于确定人民币汇率是否应重估，并有助于预测股价走势。因此，研究汇率与新兴经济体股票价格之间的关系，可能对那些设计货币政策和股票市场参与者有重要的意义。

我们的研究在几个方面对相关领域进行了扩充。首先，考察了人民币汇率改革后，中国上海证券交易所 A 股与几个人民币外汇市场（人民币兑美元、人民币兑欧元、人民币兑英国、人民币兑日元、人民币兑香港）的动态相依结构，我们的实证结果表明，全球金融危机前的人民币汇率和中国股票市场相依结构总体较弱，而金融危机后的相依结构明显增强。第二，虽然以前文献研究表明，金融危机会影响金融市场之间的相依结构，但据我们所知，没有研究探讨中国股票价格与人民币汇率在美国金融危机前后的时变相依结构，我们采用无条件和条件 Copula 模型来捕捉动态相依结构。结果表明，除后金融危机时期人民币兑港元汇率和股票市场相依结构外，SJC（对称 Joe-Clayton）在金融危机前和危机后均为最佳刻画两者动态相依结构模型，但在全样本期间，正态 Copula 模型最佳。最后，我们研究表明不同样本时期中国股票与人民币汇率收益率的尾部不对称效应。我们发现，不对称尾部相依结构在危机后显著增加。

本章的其余部分组织如下：第 2 节回顾了股票价格与汇率相关的文献；第 3 节，我们描述数据；第 4 节，我们将介绍实证结果并讨论结果；第 5 节是全文的总结。

7.2 相关文献综述

外汇市场和股票市场之间的关系主要用两种理论模型来描述："流动"模型（Dornbush and Fisher，1980）和"股票"模型（Branson，1983；弗兰克尔，1983）。流动模型侧重于汇率变动对国际市场竞争力和贸易平衡的影响，当地货币升值（贬值）会恶化（改善）当地制造企业的国际竞争力及其现金流，从而降低（提高）股票价格。从而，流动模型表明汇率与股票价格之间存在正的相依结构。股票模型关注的假设是汇率是由金融资产的需求和供应决定的，而汇率有助于平衡资产的需求和供应。随着外国投资者对本地资产的需求增加，股价上涨会鼓励资本外流，从而推高本地货币的价值。因此，股票价格和汇率之间的关系是负的。

在实证研究方面，许多经济学家使用不同的计量模型和数据集来研究股票价格和外汇汇率之间的相依关系，但结果各不相同。Bashir 等（2016）研究表明拉丁美洲地区的股票市场与外汇汇率正相关。Chiang 和 Yang（2000）的研究表明，亚洲九个金融股票市场收益与货币价值呈正相关关系。Phylaktis 和 Ravazzolo（2005），利用协整和多变量格兰杰因果检验，指出一些太平洋流域国家股票价格和汇率市场存在正相关关系。Ning（2010）研究了 G5 国家金融市场引入欧元前后股票市场与汇率之间的相依结构，发现两个时期每个国家的两个变量之间存在显著正的尾部相依结构。Panayiotis 和 Anastassios（2011）通过协整和多元格兰杰因果检验发现，在拉丁美洲国家，股票价格与外汇市场正相关。Lin（2012）研究了亚洲六个新兴市场的汇率与股票价格之间的短期因果关系和长期均衡关系，发现在危机期间，协同关系变得更强。

Soenen 和 Hennigar（1988）发现美国股票价格和由一篮子 15 种货币加权的美元价值之间存在很强的负相关关系。Kim（2003）用多元协整和误差修正模型研究了 1974—1998 年美国股票和外汇市场之间的关系，结果表明无论是在长期还是短期内都是负相关关系。Ibrahim 和 Aziz（2003）利用 1977—1998 年的月度数据得出马来西亚股票市场与外汇汇率之间存在负相关关系。Tsai（2012）采用分位数回归模型估计了亚洲六个国家的股票价格指数与汇率的关系，发现当汇率处于极端情形时，系数为负的程度更为显著。Yang 和 Doong（2004）用多元 EGARCH 模型研究 G7 国家的汇率，发现汇率变化直接影响未来股票价格的变化。Aloui（2007）使用相同的模型发现，美国和一些主要的欧洲股票价格在引入欧元之前和之后都会影响汇率动态，而股票价格受汇率的影响较小。

Doong 等（2005）发现亚洲六个国家的股票市场和汇率之间没有长期的协整关系。Mishra（2004）研究了印度股市收益与卢比汇率的关系，发现汇率与股票收益在任何方向上都没有因果关系。同样，Karacaer 和 Kapusuzoglu（2010）研究了土耳其的汇率与股票收益之间的关系，他们发现股票收益和汇率之间没有格兰杰因果关系。Zhao（2010）研究了中国汇率与股票价格之间的关系，发现两者之间没有稳定的长期均衡关系。

2007—2008 年的全球金融危机证实了金融风险是如何在全球市场上传播的（Chiang 等，2007；Pericoli 和 Sbracia，2003）。许多市场行为表明，每当负面消息在一个市场发生时，它很快就会成为影响其他市场的普遍现象。因此，国际金融危机可以迅速蔓延到国内市场，中国经济更加依赖出口，因此，有必要研究，中国市场是否与全球市场紧密相连。如果中国股市与人民币汇率之间的相关性较高，则传染效应更有可能存在。

这些实证研究大多在认识股票价格与汇率因果关系时采用均值效应或方差效应，或考虑股票市场与汇率尾部依赖结构中的对称效应。然而，相关研究很少考虑中国股票市场与人民币汇率市场之间的时变相依结构，即一个市场对另一个市场的不对称尾部效应。为了填补这一空白，我们使用无条件和条件 Copula 模型刻画了中国股票和人民币在广泛货币上的动态联动结构，这些模型提供了静态或时变联动特征的信息，并考虑了金融危机前后的不对称尾部相依。

7.3　数据描述与初步分析

人们普遍认为，全球金融危机爆发于 2008 年 9 月 15 日，雷曼兄弟申请破产保护，同日，中国股市的上证综合指数暴跌 4.57%，"危机"时期和"非危机"时期的样本选择可能会严重影响联动效应测度，研究日期选取 2005 年 7 月 22 日至 2017 年 12 月 31 日上海股市综合指数的日收盘价，我们的主要分析集中在比较 2007—2008 年金融危机前后的不同影响。中国政府实施刺激政策，对中国股市产生影响，而投资者和监管机构面临着股票市场的结构改变了动荡的时期，所以使用全球金融危机作为分割点在本书中是有意义的，根据我们的分析，省略了动荡时期。选择这些期间是有意义的，因为近 6 个月的数据波动很大，从而把样本分为金融危机前和金融危机后分别来讨论。人民币汇率（人民币单位外币，即汇率的增加意味着人民币贬值）指的是在人民币相对于美元（美元），欧元（欧元），英镑（英国），日元（日本）和香港美元（香港），之所以选择这些货币，是因为它们占据中国汇率市场交易的绝大多数。在本研究中，我们使用从上海证券交易所获得的上海证券市场综合指数来代表中国股票市场。汇率系列数据可从英国央行和圣路易斯联邦储备银行（http://www.frbstlouis.com）网站下载。为了避免虚假的相关性，如果由于节假日或其他原因无法获得对中国股市的观察，则将其剔除。

中国股票指数和汇率的收益是用两个连续日价格的对数取差来计算的。研究期间返回序列的时间路径见图 7.1。这里的虚线表示金融危机开始后的第一天。很明显，金融危机一开始，中国股市回报率以及人民币兑美元、人民币兑欧元、人民币兑英国和人民币兑日本的汇率就出现了一系列更高的波动性。然而，人民币对港币的汇率并不显著。2008年年初前后，中国股市出现了大幅度的收益波动。

首先，我们采用虚拟变量估计来确定2008—2009年全球金融危机期间，人民币汇率和中国股市是否都受到极端经济条件的影响。为此，从2008年到2009年3月31日，作为我们假定的间断点。

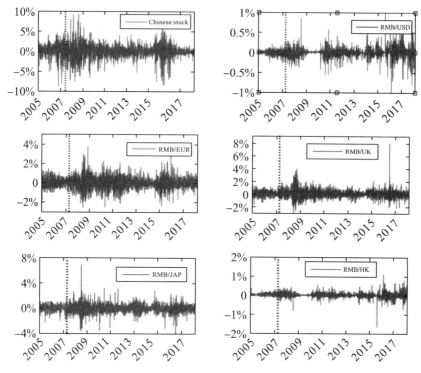

图 7.1　股票市场和人民币汇率收益图

间断点的统计结果见表7.1。我们用卡方统计量和p值检验每个样本的截距项和斜率系数的显著性。

表 7.1　哑变量模型估计各汇率结构突变点

因变量	检验常数项的显著性	检验斜率显著性	检验联合显著性
人民币对美元	−3.87（0.00）***	4.03（0.00）***	31.85（0.00）***
人民币对欧元	−9.74（0.00）***	8.85（0.00）***	93.26（0.00）***
人民币对英镑	−5.84（0.00）***	5.63（0.00）***	42.90（0.00）***
人民币对日元	−10.72（0.00）***	10.57（0.00）***	114.37（0.00）***

因变量	检验常数项的显著性	检验斜率显著性	检验联合显著性
人民币对港币	-6.31（0.00）***	5.91（0.00）***	53.73（0.00）***

结构突变点的检验结果如表 7.1 所示，假定断点是在 2008 年 9 月 16 日至 2009 年 3 月 31 日。使用 new－west HAC 方法对所有估计进行序列相关和异方差校正。给出检验的卡方统计量，括号里面的表示检验的 p 值，＊＊＊表示在 1% 水平下显著。

根据前面结构突变点的检验结果，将研究样本期分为危机前、危机后和全样本期。表 7.2 报告了各序列收益率序列的描述性统计和分布特征。

表 7.2　各序列描述性统计和正态性检验

	均值	标准差	偏度	峰度	J-B 统计量	ARCH-LM（10）
危机前						
中国股市	0.110 7	1.598 7	-0.502 1	7.640 1	761***	104.740 0***
美元	0.168 5	0.789 1	-0.153 4	40.944 4	117 750***	431.590 0***
欧元	0.011 1	0.623 1	-0.197 4	5.336 1	277.500 0***	75.570 0***
英镑	0.022 7	0.847 3	0.105 2	3.504 4	5 205***	867.110 0***
日元	0.013 1	0.600 8	-0.196 4	4.161 9	1 092***	668.030 0***
港币	0.026 5	0.121 8	4.798 4	73.890 5	7 434***	893.120 0***
危机后						
中国股市	0.012 5	1.723 8	-0.833 6	5.818 3	338.690 0***	137.750 0***
美元	-0.039 5	1.186 2	-0.980 2	53.931 8	5 252.400 0***	263.730 0***
欧元	-0.028 4	0.778 6	-0.713 6	10.243 0	2 319.500 0***	51.340 0***
英镑	0.005 5	0.882 4	1.538 3	24.721 3	728.700 0***	146.580 0***
日元	0.013 9	0.610 2	-0.204 2	7.604 5	1 310.710 0***	74.170 0***
港币	0.002 9	0.146 8	-0.359 4	88.496 2	874.410 0***	99.650 0***
全样本						
中国股市	0.052 3	1.675 6	-0.490 5	7.176 8	651***	146.570 0***
美元	0.044 9	1.817 3	-0.374 9	5.913 0	8 730***	369.760 0***

表7.2(续)

	均值	标准差	偏度	峰度	J-B 统计量	ARCH-LM(10)
欧元	0.048 5	1.817 8	−0.393 4	5.763 4	1 945.360 0[***]	70.374 6[***]
英镑	0.013 6	0.619 3	1.054 6	14.974 2	3 698.345 0[***]	467.981 2[***]
日元	0.007 6	0.664 7	0.063 2	10.297 0	1 384[***]	586.345 1[***]
港币	0.008 5	0.136 8	0.328 5	28.974 4	3 759.320 0[***]	735.974 1[***]

　　所有序列的平均值都接近于零，相应的标准偏差要大几个数量级，表明市场波动行为具有分散性。从结果来看，金融危机后期的波动性都有所增加，说明后危机时期的风险更高，收益的偏度不同于零，大多数收益序列略微向左偏，所有收益序列的峰度均在 3.50~88.49。相比来看，后危机时期的峰度通常较小，这意味着收益的尾部更弱，根据偏度和峰度统计量，可知各收益序列不是正态分布的，J-B 检验也否定了收益率的正态性。另外，拉格朗日乘数检验的结果表明，在各收益数据中存在 ARCH 效应，支持我们使用基于 garch 的方法对各序列进行刻画的假设。

　　我们在分别对全样本、金融危机前和危机后时期，利用线性法对中国股票和人民币汇率收益率相关性进行度量。结果见表 7.3。研究发现，除日元及港币和中国股票市场在金融危机前的相关性为负以外，中国股票收益率与其他汇率的相关性均为显著正相关。这说明中国股票的增加（减少）是人民币货币的贬值（升值），并且 taus 和 rhos 的值是一致的，是线性相关的。当我们考察金融危机前和危机后时期的联动效应时，我们发现中国股市和汇率之间的依赖结构总体上是弱的。但在后危机时期，除人民币兑港元汇率外，中国股市与其他人民币汇率的相关性显著增强。人民币兑港元汇率符合本国外汇率的人民币与中国股市的相关性更强的观点。

表7.3　中国股票市场和人民币汇率线性相关

	全样本			金融危机前			金融危机后		
	Pearson	Kendall	Spearman	Pearson	Kendall	Spearman	Pearson	Kendall	Spearman
美元	0.245 0	0.161 7	0.237 5	0.093 6	0.054 1	0.080 3	0.339 2	0.230 0	0.333 5
欧元	0.164 1	0.153 8	0.180 4	0.036 1	0.024 2	0.036 2	0.224 7	0.183 4	0.235 3
英镑	0.140 5	0.138 4	0.146 7	0.005 8	0.014 0	0.019 8	0.205 1	0.185 3	0.215 2
日元	0.074 5	0.031 4	0.046 4	−0.010 9	−0.012 0	−0.019 0	0.104 5	0.046 9	0.070 0
港币	0.036 3	0.027 2	0.046 1	−0.017 8	0.008 5	0.009 6	0.067 3	0.039 1	0.057 9

7.4 实证结果

7.4.1 边际分布的拟合

用 Copula 函数对变量间相依结构度量时，对边际分布的正确解释是必不可少的。如果边际分布的模型被错误指定，那么它们的概率积分变换将不会是独立同分布，因此模型都会被错误设定，因此对边际分布模型的检验对于 Copula 模型的构建是至关重要的。表 7.4 给出了边际分布模型的参数估计，边际分布模型的估计结果如下。

表 7.4 中国股票市场和人民币汇率边际分布结果

	中国股票	美元	欧元	英镑	日元	港币
金融危机前						
μ	0.019 8*	0.002 6	0.002 7	−0.007 8*	−0.017 3	0.001 8
	(0.006 9)	(0.006 9)	(0.007 4)	(0.008 6)	(0.012 5)	(0.005 2)
AR(1)	0.064 5*	0.030 9*	0.000 4**	0.035 2*		−0.056 2*
	(0.003 1)	(0.022 2)	(0.000 6)	(0.275 1)		(0.263 4)
ϖ	0.002 3***	0.036 48**	0.000 2**	0.011 6**	0.000 7*	0.000 1**
	(0.001 1)	(0.001 5)	(0.001 1)	(0.000 9)	(0.002 6)	(0.068 3)
α	0.102 6**	0.126 7*	0.126 2	0.088 3	0.109 5*	0.152 3**
	(0.026 7)	(0.026 7)	(0.036 4)	(0.064)	(0.024 9)	(0.025 3)
β	0.892 8***	0.884 6***	0.881 3***	0.906 1***	0.891 7***	0.843 5***
	(0.023 3)	(0.025 4)	(0.068 4)	(0.046 2)	(0.021 9)	(0.056 7)
Tail	6.130 2***	8.118***	9.863 1***	10.935 7***	9.542 1***	11.654 1***
	(0.403 3)	(0.358 7)	(0.403 1)	(0.162 5)	(0.254 6)	(0.264 1)
金融危机后						
μ	−0.008 3*	−0.112 3	−0.000 9*	−0.039 2	−0.001 5	−0.008 1
	(0.009 1)	(0.000 8)	(0.000 5)	(0.008 1)	(0.001 2)	(0.000 3)
AR(1)	0.087 5**		0.087 3*	0.000 2**	0.034 2**	
	(0.002 6)		(0.063 8)	(0.000 1)	(0.003 4)	
ϖ	0.011 5***	0.004 7**	0.000 2**	0.000 2**	0.002 3**	0.001 2**

表7.4(续)

	中国股票	美元	欧元	英镑	日元	港币
	(0.000 3)	(0.000 1)	(0.000 1)	(0.025 4)	(0.001 0)	(0.001 9)
α	0.128 0***	0.131 2*	0.122 7***	0.112 1**	0.124 8**	0.103 7**
	(0.034 2)	(0.027 0)	(0.002 5)	(0.026 7)	(0.032 9)	(0.055 3)
β	0.835 4***	0.855 6***	0.872 8**8	0.872 5***	0.856 7***	0.901 2***
	(0.064 8)	(0.204 1)	(0.023 3)	(0.058 7)	(0.075 6)	(0.023 1)
Tail	4.864 7***	4.794 5***	6.256 4***	7.883 1***	7.687 2***	8.254 6***
	(0.005 7)	(0.056 4)	(0.036 5)	(0.004 8)	(0.029)	(0.002 8)
全样本						
μ	0.005 2*	0.026 9	0.072 6*	0.093 4	0.063 2	0.008 1
	(0.001 3)	(0.000 8)	(0.004 8)	(0.016 9)	(0.004 8)	(0.005 6)
AR (1)	0.054 9**	0.073 4	0.131 83*	0.139 1**	0.034 2**	0.045 71***
	(0.003 6)	(0.007 3)	(0.063 8)	(0.018 6)	(0.008 6)	(0.075 8)
ϖ	0.043 5***	0.004 7**	0.000 2**	0.011 24**	0.002 3**	0.005 3**
	(0.001 9)	(0.003 7)	(0.000 1)	(0.003 6)	(0.001 0)	(0.002 1)
α	0.054 9***	0.127 1*	0.118 6***	0.089 8**	0.102 4**	0.074 5**
	(0.004 1)	(0.027 0)	(0.005 9)	(0.010 0)	(0.033 1)	(0.045 9)
β	0.944 9***	0.860 8***	0.873 1**	0.907 6***	0.886 7***	0.921 2***
	(0.064 8)	(0.014 9)	(0.046 8)	(0.010 5)	(0.094 3)	(0.025)
Tail	6.831 7***	8.267 15***	8.237 0***	10.883 4***	6.645 2***	4.255 7***
	(0.003 7)	(0.083 4)	(0.036 5)	(0.007 3)	(0.029)	(0.006 3)

首先对每个收益序列使用 AR（p）-GARCH（1，1）-t 型模型进行估计，根据 AIC、BIC 和对数似然（LL）统计量，p 被设置为最大值 5，滞后阶数为 1 或 0；均值方程中的 AR（1）项对于每个收益都是显著的，波动率的滞后方差系数接近 0.9，同时高度显著，这表明条件波动是路径相关的，并且随着时间的推移而持续。金融危机前和危机后学生 t 分布自由度均大于 4，表明误差项不服从正态分布。t 分布的自由度在金融危机后时期比前危机时期小，从偏态 t 分布的不对称和自由度参数的估计表明，误差项具有不对称和厚尾分布的良好特征。所有的序列都产生了厚尾，需要基于尾部检验的显著性进行 GARCH 建模，从而证实了偏 t 分布在建模我们的收益序列的尖峰、厚尾和偏态分布的适用性。

7.4.2 边际分布的拟合优度检验

建立 Copula 模型需要对边缘分布进行正确解释，如果一个错误指定的模型被用于边缘分布，概率转换将不会独立同分布，同时 Copula 将被错误指定，从而，在 Copula 模型中，边际模型的拟合优度评价是至关重要的。首先，在 5% 显著性水平下，使用 Ljung-Box 检验 AR（p）-GARCH（1，1）-t 模型标准化残差在滞后 1、5 和 10 阶的自相关。Patton（2006）提出了拉格朗日乘子检验来检验概率积分变换中的序列独立性。

Ljung-Box、LM 和 K-S 检验的结果见表 7.5。Ljung-Box 检验的 p 值高于 5%，这意味着在 5% 的显著性水平下，自相关的零假设在滞后阶数为 1、5 和 10 时不能被拒绝。所有的边际分布模型都通过了 5% 水平下的 LM 检验，这意味着不能拒绝独立同分布假设。所有模型都在 5% 水平下通过 K-S 检验，说明概率积分变换是均匀的（0，1），因此 AR（p）-GARCH（1，1）-t 模型可以满足要求。

表 7.5　中国股票市场和人民币汇率边际分布拟合优度检验

	A 股	美元	欧元	英镑	日元	港币
金融危机前						
Lag 1	0.775 3	0.464 3	0.775 3	0.872 7	0.753 1	0.487 3
Lag 5	0.671 1	0.419 9	0.671 7	0.690 6	0.651 2	0.505 3
Lag 10	0.808 6	0.606 7	0.808 6	0.821 2	0.796 2	0.607 9
LM test						
First moment	0.341 2	0.308 0	0.341 2	0.579 8	0.345 2	0.302 1
Second moment	0.288 0	0.258 6	0.228 0	0.423 6	0.294 7	0.276 8
Third moment	0.350 7	0.323 5	0.350 7	0.469 8	0.361 6	0.310 6
Fourth moment	0.165 4	0.204 1	0.286 4	0.405 1	0.263 9	0.283 4
K-S test	0.121 4	0.142 8	0.243 3	0.204 7	0.139 2	0.149 2
金融危机后						
Lag 1	0.885 7	0.811 0	0.691 2	0.704 3	0.692 1	0.603 4
Lag 5	0.705 9	0.695 3	0.641 7	0.652 8	0.639 9	0.581 9
Lag 10	0.831 2	0.829 1	0.796 3	0.803 9	0.796 9	0.754 0
Engle test						

表7.5(续)

	A 股	美元	欧元	英镑	日元	港币
First moment	0.427 5	0.400 6	0.259 4	0.272 9	0.263 9	0.264 8
Second moment	0.583 1	0.321 3	0.209 4	0.260 6	0.215 3	0.219 6
Third moment	0.674 0	0.445 1	0.268 8	0.272 6	0.278 2	0.282 3
Fourth moment	0.368 4	0.284 6	0.182 0	0.213 4	0.093 1	0.170 3
K-S test	0.163 2	0.185 4	0.254 3	0.354 7	0.268 7	0.195 4
全样本						
Lag 1	0.475 3	0.581 0	0.568 9	0.657 3	0.643 1	0.493 0
Lag 5	0.601 1	0.465 9	0.603 2	0.610 3	0.561 2	0.539 1
Lag 10	0.691 2	0.794 3	0.748 1	0.738 4	0.726 1	0.634 2
LM test						
First moment	0.471 2	0.368 1	0.472 1	0.679 0	0.349 2	0.472 1
Second moment	0.381 0	0.283 4	0.328 0	0.533 6	0.202 1	0.316 3
Third moment	0.290 7	0.261 4	0.120 5	0.449 8	0.170 3	0.260 2
Fourth moment	0.135 4	0.149 5	0.093 1	0.375 1	0.110 4	0.203 4
K-S test	0.156 4	0.173 5	0.103 4	0.204 1	0.159 2	0.148 2

7.4.3　Copula 函数估计结果

对金融危机前的结果，给出了四个静态正态、Clayton、Gumbel 和 SJC-Copula 的参数估计，并给出了两个时变的正态 copula 和时变的 SJC copula 作为人民币汇率与中国股票收益的相依结构参数，估计结果见表 7.6。

表 7.6　金融危机前 Copula 函数估计

	美元	欧元	英镑	日元	港币
ρ	0.111 3	0.030 9	0.007 9	−0.016 6	−0.006 7
LL	−4.366 5	−0.360 9	−0.036 5	−0.105 8	−0.017 4
AIC	−8.730 1	−0.733 0	−0.702 3	−0.209 0	−0.032 2
BIC	−8.723 6	−0.727 2	−0.604 3	−0.209 2	−0.026 1
θ	0.120 3	0.092 5	0.003 9	0.027 4	0.005 1

表7.6(续)

	美元	欧元	英镑	日元	港币
LL	−4.055 0	−2.767 6	−0.005 3	−0.306 5	0.093 9
AIC	−8.107 2	−5.532 6	−0.008 0	−0.610 4	0.190 4
BIC	−8.100 7	−5.526 5	−0.002 0	0.604 4	0.196 5
δ	1.100 0	1.067 1	1.058 5	1.020 1	1.055 1
LL	−2.479 0	9.387 1	6.959 6	12.409 4	5.889 3
AIC	−4.955 1	18.786 5	13.921 9	24.101 5	11.781 2
BIC	−4.948 6	18.782 8	13.927 9	24.107 5	11.987 6
ι^{v}	0.024 8	0.000 0	0.000 0	0.000 0	0.000 0
ι^{L}	0.008 8	0.017 3	0.000 0	0.000 0	0.000 0
LL	−6.676 7	−2.358 3	0.029 7	0.346 6	0.264 7
AIC	−11.956 8	−4.711 3	0.064 5	0.693 5	0.534 6
BIC	−13.516 5	−4.699 2	0.076 6	0.706 5	0.546 7
ω	0.048 7	0.136 9	0.072 0	−0.014 6	−0.019 4
α	0.121 7	−0.419 9	−0.129 1	−0.078 7	−0.127 6
β	1.336 7	−1.758 5	−2.001 9	1.499 9	−0.616 9
LL	−6.323 5	−1.504 3	−0.667 5	−1.163 6	−0.210 5
AIC	−12.638 5	−3.000 7	−1.327 3	−2.319 4	−0.413 2
BIC	−12.609 1	−2.982 6	−1.372 7	−2.301 3	−0.395 1
ω^{U}	3.841 1	−21.806 8	−17.330 1	−20.547 6	−13.837 3
α^{U}	−24.998 7	0.000 0	−0.000 7	−0.000 4	−1.566 2
β^{U}	−6.259 6	0.000 0	0.000 0	0.000 0	−0.005 1
ω^{L}	−6.490 7	−13.305 2	−13.576 1	−14.355 9	−19.815 3
α^{L}	4.761 1	25.000 0	0.000 0	−1.085 1	0.000 0
β^{L}	−0.094 8	−0.954 8	−0.007 1	0.004 3	0.000 0
LL	−8.107 3	−2.927 3	−1.537 6	−2.529 3	−2.400 1
AIC	−16.201 6	−5.840 1	−3.090 7	−5.074 2	−4.103 8
BIC	−16.261 6	−5.803 8	−3.127 0	−5.110 5	−4.140 1

在对称正态 Copula 函数中，人民币兑美元与中国股市的相依系数为正，系数略大于 0.1，股市与人民币兑欧元、人民币兑英国的关联为正，但非常小，但其他相关系数均为负，负相关性非常弱，与前面的线性相关系数接近，在此期间，中国不是一个开放的经济体，其大多数进出口商品的价格都是以美元、欧盟、英镑、日元和港元确定的。股市与美元联动，而没有与其他交易所联动，这与美元对中国的相对重要性和其他汇率的次要作用是一致的。这种正相关意味着，当一种外币对人民币大幅贬值（升值）时，中国股市崩盘（繁荣），反之亦然。对于大部分非对称尾部相依，其下尾相依参数与上尾参数基本相同。其中 Clayton Copula 的低尾依赖值较低，对美元汇率的最大值为 0.11，其他均在 0.1 以下，Gumbel Copula 上尾相关系数较弱。从 SJC Copula 模型的结果可以看出，上尾相依和下尾在很大程度上是相同的，金融危机前，中国股市与汇率之间不存在不对称效应。即股票与人民币汇率相互作用：在危机前的熊市和牛市中，情况大致相同。关于时变相依结构，时变 SJC-Copula 模型是刻画相依结构最好的。如图 7.2 所示。

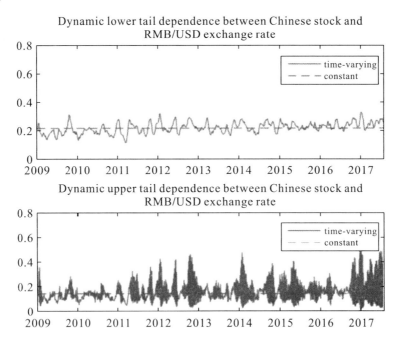

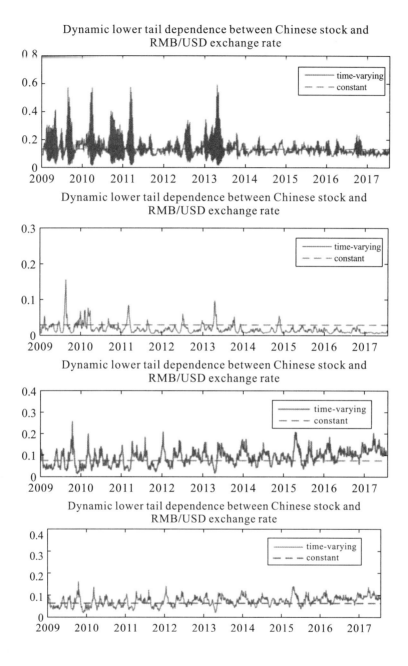

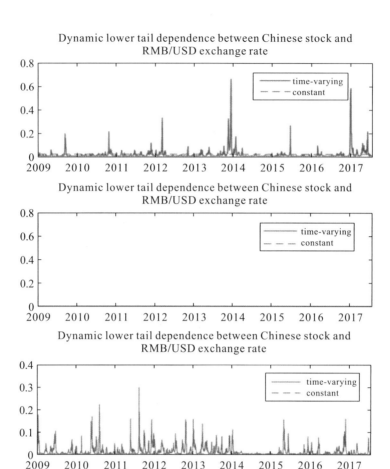

图 7.2　中国股票市场与汇率非对称尾部依赖关系

危机后与危机前时期相比，从 Copula 函数估计可以知道，所有汇率与股市的相依程度都有所增加，所有相关都呈正相关，见表 7.7。类似地，从非对称的尾部相依可以看出，对 Clayton 和 Gumbel Copula 的大多数参数估计量可知，上尾和下尾相依显著增加。尾部相依系数的估计表明，人民币对美元在后危机时期尾部相依程度最高。就尾部依赖程度而言，人民币兑欧元汇率与股市相依关系排在第二位，其次是人民币兑英国汇率和人民币兑日本汇率。但人民币对美元、人民币对欧元、人民币对英镑、人民币对日元存在非对称尾部效应，而人民币对港币不存在尾部效应，这一结论与 Chkili 等（2012）、Reboredo 等（2007）、Bahmani-Oskooee 和 Saha（2018）一致。同时，人民币兑美元与中国股市收益的上尾相依高于下尾部相依，说明中国股市与人民币兑美元汇率在牛市中的协同作用大于熊市。后危机时期中国股市对人民币汇率升值或贬值的敏感性以及汇率对中国股市牛市和熊市的不同敏感性，这可以用股市看涨和看跌时实际资金流动的不对称反应来解释，其他相依结构则相反，其中人民币对日元与中国股市之间较低的尾部相依最为明显。

表 7.7　金融危机后 Copula 函数估计

	RMB/USD	RMB/EUR	RMB/UK	RMB/JAP	RMB/HK
ρ	0.346 6	0.226 2	0.205 1	0.083 7	0.064 0
LL	−65.738 1	−26.967 2	−22.071 7	−6.697 2	−4.470 1
AIC	−131.476 1	−53.933 2	−44.142 3	−13.957 3	−8.143 2
BIC	−131.470 2	−53.928 5	−44.137 6	−13.954 5	−8.140 4
θ	0.469 1	0.292 5	0.241 7	0.101 3	0.071 5
LL	−61.823 0	−27.739	−19.836 0	−9.127 3	−4.552 8
AIC	−123.642 3	−55.477 0	−39.670 0	−18.254 9	−9.140 7
BIC	−123.640 0	−55.472 0	−39.665 0	−18.252 1	−9.101 8
δ	1.268 0	1.144 9	1.141 4	1.100 1	1.100 3
LL	−62.100 0	−22.054 0	−23.293 0	5.404 4	10.661 8
AIC	−124.200 0	−44.106 0	−46.583 0	10.809 7	21.321 7
BIC	−124.190 0	−44.102 0	−46.578 0	10.812 5	21.327 5
ι^v	0.139 4	0.027 2	0.062 6	0.000 0	0.000 0
ι^v	0.214 5	0.056 2	0.073 7	0.017 7	0.003 9
LL	−72.817 0	−30.317 1	−26.771 0	−9.932 5	−4.667 3
AIC	−145.630 0	−60.631 1	−53.537 1	−19.863 0	−9.362 5
BIC	−145.620 0	−60.621 1	−53.528 0	−19.857 3	−9.347 0
ω	1.301 2	0.570 2	0.422 5	0.183 1	0.129 2
α	−0.328 8	−0.388 7	−0.005 7	−0.031 1	−0.160 3
β	−1.033 8	0.172 5	0.002 4	−0.104 9	0.288 5
LL	−69.035 0	−31.568 0	−22.076 0	−7.108 9	−5.211 0
AIC	−138.060 0	−63.131 0	−44.145 0	−14.306 5	−10.419 0
BIC	−138.050 0	−63.116 0	−44.131 0	−14.208 1	−10.410 5
ω^U	−1.291 4	−14.000 0	−1.084 6	−16.554 6	−17.692 5

表7.7(续)

	RMB/USD	RMB/EUR	RMB/UK	RMB/JAP	RMB/HK
α^{U}	-1.959 7	25.000 0	-4.919 3	-0.840 8	-1.235 4
β^{U}	0.060 5	3.790 1	-1.562 9	0.026 7	2.737 3
ω^{L}	-1.473 7	2.592 6	0.394 3	1.899 0	-24.999 9
α^{L}	-1.932 7	6.758 1	-8.225 6	-23.802 5	-7.839 1
β^{L}	3.158 9	-8.504 3	-5.060 1	2.932 9	0.000 0
LL	-74.042 0	-35.071 0	-28.274 0	-10.917 5	-5.487 5
AIC	-148.070 0	-70.130 0	-56.536 0	-21.426 9	-10.165 3
BIC	-148.040 0	-70.101 0	-56.507 0	-21.410 0	-10.248 3

但是,人民币兑港元汇率与中国股市之间不存在不对称的尾部效应,这意味着两个市场同时繁荣和崩溃。虽然中国香港在亚洲的经济影响力通过其在该地区的贸易和投资而扩大,但与中国保持长期密切关系的最大贸易国家仍然是美国、英国和欧洲国家。与第一个样本周期一样,时变动态相关模型比相应的静态相关模型表现得更令人满意。同样,除人民币兑港元汇率市场外,基于对数似然、AIC 和 BIC,时变 SJC copula 是后危机时期大多数相依结构的最佳模型。

本研究最重要的结果是,中国股票市场与人民币实际汇率的相依结构在危机前时期和所有样本时期均较弱,然而,相依结构在危机后得到了显著改善。可能的解释如下:第一,人民币汇率对上市公司总利润的总体影响较小,因为人民币升值降低了进口成本,可以抵消对出口的负面影响。第二,中国股票市场的有效性不高,影响中国股票市场的其他因素可能比汇率更大,如投资者非理性行为;最后,人民币实际汇率在一定程度上受到中国政府的控制,这可能导致中国股市对人民币实际汇率的相依性较弱。在金融危机后的两种情况下,协同运动的程度都得到了加强,这就解释了中国股票和外汇之间的相关性。其原因可能是金融危机影响了中国股市,外资流入中国股市。这一发现提高了我们对市场依赖的理解,而尾部相依对这两个市场的风险管理具有重要意义。显著的尾部依赖意味着高于正常的联合风险,因此,更高的 VaR 或 CoVaR。此外,这一发现也适用于国际资产定价,因为尾部风险应该得到补偿,从而包括在国际资产定价中。

7.5 结论

危机后与危机前时期相比，从 copula 函数估计可以知道，所有汇率与股市的相依程度都有所增加，所有相关都呈正相关，见表 7.7。类似地，从非对称的尾部相依可以看出，对 Clayton 和 Gumbel Copula 的大多数参数估计量可知，上尾和下尾相依显著增加。尾部相依系数的估计表明，人民币对美元在后危机时期尾部相依程度最高。就尾部依赖程度而言，人民币兑欧元汇率与股市相依关系排在第二位，其次是人民币兑英国汇率和人民币兑日本汇率。但人民币对美元、人民币对欧元、人民币对英镑、人民币对日元存在非对称尾部效应，而人民币对港币不存在尾部效应，这一结论与 Chkili 等（2012）、Reboredo 等（2007）、Bahmani-Oskooee 和 Saha（2018）一致。同时，人民币兑美元与中国股市收益的上尾相依高于下尾部相依，说明中国股市与人民币兑美元汇率在牛市中的协同作用大于熊市。后危机时期中国股市对人民币汇率升值或贬值的敏感性以及汇率对中国股市牛市和熊市的不同敏感性，这可以用股市看涨和看跌时实际资金流动的不对称反应来解释，其他相依结构则相反，其中人民币对日元与中国股市之间较低的尾部相依最为明显。

第8章 美国经济政策不确定性与中印股票市场时频联动效应研究

8.1 概述

自2007—2008年全球金融危机和随后的大衰退以来，经济的不确定性急剧上升，而且在美国不断升级，经济不确定性造成的影响吸引了越来越多的学者、投资者和政策制定者的兴趣。当政府决策者不能立即和频繁地接受或改变经济政策时，往往会造成巨大的经济不确定性，由此产生的与政策相关的经济不确定性，我们称之为经济政策不确定性（economic policy uncertainty，EPU），可能会阻碍经济复苏或导致股市暴跌。众所周知，美国是世界上最大的经济体，对世界经济至关重要。美国经济和金融市场的动荡和动荡可能会直接或间接影响到其他国家，此外，当它们来自世界主要经济体之一时，它们的影响力会变得更加显著。美国经济政策的不确定性可能不仅会影响国内市场，还会影响国际经济基本面。另一方面，众所周知，股票市场一直被视为国民经济的晴雨表，它能反映经济的变化。此外，现代金融理论指出，股票价格实际上是所有未来预期利润的净现值之和。一般来说，EPU可能会刺激市场贡献者对预期未来利润和/或贴现率的悲观关注，导致股价下跌。相反，旨在提振市场信心的具体经济政策往往会刺激积极的投资反应，最终导致股价上涨，换句话说，EPU可能会对股票市场的表现产生负面影响。然而，应该注意的是，EPU有时会对股票价格产生正向的影响，这背后的主要基本原理是，经济政策引发的不确定性会增加股票的风险红利，从而导致更高的股票价格（Brogaard和Detzel，2015）。同时，股票市场的波动也会反过来影响EPU，因为政府决策者有时不得不调整政策以应对股票市场的波动加剧，因此，股票市场波动越大，经济政策的不确定性就越高（Antonakakis 等，2013）。

我们的研究重点是美国的 EPU 与中国和印度股市之间的关系，选择中国和印度的动机如下：首先，中国和印度是世界上最重要的两个新兴经济体。它们占全球 GDP 的 16%。根据《2016—2017 年全球竞争力报告》，就市场规模而言，中国是仅次于美国的第二大经济体。我们的研究试图地分析世界上最大的发达经济体的 EPU 对世界上两个最大的发展中经济体的股票市场的影响。其次，中国和印度的股票价格不可否认地受到国内政策或国外不确定性的影响（Karolyi 和 Stulz，2003）。因此，探讨美国 EPU 对中国和印度股市的影响，是针对当前美国对中国和印度股市投资政策的及时认识，我们的实证结果不仅有利于中国和印度股市投资者发现美国 EPU 的来源，也有利于决策者认识到美国 EPU 对股市的影响。最后，2008 年的金融危机已经表明，美国 EPU 的影响可以以意想不到的速度传导到其他国家，并最终发展成一场全球危机。美国作为这些重要市场信息的来源，任何经济不确定性都会立即引起外国投资者的关注，并可能导致资产价格的变动和波动，进而成为市场传染的渠道。因此，美国的 EPU 可能会在包括中国和印度股市在内的国际股票市场上扮演关键角色，除了研究中国和印度股票市场 EPU 之间的协同运动外，我们还特别关注了它们之间的多尺度相互作用，如协同运动和因果关系，从而在时间和频域上提供更多关于它们相互依赖的信息。

8.2 文献综述

大量研究人员实证检验了 EPU 对宏观经济变量的影响，如股票市场、公司决策、旅游、黄金价格、石油价格等（Alessandri 和 Mumtaz，2018；Balcilar 等，2017；Carriero 等，2015；Jurado 等，2015；Mumtaz 和 Theodoridis，2017；Olanipekun 等，2019；Karnizova 和 Li，2014；Rossi 和 Sekhposyan，2015）。近年来，关于 EPU 与宏观经济变量关系的文献显著增多。在 EPU 对股票市场的影响方面，Sum（2012）讨论了基于美国新闻的经济政策不确定性和金砖四国（巴西、俄罗斯、印度和中国）的股票收益。Mensi 等人（2014）提供的证据表明，基于分位数回归框架，美国经济政策的不确定性对金砖四国（巴西、俄罗斯、印度、中国和南非）的股票回报没有影响。Dakhlaoui 和 Aloui（2016）讨论了美国欧洲货币联盟和金砖四国股票市场之间的时变波动溢出效应。Gao 和 Zhang（2016）研究了英国 EPU、股票和黄金市场之间的相关性。Balcilar et al.（2019）讨论了国内和全球 EPU 对中国香港、马来西亚和韩国股票收益和波动性的预测效应。也有研究对国际货币基金组织对其他国家股票市场的依赖结构和溢出效应提供了见解。例如，Belke 和 Osowski，2019；Bernal 等，2016；Bouri 等，2018；Colombo，2013；Dakhlaoui 和 Aloui，2016；Das 和 Kumar，2018；Luk 等，2018；Ko 和 Lee，2015，Sarwar，2012 研究了一些发展中国家和发达国家的国际 EPU 和股票市场之间的关系，一些文献进一步表明，股票收益与经济政策不确定性之间存在长期负相关关系（Sum，2012）。虽然有许多研究探讨经济政策不确定性与股票价格指数之间的联系，但只有少数研究从时频的角度检验这两个变量之间的相关性和因果检验。例如 Ko 和 Lee（2015）利用小波方法证明了经济政策的不确定性与股票收益的负相关关系。然而，目前还没有从时间和频率的角度对格兰杰因果检验进行讨论，此外，EPU 和股票回报之间的短期、中期和长期联系被发现是不稳定的（Bahmani-Oskooee，M.，& Saha，S.，2019）。

如上所述，结果是复杂多变的。大多数研究主要是基于时域的初始数据来检验股票市场与 EPU 之间的相关性，然而，众所周知，不同的因素在不同的时间范围（包括短期、中期和长期）影响整个市场。正如 Sun 等（2017）所强调的，市场是由不同利益相关者组成的复杂系统，例如，关注市场均衡的决策者倾向于关注一年内的长期趋势和季节周期，而短期交易的投机者可能更关注日交易趋势。事实上，经济活动中的时间序列往往受到在不同时间范围、不同组成部分组合的影响。考虑到参与者在不同时间段（从每天、每月到每年）的异质性，从短期、中期和长期的角度来看，特定的关联可能存在一些合理的差异（Vacha 等，2013）。因此，本书试图对原始时间序列中所有整合成一个整体的时频信息进行分析。基于这一点，我们把原始时间序列分解，美国 EPU 指数与中国和印度股票收益在不同的时间尺度的时频动态相关性，讨论在一个画面之间的内在互动关系，以及美国经济政策不确定性与中国和印度股市在不同时间尺度的相依结构。

利用小波分析以及线性和非线性 Granger 因果检验，探讨了不同时间尺度下美国 EPU 与中国和印度股票市场之间因果关系的相关性和方向。虽然以往的实证研究有证据表明 EPU 与股票市场在某一时间尺度上存在相关和因果关系，但对于不同时间尺度下 EPU 与股票市场的相依和因果关系却知之甚少。为了填补这一缺口，我们将研究美国的 EPU 与股票市场之间的依赖性如何随时间变化而变化，以及在不同时间尺度上的差异。也就是说，我们将利用小波相关性特别关注它们的动态相依性。小波相关性方法能识别出系统的超前滞后关系，并能推导出系统在不同频率和时间段内是否存在经济周期。而传统的时间序列因果检验是对变量之间的相互影响进行检验，适用于样本时间段内的所有数据点。传统的格兰杰因果检验的一个主要假设是时间序列之间存在线性关系。这可能是一个限制性太强的假设，因为经济事件的影响大多是非平稳和非线性的。此外，正如格兰杰（1988）所指出的，格兰杰因果关系的强度或方向可能在不同的频率下发生变化。因此，本书的主要目标是将 Diks 和 Panchenko（2006）的非线性因果检验从时域扩展到频域，同时，我们也采用时频域（小波）方法来探讨两个变量在不同时间范围内的线性和非线性因果关系。我们的方法也适用于非平稳金融时间序列，包括大量的异常值、波动集聚和结构性突变。

我们的实证证据表明，美国 EPU 与中国和印度股市的动态互动在短期内较弱，但在长期内逐渐增强，尽管在不同时期存在差异。具体来说，美国次级抵押贷款危机爆发以来，在主要金融动荡的时期，如2007—2008年金融危机的影响，美国 EPU 对中国和印度股市冲击尤其严重，因果关系方面，我们的结果显示短期内不存在线性或非线性的因果关系，而在中长期内存在单向、双向的线性和非线性的因果关系。本书的研究结果对于中国和印度股市不同投资时期的决策者和投资者具有现实意义，因为他们需要了解不同时期的动态关系和因果关系，以实现多元化和风险规避。更具体地说，短期内的独立性和非因果关系表明投资者不能用美国 EPU 来预测中国和印度的股票回报。此外，从长期来看，投资者虽然不能在套期保值上获得优势，但可以从预测股票收益中获益。同样，短期内不存在因果关系和线性依赖，这意味着美国 EPU 对中国和印度股市投资的监管不类似；但从长期来看，由于美国的 EPU 与中国和印度的股票市场是耦合的，美国 EPU 的巨大变化会增强股票市场收益的生存能力，而美国 EPU 的微小变化则会降低股票市场收益的价值。所有这一切都意味着，政策制定者应该付出更大努力，促进中国和印度股市的短期发展。但从长期来看，当美国的 EPU 变化很小的时候应该稍微放松，当美国的 EPU 变化剧烈的时候应该加强监控。

8.3 小波函数理论

本书利用连续小波和交叉小波变换研究了美国 EPU 与中国和印度股票收益的时频协动，此外，我们使用离散小波线性和非线性 granger 因果关系检验来探讨这些时间序列在不同时间范围内的因果关系。通常，小波函数被用来在被称为母小波的平移函数上分解时间序列，由两个参数组成：时间或位置（τ）和尺度（s），可以定义为：

$$\psi_s, \ \tau(t) = \frac{1}{\sqrt{s}} \psi \left(\frac{t-\tau}{s} \right) \qquad (8.1)$$

对于选定的母小波，时间序列 $x(t)$ 可以分解为

$$W_x(s, \tau) = \int_{-\infty}^{+\infty} x(t) \frac{1}{\sqrt{s}} \psi^* \left(\frac{(t-\tau)}{s} \right) dt \qquad (8.2)$$

其中，式中 * 为复共轭，小波系数为不同时间位置尺度的累积。因子对小波进行归一化，使它们具有单位方差，因此对所有尺度都具有可比性。

根据 Vacha 和 Barunik（2012）以及 Yang 等人（2016）的相关研究，我们使用 Morlet 小波，表达式为

$$\psi(s, t) = \pi - \frac{1}{4} \exp(i\omega_0 t) \exp\left(-\frac{1}{2} t^2\right) \qquad (8.3)$$

此处，小波在有限时间序列中实现转换，$x(t)$，$t = 1, \cdots, T$。根据海森堡测不准原理，时间和尺度位置之间存在不确定性。根据 Grinsted 等（2004）和 Rua 和 Nunes（2009）的研究，通常将 ω_0 设置为 6。

原始时间序列 $x(t)$ 可以通过小波系数进行重构，重构方法如下：

$$x(t) \frac{1}{c_\psi} \int_0^\infty \left[\int_{-\infty}^{+\infty} \mid W_x(\tau, s) \mid^2 d\tau \right] \frac{ds}{s^2} \qquad (8.4)$$

与传统的谱方法相比，小波功率谱（WPS）可以从绝对值的平方得到特定时间序列上的小波功率谱，定义为

$$WPS_x(\tau, s) \mid W_x(\tau, s) \mid^2 \qquad (8.5)$$

值得注意的是，小波功率谱（WPS）在低频振荡中存在一些不足（Liu 等，2007；Veleda 等，2012）。为了减小 WPS 的偏倚，我们利用 Ng 和 Chan（2012）开发的交叉小波变换（XWT）工具分析了中国和印度股票收益与 EPU 之间的相依结构。描述时频域协方差的 XWT 定义为

$$W_{xy} = W_x(\tau, s) W_y^*(\tau, s) \qquad (8.6)$$

虽然 XWT 可以在时频域中表示两个序列之间的相依关系，但很难检测出相依结构的强度，为了解决这一问题，采用了平方小波相干性，定义为

$$R_{xy}^2(\tau, s) = \frac{\mid \varepsilon\left(\frac{1}{s} W_{xy}(\tau, s)\right) \mid^2}{\varepsilon\left(\frac{1}{s} \mid W_x(\tau, s) \mid^2\right) \varepsilon\left(\frac{1}{s} \mid W_y(\tau, s) \mid^2\right)} \qquad (8.7)$$

此处，ε 是光滑算子，$0 \geq R_{xy}^2(\tau, s) \leq 1$。小波分析给出了两个序列在时频域内共同运动的完整图景。精确值用平方小波相干的等高线图来描述。颜色越红热，表示相依性越强，由于 XWT 系数的理论分布是未知的，相干性的统计显著性是由蒙特卡罗程序检查（Torrence 和 Compo，1998），XWT 用黑色的粗轮廓勾画出来。

由于 XWT 的系数是一个平方值，所以无法区分两个级数之间的正相关性和

负相关性。因此，根据 Torrence 和 Compo（1998），将小波相干相位差定义为

$$\varphi_{xy}(\tau,\ s) = tan^{-1}\left(\frac{\Im\{S(s^{-1}W_{xy}(\tau,\ s))\}}{\Re\{S(s^{-1}W_{xy}(\tau,\ s))\}}\right) \tag{8.8}$$

此处，$\Im$ 是虚部算子，$\Re$ 是实部算子。

在本书中，二维相位图描述了小波相干差的结果。黑色箭头表示相位差，当两个序列之间的相依结构是正（负）或同相位（反相位）时，箭头方向向右（向左），向上（向下）的箭头表示第一个（第二个）时间序列领先第二个（第一个）时间序列 $\pi/2$。

值得注意的是，连续小波变换（CWT）会产生冗余信息，给解释带来困难。因此，为了在时频域更有效地分析时间序列之间的因果关系，我们还利用了另一种小波——离散小波变换（DWT）来讨论考虑的两对小波之间的因果关系。

在小波变换下，时间序列 $x(t)$ 可以分解为

$$x(t) = \sum_k s_{J,\ k}\varphi_{J,\ k}(t) + \sum_k d_{J,\ k}\psi_{J,\ k}(t) + \sum_k d_{J-1,\ k}\psi_{J-1,\ k}(t) + \cdots + \sum_k d_{1,\ k}\psi_{1,\ k}(t) \tag{8.9}$$

此处，φ 和 ψ 分别为父小波和母小波函数，分别表示该系列的低频（平滑）和高频（详细）部分，J 为多分辨率级别数，k 为从 1 到各级别系数数的范围，系数 s_J，k，d_J，k，$\cdots$，d_1，k 是小波变换系数，测量相应的小波函数对总信号的贡献。

因此，应用 j 级多分辨率分解，可以将时间序列 $x(t)$ 表示为

$$x(t) = S_J(t) + D_J(t) + D_{J-1}(t) + \cdots + D_1(t) \tag{8.10}$$

此处，D_J，D_{J-1}，$\cdots$，D_1 表示由时间尺度 2^J 上的冲击所解释的短期、中期或长期变化，S_J 是从原始时间序列中去除 D_J，D_{J-1}，$\cdots$，D_1 后得到的残差。

由于之前的研究已经证明，对于金融时间序列数据可以采用中等滤波器（参见 Gençay 等，2001），我们在实证分析中使用月度数据，并将 $J=5$ 设置为多分辨率水平 J。这种解散程度在细节上分为五个层次：在尺度 1 和尺度 2（短期）中，时间范围分别为 2~4 个月和 4~8 个月，这与高频投机交易者相对应；中期的期限为 4~8 个月和 8~16 个月。此外，第 5 个尺度为 16~32 个月。

8.4　数据选取

本书在实证分析中考虑了两个主要变量，即美国经济政策的不确定性和中国

和印度的股票收益，虽然中国和印度的股票价格可以以高频率提供，但 EPU 指数只能以月频率提供因此，本章使用 1997 年 11 月至 2018 年 11 月的月度观察数据，在此期间，世界经历了以下地区和全球金融危机：2007—2008 年全球金融危机，通过对亚洲大宗商品的需求下降和投资减少，影响了亚洲的经济增长水平；2010 年的欧债危机，由于亚洲和欧洲之间强大的经济联系，影响了亚洲经济；以及 2015 年中国股市崩盘。EPU 指数指美国 10 家主要报纸上出现"经济"或"经济"、"不确定"或"不确定"等词语的频度；以及一个或多个"国会""赤字""美联储""立法""监管"或"白宫"[①]。股票市场指数分别为上证（中国）和印度 NSE（印度），数据来源为 DataStream。我们取变量的一阶差，乘以 100，得到股票价格每月增长率的百分比。

表 8.1 报告了 1997 年 11 月至 2018 年 11 月期间考虑的变量的主要描述性统计。在评估美国经济政策的不确定性对中国和印度股市蔓延风险的影响时，这一时期尤其值得关注，因为这一时期涉及亚洲金融危机和雷曼兄弟（Lehman Brothers）破产。这对于实证研究也特别有意义，因为这些年来美国 EPU 在时间和频率上存在大量的扩散。首先，从偏度、峰度统计和 JB 检验来看，所有的回归序列都是非正态分布的，表明存在厚尾。这些结果与金融时间序列具有非对称分布的总体观点一致。第二，所有的序列的平均值都是正的，具体来说，EPU 从最小值 27.266 到最大值 234.086 4 的跨度比股票收益的跨度大。第三，EPU 系列表现出比股票收益更高的变异性，这可以从其最大值、最小值和标准差统计数据中看出。事实上，EPU 指数的变化与股票收益的标准差是最大的。第四，印度股指呈负偏态，其他股指呈右偏态和非对称分布。然而，中国的 EPU 与股票收益存在正偏态，表明隐含波动率分布存在一个向右延伸的不对称尾部。这些结果表明，在中国，EPU 和股票收益的极端上升比极端下降更为普遍。

表 8.1　变量描述性统计

	平均值	中位数	最小值	最大值	标准差	偏度	峰度	JB 统计量
EPU	93.151	81.613	27.266	234.086	41.159	1.259	4.191	81.573[***]
中国	0.006	0.006	-0.246	0.320	0.077	0.135	4.943	40.431[***]
印度	0.011	0.014	-0.264	0.2807	0.067	-0.234	4.472	25.094[***]

---

① 数据来源于 www.policyuncertainty.com。

8.5 实证结果分析

8.5.1 连续小波分析

本节使用连续交叉小波显示了美国 EPU 与中国和印度股票市场之间的动态协同运动结果，如图 8.1~图 8.3 所示。在分析中国和印度的 EPU 与股票回报之间的相互联动状态之前，图 8.1 给出了研究中的每个单个序列的小波功率谱。小波功率谱是势级数的局部方差的观察器，并且它表达每个级数在时频域中行为的基本评估。按照以往文献的标准惯例，采用等高线图来描绘小波功率谱，它包含三个维度：频率、时间（月）和功率，频率和时间分别表示在纵轴和横轴上。功效的高低由以下颜色详细说明，暗红色表示非常高的功率，而深蓝色表示非常低的功率。黑色粗体轮廓代表蒙特卡罗模拟生成的小波功率谱的 5% 显著性水平。白色曲线是圆锥影响的指示器，这是由于不连续的边缘效应。

讨论中的每个系列的颜色轮廓表明小波功率随时间或频率的变化不是常数。仔细观察图 8.1 可以发现，所有变量的小波功率谱值最高（最黑）的时期是在 2007—2009 年前后，恰逢全球金融危机最关键的阶段，EPU 的最高小波功率谱往往集中在 2~16 个月的频率。中国和印度股市活动的衡量指标在小波功率方面既有相似之处，也有不同之处。但各变量也集中在国际金融危机期间，频率为 1~16 个月。此外，中国和印度的股票回报在较短的频率（1~2 个月）表现出非常高的功率。总的来说，关于小波功率谱的证明表明，全球金融危机对中国和印度的经济不确定性和股票市场产生了广泛的影响。较长的量表（超过 32 个月）的特点是，除了全球金融危机期间，功率非常低。

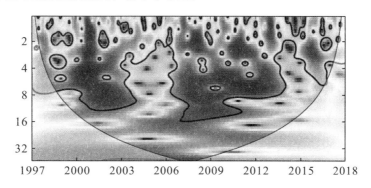

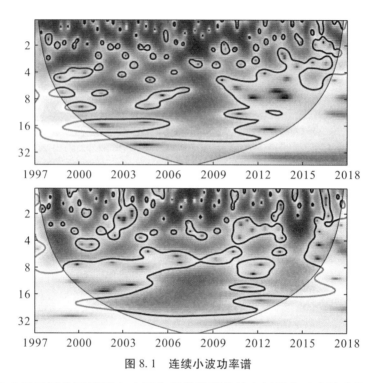

图 8.1　连续小波功率谱

图 8.2 显示了美国 EPU 与中国和印度股票收益之间的交叉小波变换。从图中可以看出，在较低的频率尺度上（大约 1~2 个月），EPU 与中国和印度的股票收益存在较弱的相关性。然而，协方差随着规模的增大而逐渐增大，说明中国和印度的美国股票收益的 EPU 的相关性受长期变化的影响大于短期波动的影响。同时，在 2007—2009 年全球金融危机期间和 4~32 个月的频带内，交叉小波相关性特别高。

然而，从箭头的方向来看，很难知道美国的 EPU 是领先中国和印度股市，反过来亦是如此。

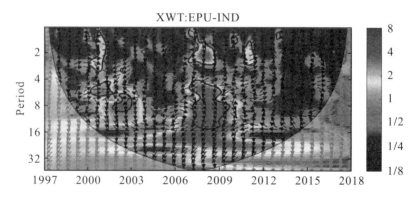

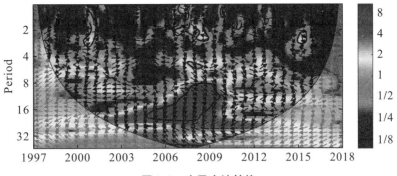

XWT:EPU-SSE

图 8.2　交叉小波转换

对于考虑到的所有配对的共同运动趋势，可以得出一致的结论。短期内（1~4 个月左右），协同的强度较弱，效果持续时间也很短，这可能解释了正常的市场波动，其中波动冲击的影响随着市场的自我调整而消除（Boubaker 和 Baza，2017）。此外，随着时间和频率的变化，协同运动方向是不同的，箭头指向不同的方向，协方差随着尺度的增加而逐渐增加。有趣的是，在 2007—2009 年全球金融危机之后，所有对的中长期（大约 8~32 个月）依赖结构都迅速增加。我们的结果也与现有文献一致，例如 Jammazi 和 Reboredo（2016）解释了石油股票回报的依赖性。在全球金融危机之前，在更短的时间尺度上它是微弱的，但随着时间尺度的延长，它大幅增加，然而，在危机之后，相关性在所有时间尺度上都显著增加。

图 8.3 显示了美国 EPU 与中国和印度股票收益之间的估计的小波平方相干性和相位差。就像功率谱一样，小波平方相干性是通过等高线图来表示的，频率和时间分别在纵轴和横轴上描述，小波平方相干性用灰度表示。相关性越大，灰色越深，这些图中粗黑的连续线岛状区域的小波平方相干性在 5% 水平上具有统计学意义，采用蒙特卡罗模拟法对其统计显著性进行了评价。特别地，5% 的显著性水平被指定使用蒙特卡罗模拟 2000 对正态分布时间序列与原序列相同的长度，均值和方差。黑色细线界定影响锥，因此必须谨慎考虑该锥以外的值，因为它们受到边缘影响的影响。通过对描述小波平方相干性的图表的视觉评估，我们可以分别探索美国 EPU 与中国和印度股票回报之间的功率和时变相关性。小波平方相干性和相位差实证分析中的第一个时间序列总是对应美国的 EPU，而第二个序列则是中国或印度的股票收益。

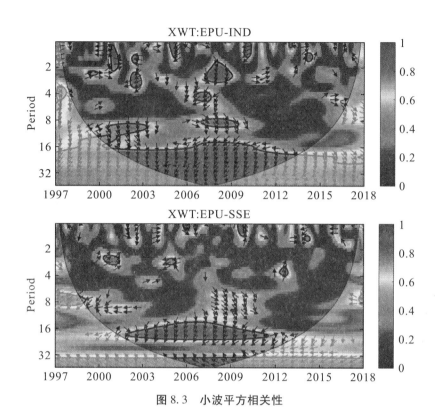

图 8.3　小波平方相关性

图 8.3 显示了美国 EPU 与中国和印度股市收益平方相关性。在 8~32 个月的长期频带内的所有样本时间内均存在显著的相关性，表明美国 EPU 与印度股市在长期内存在显著的依赖性。我们得出的结论是，美国 EPU 与印度股市的短期关系远不如中期的关系稳定。然而，美国 EPU 和印度股市回报之间的领先滞后关系尚不清楚。对于不确定性和中国股票市场，相依性仅在 32 个月以上的时间段内显著，有趣的是，向左上的箭头显示了全球金融危机前美国 EPU 和中国股市的负相关关系，中国股市导致美国 EPU。然而，从左向下的箭头显示，美国 EPU 导致了危机后的中国股市剧烈波动。这些结果与以往文献报道的结果一致（如 Ko 和 Lee 等，2015；Li and Liu，2017）。长期来看，美国 EPU 与股票市场之间最显著的相关性可以用 Bloom（2009）提出的家庭和公司在应对不确定性冲击时采取的"观望"观点来解释。较高的经济不确定性导致风险意识明显增加，通过培养经济主体日益普遍的观望行为，这种风险意识抑制了消费和投资决定。因此，经济不确定性的有害影响不是立竿见影的，而是需要一段时间才能流向实体经济。因此，当考虑到延长的时间范围时，这些影响变得更加明显。同理，股市波动指数的波动在短期内对经济活动的影响可以忽略不计。对股票市场或经济活动的滞后和持

续负面影响的证据与 Dovern 和 van Roye（2014）以及 van Roye（2014）报告的一致。在这方面，Davig 和 Hakkio（2010）、Hubrich 和 Tetlow（2015）用不同的方法得出了类似的结论。最后需要指出的是，在金融市场的正常或相对较低波动期，中国和印度的股市波动指数要弱得多。

总的来说，我们发现美国的 EPU 与中国和印度的股票市场收益在短期内有较弱的相关性（较高的频率），而且这种弱相关性在整个样本期内持续存在。然而，在中期和长期（频率较低），这些相依有所增加，特别是全球金融危机（2006—2011 年前后）的爆发，最终达到了以中期和长期（大约 8 至 32 个月）为中心的高度相关。美国 EPU 对印度股市的影响是中长期的，对中国股市的影响是长期的。正如上面提到的，2007—2009 年全球金融危机加强了这两组被考虑的数据之间的联动，在这段时间内相关性急剧上升。这些发现与 Aloui 等（2016）和 Xiong 等（2018）一致。然而，这两组之间的领先或滞后关系尚不清楚。

8.5.2　离散小波因果检验

本部分详细讨论关于美国 EPU 和中国和印度股票收益之间的线性和非线性的因果关系。首先，根据 Boubaker 和 Raza（2017）、Percival 和 Walden（2006）采用的方法，我们使用最大重叠 DWT（MODWT）方法将原始时间序列分解成 5 个维度，然后，在不同的时间维度内进行线性和非线性格兰杰因果检验。

在构造二元 VAR 模型时，时间序列必须满足平稳条件。然后我们对考虑的两对进行因果关系检验，线性格兰杰因果检验的实证结果清楚地表明，因果效应在不同国家和时间尺度上存在差异，结果见表 8.2。

表 8.2　离散小波线性格兰杰因果检验

时间维度	滞后	结果	原假设			
			EPU 不是股市格兰杰原因		股市不是 EPU 格兰杰原因	
			F-test	p-Value	F-test	p-Value
EPU 与印度						
D1	6	没有原因	1.212 3	0.148 9	0.835 2	0.184 5
D2	7	没有原因	1.185 8	0.152 1	0.371 9	0.412 7
D3	8	双向	7.183 4	0.000 0	12.973 6	0.000 0
D4	6	双向	8.273 4	0.000 0	9.872 0	0.000 0
D5	6	双向	6.384 7	0.000 0	5.384 9	0.000 0

表8.2(续)

时间维度	滞后	结果	原假设			
			EPU 不是股市格兰杰原因		股市不是 EPU 格兰杰原因	
			F-test	p-Value	F-test	p-Value
EPU 与中国						
D1	5	没有原因	0.958 1	0.177 3	0.298 2	0.463 1
D2	5	单向	5.729 1	0.000 0	0.607 2	0.293 7
D3	5	双向	6.129 3	0.000 0	7.297 4	0.000 0
D4	7	双向	8.281 90	0.000 0	11.293 0	0.000 0
D5	6	双向	9.271 8	0.000 0	4.283 7	0.000 0

第一个频率尺度（D1）对应的是一组投资区间在 0~2 个月左右的交易者。这些交易者主要参与投机性交易（高频交易）。在第一个频率尺度上，因果关系检验的实证结果清楚地表明，美国 EPU 对中国或印度股票收益无因果关系的零假设从未被拒绝，这意味着美国的 EPU 对中国和印度的股票回报没有显著影响。同时，股票收益与美国 EPU 之间不存在因果关系。这表明中国和印度股市的波动不足以引发美国经济政策的不确定性，反之亦然。这一结果也与美国的临时经济政策对中国和印度股市几乎没有影响的观点相一致，因为无论影响是什么，它都会很快被抑制，而且只会在短期内延续。在第二频率尺度（D2）上，表明投资期限为 2~4 个月，美国 EPU 和印度股市之间没有因果关系。然而，美国 EPU 与中国股市之间存在单向因果关系。因此，在 2~4 个月的频率下，中国股市的投资者需要更加关注美国经济政策的不确定性，差异可能是由于美国与中国的商业往来比印度更紧密。

第三个频率尺度到第五个频率尺度（D3，D4，D5）描述了 4~32 个月的时间范围，对应于股票市场的机会主义交易者，特别是基金经理和机构投资者。在这些尺度上，美国的 EPU 与中国和印度的股票回报之间存在很强的双向因果关系，中长期来看，中国和印度股市的暴跌和飙升都与美国 EPU 的走势密切相关。双向因果关系的证据与美国 EPU 的观点一致。一个可能的原因是中国或印度股市的崩溃加剧了美国 EPU 的恐慌，另一个可能的原因是股市飙升导致了经济泡沫。无论哪种情况，预计美国的 EPU 都将发生变化。例如，Antonakakis et al.（2013）指出股票收益的波动性与 EPU 的变化相互作用，这一发现部分与 Dar 和 Kumar（2018）和 Mensi 等人（2014）一致，说明美国 EPU 不会影响中国或印度的库存。

然而，增加新的证据考虑不同的时间波段是重要的。

线性格兰杰因果关系检验在揭示某些非线性因果关系方面是无效的，建议使用非线性因果关系检验（如 Diks 和 Valentyn，2006；Hiemstra 和 Jones，1994 年；Li 等，2016）。因此，非线性可能是股票收益的不对称调整、极端事件、投机或非线性交易成本等因素的结果。表8.3 显示了美国 EPU 与两个股票市场之间的非线性因果检验结果。结果表明，在短期内（D1），美国的 EPU 与中国和印度股市之间不存在非线性因果关系，而在第二频率尺度上（D2），美国的 EPU 与中国和印度股市之间存在 Granger 因果关系。相反，从两个股票市场到美国的 EPU 之间没有因果关系的证据表明，在较低的频率（D3 到 D5）上存在双向因果关系的证据表明，长期来看，美国的 EPU 领先于两个股票市场，反之亦然。总体而言，我们的研究结果表明，美国的 EPU 和中国反印度股市在中期和长期联系紧密，这两个股票市场的趋势密切取决于 EPU 在美国这些结果与文献报道一致，如李和刘（2017）和 Liow 等（2018）。

表 8.3　离散小波非线性格兰杰因果检验

时间维度	滞后	结果	原假设			
			EPU 不是股市格兰杰原因		股市不是 EPU 格兰杰原因	
			F-test	p-Value	F-test	p-Value
EPU & IND						
D1	8	No causlity	0.862 3	0.186 2	0.854 6	0.193 2
D2	6	EPU →IND	6.036 4	0.000 0	0.430 7	0.367 4
D3	7	EPU ⇆IND	13.174 4	0.000 0	19.054 6	0.000 0
D4	5	EPU ⇆IND	9.543 1	0.000 0	6.543 5	0.000 0
D5	5	EPU ⇆IND	11.543 7	0.000 0	9.564 3	0.000 0
EPU & SSE						
D1	7	No causlity	0.658 6	0.250 5	0.576 4	0.296 1
D2	9	EPU →SSE	8.729 8	0.000 0	0.243 5	0.503 6
D3	6	EPU ⇆SSE	11.643 3	0.000 0	10.865 3	0.000 0
D4	5	EPU ⇆SSE	15.864 2	0.000 0	6.293 0	0.000 0
D5	6	EPU ⇆SSE	12.433 4	0.000 0	8.764 2	0.000 0

总的来说，结果与 Li 等人（2016）讨论的中国和印度 EPU 与股票市场的相

关性一致。事实上，短期内不存在单向的非线性 Granger 因果关系，中长期内也不存在双向因果关系，这证明了美国 EPU 与两个股票市场之间的动态联系。非线性检验结果表明，基于 MODWT 非线性 Granger 因果关系检验的检验策略优于传统的线性检验方法。

8.6 本章小结

2007—2009 年的全球金融危机和与之相关的大衰退明显表明，金融动荡可能会对经济活动和股票市场产生破坏性的影响。本书探讨了中国和印度的股市和美国 EPU 之间动态交互时频效益，协同运动以及线性和非线性格兰杰因果关系，具体地说，与以往文献不同，本书利用了连续小波相干分析、线性和非线性 framew 多尺度框架格兰杰因果关系。它为评估中国和印度股市与美国 EPU 之间的相互作用如何随时间和不同的时间段演变提供了充分的证据。

我们的结果和结论是双重的。一方面，连续的小波相干性揭示了美国 EPU 与中国和印度股票市场在短期内（大约 1~2 个月）在整个样本期内的所有时间段内的弱协同运动。但是，在中期（大约 2~8 个月）和长期（大约 8~32 个月），特别是在最近全球金融危机爆发的情况下，这种共同行动显著加强。特别是，美国的 EPU 对印度股市的影响是中长期的（约 8~32 个月），而对中国股市的影响则是长期的（约 8~32 个月）。这一发现与美国 EPU 对中国和印度股市的影响在最近的全球金融危机期间尤为明显的观点是一致的。然而，在正常时期，这些变量的影响在短期内似乎对中国和印度股市的反应非常有限。另一方面，我们发现短期内股票市场与美国 EPU 之间不存在线性或非线性 Granger 因果关系。但从中长期来看，存在较强的单向和双向线性以及非线性 Granger 因果关系。

本研究中提出的证据可能对政策制定者和投资者都有重要的实际意义。短期内（大约 1~2 个月），协同运动较弱，因此美国的 EPU 无法帮助解释中国或印度股市未来的波动，然后短期投资者可以使用其他投资作为国际股票市场投资的对冲，以减少投资组合的波动性。在中长期（约 8~32 个月），增强的协动以及单向和双向的格兰杰因果关系证实了美国股票市场与 EPU 之间的密切互动关系。因此，投资者，特别是中长期关注中国和印度股市的投资者，应该更加谨慎对待美国 EPU 的波动，因为这将扰乱他们所参与的股市热情。同样，美国 EPU 的变化可能会影响投资者对中国和印度股市的信心。

第 9 章　投资者情绪和加密货币
分位时频动态效应研究

9.1　概述

  自 2008 年年末全球金融危机期间著名的比特币面世以来，基于比特币的一些概念和相关区块链技术，出现了大量加密货币（Bouri 等，2018）。与传统货币不同，加密货币是密码学和货币的结合，是任何人都无法断言的。的确，与标准货币或传统资产市场相比，加密货币市场相对年轻和不发达（Caporale 和 Plastun，2019）。然而，它们往往被探索为一种新的全球投资资产类别，而不是一种支付手段（Blau，2017；Celeste 等，2020）。作为全球金融市场中相对创新和日益重要的元素，加密货币经常用于在线交易，并在全球范围内受到稳步关注（Böhme 等，2015；Omane-Adjepong、Alagidede；Merediz-Solà 和 Bariviera，2019；Klarin，2020；等）。此外，越来越多的个人投资者和基金经理一直在考虑与加密货币相关的投资。

  投资者对加密货币越来越感兴趣，而研究人员也在扩大对加密货币属性的研究，加密货币的属性可能与传统市场不同，因为它们与传统市场有很大的差异。加密货币的投资和交易策略可能有别于传统金融资产的投资和交易策略。从行为金融学的角度来看，理解投资者行为-资产价格范式对于揭示金融市场投资决策的潜在影响是非常重要的。由此产生的一个相关问题是，投资者的注意力与资产价格/回报之间的关系。尽管最近已经证明，投资者的注意力在股票市场上起着统计和经济上的重要作用。尽管如此，加密货币已经成为全球金融市场上一种受欢迎的资产，加密货币市场由个人投资者主导。因此，有关投资者行为和加密货币市场之间关系的信息将是有价值的，并有助于风险管理，投资组合多样化和设计有效的投资策略。例如，如果投资者在某个加密货币市场上的注意力可以预测其回报，这将表明构建基于投资者注意力的策略的盈利能力。这一点至关重要，因为迄今为止还没有可靠的基本估值技术来量化加密货币的内在价值。为了在面对未被识别的市场风险时做出更明智的决定，技术分析通常被许多交易员和从业者用作研究加密货币价格的替代工具（Balcilar 等，2017）。因此，本书的目的是调查投资者情绪和主要加密货币之间的关系，并帮助更好地了解相对较新的市场。

在目前的研究中，加密货币被视为一种新兴的全球投资资产。现有文献主要可分为两类：第一类中早期的广泛研究，主要关注技术、法律和监管方面（例如，Dwyer，2015；Bariviera 等，2017，2018；Osterrieder 等，2017；Pieters 和 Vivanco，2017；Vandezande，2017；等等）。第二类最近研究，加剧了关于加密货币的经济和金融危机。这些研究范围从套期保值、多样化和安全资产（如 Baur 等，2015；Dyhrberg，2016；Bouri 等，2017b；Selmi 等，2018；Beneki 等，2019；等），市场效率（如，Urquhart，2016；Nadarajah 和 Chu，2017；Bariviera，2017；Caporale 等，2018；张等，2018；魏，2018；Köchling 等，2019；Omane-Adjepong 等，2019；Vidal-Tomás 等，2019；Celeste 等，2020 年；Lee 等，2020 年；等等）。加密货币和其他金融资产之间的波动、溢出和/或动态关系（例如，Fry 和 Cheah，2016；Ciaian 等，2015，2018；Bouri 等，2017；Katsiampa，2017；Katsiampa 等，2019；Kumar 和 Anandarao，2019；Chaim 和 Laurini，2019；等等）。加密货币市场的连通性和一体化（例如，Omane-Adjepong 和 Alagidede，2019；Sifat 等，2019；等等），价格发现和价格操纵（如，Brandvold 等，2015；Gandal 等人，2018；等等），决定加密货币价格和投机行为的因素（Kristoufek，2015；Blau，2017；Zhang 等，2018b；Phillips 和 Gorse，2018）。

在这些文献中，只有少数论文在解释加密货币的动态时考虑行为因素，主要关注社交媒体关注（Kristoufek，2013；Garcia 和 Schweitzer，2015；Kim 等，2016；Phillips 和 Gorse，2018；Urquhart，2018；Flori，2019；Dastgir 等，2019；Subramaniam 和 Chakraborty，2020）。投资者行为与加密货币市场之间的联系仍相对缺乏探索。如上所述，探索投资者行为和加密货币市场之间的联系不仅对丰富市场从业者和决策者的知识至关重要，而且对产生更明智的投资决策和交易策略也至关重要。因此，本书通过使用基于小波的分位数格兰杰因果分析，专门关注投资者情绪对加密货币市场影响。

我们的研究有两个主要贡献。在研究方法上，结合小波分析和分位数格兰杰因果关系，提出基于小波的分位数格兰杰因果检验，分析投资者注意力与加密货币之间的关系。小波分析可以检验不同时间尺度下的影响，而分位数 Granger 因果关系方法可以覆盖整个条件分布，因此，不存在由非线性和结构变化引起的误判。具体而言，利用分位数格兰杰因果关系对小波滤波数据进行分析，可以研究不同市场状态下的不对称因果关系，包括短期、中期和长期投资范围内的常态（中间分位数）和低迷/回升（较低/较高分位数）市场。在实证结果方面，本书为投资者提供了新的、更完整的图景。之前的一些研究（Kristoufek，2013；Garcia 等，2014；Kondor 等，2014；bouiyour 和 Selmi，2015；Yelowitz 和 Wilson，2015；Kim 等，2016；Phillips 和 Gorse，2018；Subramaniam 和 Chakraborty，2020年；等）仅提供短期和长期投资或一般市场条件下的投资者行为和加密货币市场之间的关系研究结果。然而，本文发现，除了媒介外，投资者的注意力与比特币、以太坊、Ripple 和 Litecoin 的收益在所有分位数之间存在双向格兰杰因果关系。在短期内，这些加密货币的格兰杰因果关系回归到投资者的关注似乎是对称的，但在中长期，因果关系显示出一些不对称性。投资者对这些加密货币回报的关注的格兰杰因果关系是不对称的，并且随着加密货币和时间尺度的不同而变化。具体来说，投资者的注意力对加密货币有较强的影响。

9.2 文献综述

作为第一种加密货币，比特币在 2008 年金融危机期间被提出，迅速吸引了世界各地的许多从业者、学者和交易员。此前的研究一直局限于比特币，因为它的市值最大，也是最成熟的。由于比特币被广泛视为一种新的投机资产（Glaser 等，2014；Kristoufek，2015；Urquhart，2016；Baur 等，2018），比特币的效率最近获得了越来越多的兴趣。大多数研究调查了比特币市场效率（Urquhart，2016；Nadarajah 和 Chu，2017；Caporale，2018；Tiwari 等，2018；Kristoufek，2018；Lee等，2020 年；等），但比特币的研究结果不应推广到其他加密货币。与此同时，其他替代加密货币，如以太坊、Ripple 和 Litecoin 也在加快步伐，并增加了它们的市值。在 2017 年，所有其他替代加密货币的总资本化等同于比特币（Bech 和Garratt，2017），这一事实已经吸引了更多的公众关注，最近的文献显示，人们对替代加密货币的兴趣越来越大。

加密货币市场是一个具有特殊属性的新兴市场，与传统金融市场有很大的不同。替代加密货币市场的效率大多未被探索，可能与比特币市场的情况不同，在这方面，Fry 和 Cheah（2016）关注了两个最大的加密货币市场：比特币和

Ripple，并发现了加密货币市场的负面泡沫。Brauneis 和 Mestel（2018）测试了几种加密货币的效率，发现效率与流动性呈正相关。Wei（2018）探讨了 456 种不同加密货币的市场效率，也提出流动性和市场效率之间存在很强的联系。Zhang 等人（2018）通过几项效率测试研究了九种加密货币形式，并指出了所有这些加密货币市场的低效性。Caporale 等（2018）研究了加密货币市场的持久性，并发现了市场无效率的证据。Köchling 等（2019）使用三种延迟措施研究 75 种加密货币的效率，发现价格延迟与市场资本化和流动性密切相关。Omane-Adjepong 等（2019）研究了 8 个最大市场规模的加密货币市场的长记忆和市场效率，并发现其中 3 个加密货币市场表现出与有效市场假说相反的特征。Vidal-Tomás 等（2019）使用市场组合对整个加密货币市场效率进行了研究，并得出结论认为，加密货币市场是弱型低效的，自 2017 年以来变得更加低效。Celeste 等（2020）研究了比特币、以太坊和 Ripple 价格的动态和分形特性，表明比特币被更好地描述为一个随机过程，但以太坊和 Ripple 更像是一个不断增长的潜在内存行为。Lee 等（2020）使用不同频率的数据来检验比特币的信息效率问题，并发现比特币市场在更高频率水平上存在信息低效现象。上述大多数研究似乎表明了加密货币市场中的低效和投机行为，这激发了对加密货币市场行为因素的不断探索。

尽管如此，关于行为因素和加密货币市场之间关系的文献相对较少（例如，Kristoufek，2013，2015；Garcia 等，2014；Yelowitz 和 Wilson，2015；Kim 等，2016；Dastgir 等，2019；Subramaniam 和 Chakraborty，2020 年；Kallinterakis 和 Wang，2019；等等），主要关注比特币。例如 Kristoufek（2013）在谷歌 Trends 和维基百科上研究了比特币与相关搜索查询之间的动态关系，发现价格与搜索项之间存在双向因果关系，根据他之前的研究，Kristoufek（2015）发现比特币的价格也受到标准的基本因素的驱动，如货币供应和使用在贸易，这类似于标准金融资产和投机资产。Garcia 等（2014）认为，信息搜索的峰值先于比特币价格的大幅下跌；Yelowitz 和 Wilson（2015）发现，政治和投资条件与比特币的兴趣无关。Dastgir 等（2019）研究了比特币关注度和比特币收益之间的因果关系，发现除了一些中心分布之外，相关变量之间存在双向因果关系。

不仅对于比特币，而且对于其他加密货币，Kim 等（2016）证明了加密货币社区中的用户评论和回复与三种加密货币（比特币、以太坊和 Ripple）的交易数量相关。Phillips 和 Gorse（2018）研究了四种加密货币（比特币、以太坊、莱特币和门罗币）的加密货币价格和在线因素之间的协同运动，表明加密货币目前可能被用作投机资产。Subramaniam 和 Chakraborty（2020）利用分位数因果关系法分析了投资者关注度对加密货币价格的影响，发现比特币和以太坊在各个阶段都引起了投资者关注度，投资者关注度的激增增加了比特币、以太坊和 Ripple 的收益。Kallinterakis 和 Wang（2019）使用 296 种加密货币探索了加密货币市场中的羊群行为，发现羊群是显著且强烈不对称的。

鉴于以上文献，似乎没有很多论文涉及行为因素和加密货币市场之间的相互作用的全面研究。此外，据我们所知，上述有限的研究并没有提供跨不同交易视野和市场阶段的投资者行为和加密货币调查的实证证据。这就是我们想要填补的空白。因此，随着人们对加密货币的兴趣日益浓厚，本文旨在利用基于小波的分位数格兰杰因果关系，更全面地理解投资者注意力与一些领先加密货币之间的相互作用，从而进一步丰富现有的稀缺文献。值得注意的是，它不仅可以揭示不同交易视野的因果关系，而且可以考虑不同市场阶段的格兰杰因果关系，如正常（中间分位数）、熊市（下分位数）和看涨（上分位数）市场。

9.3　数据分析

该研究基于 2019 年 8 月 24 日的市值和相对较长的数据跨度，采用了四种主要加密货币的周收盘价。这四种加密货币分别是比特币（BTC）、以太坊（Ethereum）、Ripple（XRP）和 Litecoin（LTC），它们占总市值的 82% 以上。加密货币价格以美元计价，可以在 2015 年 8 月 7 日至 2019 年 8 月 24 日期间收集（coinmarketcap. com）。cryptocurrency 收益（R_t）的对数差分计算价格，$R_t = \ln(P_t/P_t - 1)$，R_t 为 cryptocurrency 的价格。

各种类型的数据（如论坛、博客、微博、在线社交媒体平台、维基百科等）可以被视为衡量投资者情绪的指标。继 Da 等人（2015）之后，我们使用 GSVI 来代理投资者对加密货币市场的关注，本书采用这种基于互联网的数据有几个原因。首先，加密货币市场的主要参与者是个人投资者，个人投资者倾向于使用互联网搜索加密货币市场的信息。众所周知，在过去的几年中，谷歌一直是最受欢迎的搜索引擎。因此，GSVI 不仅可以很好地衡量从多种来源获得的公共信息，还可以向投资者提供高度多样化的信息（Han 等，2017）。其次，许多经济心理学研究发现，当价格变得更不确定时，人们会增加搜索（leieux 和 Peterson，2011；Abbas 等，2013），也就是说，对更多信息的需求在某种程度上与未解决的不确定性有关（Qadan 和 Nama，2018）。由于加密货币市场存在相当大的价格波动和不确定性，谷歌搜索至少反映了个人投资者的一些担忧。第三，GSVI 被广泛用于直接衡量金融市场投资者的注意力，因为这类时间序列数据不仅有效和令人信服，而且基于互联网构建。与在线平台的非结构化或半结构化的图像或文本数据相比，它更容易处理（Li 等，2015）。同时，GSVI 是一个相对索引，而不是一个绝对的查询量。与投资者注意力的传统度量相比，它似乎相对客观（Da 等，2011；Drake 等，2012；Vlastakis 和 Markellos，2012）。

GSVI 的值表示相对于所有可能查询的总搜索的搜索次数，它从 0 扩展到 100。我们使用关键词"比特币""以太坊""ripple"和"litecoin"在谷歌趋势上搜索。然后，根据谷歌（http://www.google.com/trends/correlate/），我们也使用了与上述关键词相关度最高的搜索词。也就是说，搜索词包括"比特币""以太坊""ripple""litecoin""coinbase""加密货币""btc exchange""space rent""hoosier topics""indianapolis mayor""citizens energy group"，分别被编码为 g1，g2，g3，g4，g5，g6，g7，g8，g9，g10 和 g11。收集 GSVI 的每周数据。因此，我们尝试对这些搜索数据序列进行评估，找出在一定程度上最能反映投资者关注度的数据序列。表 9.1 给出了这些搜索项之间的相关矩阵。如表 9.1 所示，g5、g6、g1、g7、g4、g3、g2 与其他系列的线性相关性最强。g1 与备选关键词（g2~g11）的相关性分别为 0.801 0、0.743 2、0.848 8、0.948 4、0.894 0、0.886 1、0.036 8、-0.150 7、-0.084 1 和 0.324 4。

表 9.1　相关矩阵

	g1	g2	g3	g4	g5	g6	g7	g8	g9	g10	g11
g1	1.000 0	0.801 0***	0.743 2***	0.848 8***	0.948 4***	0.894 0***	0.886 1***	0.036 8	-0.150 7**	-0.084 1	0.324 4***
g2	0.801 0***	1.000 0	0.699 5***	0.702 2***	0.812 7***	0.829 3***	0.826 2***	0.068 6	-0.177 6***	-0.078 6	0.350 4***
g3	0.743 2***	0.699 5***	1.000 0	0.729 2***	0.866 1***	0.906 7***	0.824 3***	-0.006 4	-0.012 2	-0.079 9	0.237 8***
g4	0.848 8***	0.702 2***	0.729 2***	1.000 0	0.916 2***	0.787 1***	0.802 4***	-0.024 8	-0.035 7	-0.079 2	0.211 8***
g5	0.948 4***	0.812 7***	0.866 1***	0.916 2***	1.000 0	0.910 4***	0.924 6***	0.000 9	-0.087 8	-0.083 0	0.304 6***
g6	0.894 0***	0.829 3***	0.906 7***	0.787 1***	0.910 4***	1.000 0	0.863 8***	0.076 3	-0.123 6*	-0.100 5	0.280 7***
g7	0.886 1***	0.826 2***	0.824 3***	0.802 4***	0.924 6***	0.863 8***	1.000 0	-0.129 9*	0.015 1	-0.063 6	0.204 1***
g8	0.036 8	0.068 6	-0.006 4	-0.024 8	0.000 9	0.076 3	-0.129 9*	1.000 0	-0.443 7***	-0.046 7	0.210 0***
g9	-0.150 7**	-0.177 6***	-0.012 2	-0.035 7	-0.087 8	-0.123 6*	0.015 1	-0.443 7***	1.000 0	0.129 2*	-0.252 4***
g10	-0.084 1	-0.078 6	-0.079 9	-0.079 2	-0.083 0	-0.100 5	-0.063 6	-0.046 7	0.129 2*	1.000 0	-0.047 0
g11	0.324 4***	0.350 4***	0.237 8***	0.211 8***	0.304 6***	0.280 7***	0.204 1***	0.210 0***	-0.252 4***	-0.047 0	1.000 0

表 9.2 给出了 g5、g6、g1、g7、g4、g3 和 g2 系列 GSVI 的描述性统计。与 g3 和 g4 相比，g2、g7、g6、g1 和 g5 的搜索量相对最大。结合与其他 GSVI 系列的线性相关性，在实证分析中首先选择搜索词为"比特币"的 g1 来代表投资者的关注度，下文将其编码为 GSVI（g1）。而 g5 和 g6 系列的搜索词"coinbase"和"加密货币"则用于鲁棒性分析。

表 9.2　描述性统计

Search	Mean	Median	Max	Min	SD	Skewness	Kurtosis	Jarque-Bera	P-value
g5	7.080 6	5	100	1	13.031 4	5.009 6	31.348 5	7 947.853 0***	0.000
g6	9.684 8	6	100	<1	16.800 6	3.659 0	17.474 0	2 312.652 0***	0.000 0
g1	9.526 1	6	100	2	13.643 5	4.164 2	23.438 7	4 282.456 0***	0.000 0
g7	10.564 0	7	100	1	13.176 8	4.069 1	21.941 0	3 736.392 0***	0.000 0
g4	3.431 3	2	100	<1	8.653 7	7.945 8	80.469 0	54 982.960 0***	0.000 0
g3	6.331 8	4	100	2	11.764 9	5.687 2	37.317 9	11 491.540 0***	0.000 0
g2	13.547 4	7	100	<1	18.762 6	2.509 3	9.504 9	593.432 1***	0.000 0

图 9.1 给出了 GSVI（g1）和加密货币收益的图。由此可见，GSVI（g1）自 2017 年以来呈上升趋势，并在 2017 年底达到峰值，说明自 2017 年年以来公众对互联网的关注度突然上升。在很大程度上，GSVI（g1）的增减似乎反映了加密货币的模式。更具体地说，GSVI（g1）和加密货币的协同移动似乎自大约 2017 年以来变得更加明显。在此期间，级数的各种上升和下降也表明关系中可能存在非线性。

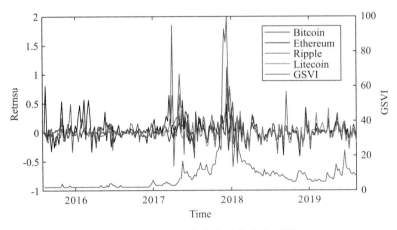

图 9.1　GSVI 和加密货币收益序列图

9.4　实证结果分析

9.4.1　连续小波分析

图 9.2 给出了 GSVI（g1）和加密货币回报的连续小波功率谱结果。颜色越深，所检测的时间序列在时频域的能量就越高。在此基础上，通过对红色噪声的蒙特卡罗模拟，黑色粗轮廓代表 5% 的显著性水平。

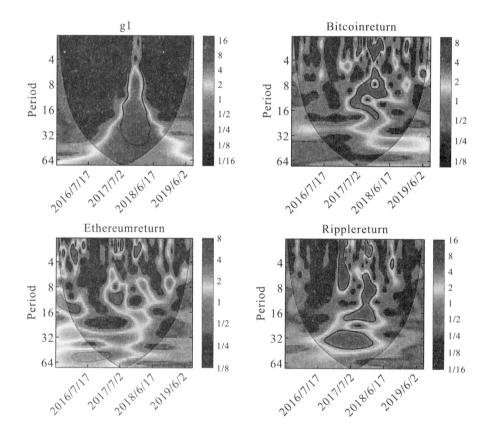

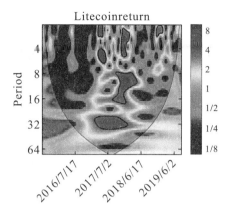

图 9.2　GSVI（g1）的连续小波功率谱

　　如图 9.2 所示，GSVI（g1）的小波能量谱呈现出大而黑色的轮廓，并呈现出深色，这说明 GSVI（g1）在中期（约 8~32 周）和长期（约 32~64 周）都有剧烈的波动。从时域上看，2017/07/02-2018/06/17 能量分布较强，波动相对较强，进一步说明 2017 年 7 月前后存在较大的波动。结果可能与一些加密货币相关的事件有关，例如，中国政府在 2017 年 1 月对加密货币进行了打击，2017 年 8 月比特币引入了新的硬分叉。此外，GSVI（g1）与比特币、以太坊、Ripple 和 Litecoin在 2017/07/02-2018/06/17 期间的收益有一些共同的变化，这表明 GSVI（g1）与不同的加密货币市场之间可能存在一些共性。

　　然后，采用交叉小波转换来研究它们在时频空间中的共同功率和相对相位。图 9.3 给出了 GSVI（g1）与比特币、以太坊、Ripple 和 Litecoin 收益之间的 XWT，说明了 GSVI（g1）与加密货币在时域和频域的局部协方差。

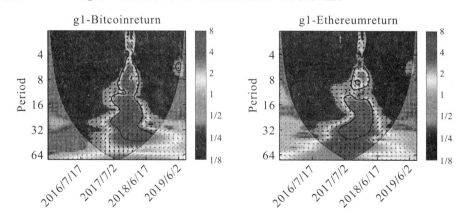

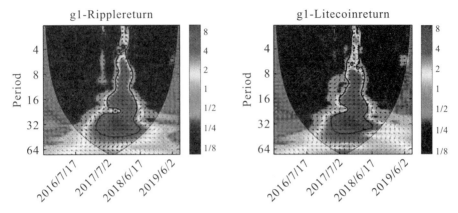

图 9.3　GSVI（g1）交叉小波变换

如图 9.3 所示，这四幅图显示了一些共性。在 2017 年 07 月 02 日至 2018 年 06 月 17 日的 4~32 周尺度上，GSVI（g1）和收益率的颜色均为深色，表示强协方差。此外，深色区域随着规模的增加而增加，表明从长期来看，GSVI（g1）与加密货币回报之间的协同移动强度更强。此外，在 20~32 周尺度下，在 2017/07/02-2018/06/17 左右，箭头指向右上，说明 GSVI（g1）与比特币、以太坊、Ripple 和 Litecoin 的收益同步，GSVI（g1）在该时频域引领比特币、以太坊、Ripple 和 Litecoin 的收益。

交叉变换只能表示两个变量相关性较高的区域。然而，在小波相干性中，即使相关性较低，也会表现出显著的连锁区。通过使用 WTC，很容易揭示 GSVI（g1）和加密货币之间协同移动的强度、动态和方向。图 9.4 显示了 GSVI（g1）的 WTC 以及比特币、以太坊、Ripple 和 Litecoin 收益相关性。

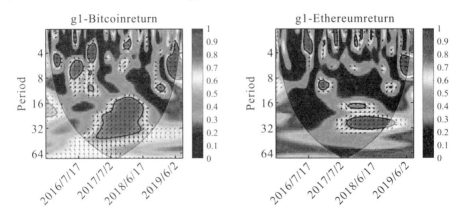

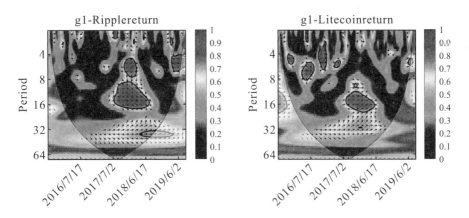

图 9.4　GSVI（g1）对和比特币、以太坊、Ripple 和 Litecoin 收益的小波一致性

在图 9.4 中，我们发现了几个深色区域，表明在这段时间内 GSVI（g1）和加密货币回报之间存在显著的协同运动。这些领域似乎与加密货币市场的一些重大新闻事件相一致。例如，2015 年 8 月，比特币出现了一个新的分叉点，2015 年 11 月，比特币符号被 Unicode 接受。主要加密货币开发者 Mike Hearn 表示，比特币失败了，并在 2016 年 1 月退出了加密货币。2016 年 6 月，基于以太坊环境的 DAO 遭到黑客攻击。2016 年 8 月，黑客从 Bitfinex 窃取了 12 万比特币，引发了安全担忧。2017 年 1 月，中国政府打击了加密货币的运营，然后在 2017 年 8 月出现了一个新的硬分叉。2017 年 11 月，加密货币业务再次受到中国政府的打击（Kumar 和 Anandarao，2019）。2019 年 2 月，以太坊"君士坦丁堡"被执行，2019 年 5 月，币安被黑，BitMEX flash 崩溃等。在 2017 年之前，可以观察到一些微小的深色区域，表明 GSVI（g1）和加密货币回报之间存在短期但显著的协同运动。以比特币/莱特币为例，少数深色区域也标识了 2015 年 8 月比特币硬分离，2015 年 11 月比特币标志被 Unicode 接受，以及 2016 年 1 月比特币退出加密货币市场事件。鉴于比特币和莱特币的技术特征相似，两者的相似性是可以预期的（Ciaian 等，2018）。在 2017 年 1 月中国打击和 2017 年 8 月比特币硬分离之后，GSVI（g1）和加密货币回报的相依性被发现正在增加。具体来说，从 2017 年 7 月 2 日到 2018 年 6 月 17 日，GSVI（g1）和加密货币在中长期尺度上的相依强于短期尺度上的相依。结果可能表明，加密货币市场仍不成熟和发展，投资者倾向于与重大加密货币新闻事件保持一致。其中 GSVI（g1）与比特币回报的相互依赖性最强。可以看出，GSVI（g1）在 2015 年 8 月比特币硬分离、2017 年 11 月中国打击加密货币和 2019 年 2 月以太坊硬分离活动期间，比特币收益在 0~8 周尺度上有一个共同的变化。与此同时，在 2017 年 1 月和 11 月中国的打击活动中，16~

40 周尺度出现了一个很大的常见变化。箭头一般指向右上角，表示 GSVI（g1）比比特币收益高。同时，在 2017/07/02－2019/01/13 期间，GSVI（g1）在 16～32 周尺度上与以太坊收益有一个轻微的共同变化，箭头指向右和向上，表明 GSVI（g1）领先于以太坊收益。对于 GSVI（g1）和莱特币收益，我们可以看到，在 2017/07/02－2017/11/19 期间，箭头指向右上，表明 GSVI（g1）也领先于莱特币的回归。对于 GSVI（g1）和 Ripple 收益，在 2017/07/02－2018/06/17 的 8～16 周尺度上，箭头指向右下，表明 Ripple 收益高于 GSVI（g1）。

9.4.2　多尺度分位数格兰杰因果分析

由于谱密度法可以在所有周期下提供更全面的分析，格兰杰（1966，1980）建议采用谱密度法进行多尺度因果关系。在 Walden 和 Andrew（2000）、Gencay 等（2002）、Boubaker 和 Raza（2017）以及 Sun 等（2018）之后，使用 MODWT 将时间序列分解为 5 个尺度，以探索整个时间段内 GSVI（g1）和加密货币市场之间的动态关系。然后，在不同的时间区间进行分位数格兰杰因果关系，揭示潜在非线性格兰杰因果关系。

GSVI（g1）和加密货币回报系列首先分解为 5 个尺度。其中第 1 和第 2 个量表（短期）分别对应 2～4 周和 4～8 周的时间范围；第 3 和第 4 表（中期）对应 8～16 周和 16～32 周的范围；刻度 5 代表 32～64 周的范围。本书首先采用 ADF、PP 和 Kwiatkowski、Phillips、Schmidt 和 Shin（KPSS）方法对量表 1～5 子序列的平稳性进行检验，验证了量表 1～5 子序列的 Granger 因果关系。ADF 单位根检验结果如表 9.3 所示。

表 9.3　单位根检验

	D1	D2	D3	D4	D5
g1	-9.819^{***}	-8.926^{***}	-4.168^{***}	-3.852^{***}	-6.044^{*}
g5	-9.041^{***}	-9.329^{***}	-4.317^{***}	-5.624^{***}	-6.016^{**}
g6	-14.060^{***}	-6.110^{***}	-4.816^{***}	-6.336^{***}	-5.222^{**}
Bitcoin return	-10.483^{***}	-6.472^{***}	-5.995^{***}	-4.650^{***}	-3.548^{*}
Ethereum return	-9.950^{***}	-10.288^{***}	-6.815^{***}	-4.042^{***}	-2.947^{**}
Ripple return	-12.048^{***}	-6.253^{***}	-6.062^{***}	-4.638^{***}	-3.048^{**}
Litecoin return	-10.523^{***}	-6.904^{***}	-10.087^{**}	-4.358^{***}	-2.261^{**}

S_T 分位数 Granger 因果关系检验的 p 值报告在表 9.4～表 9.7 中。如表 9.4～表 9.7 所示，在短期尺度上，比特币、以太坊、Ripple 和 Litecoin 的 Granger 收益导致除中位数外各分位数的 GSVI（g1）均处于 1% 的显著水平。该结果与 Dastgir 等（2019）的研究结果一致，他们也观察到了比特币关注与比特币收益之间的双向因果关系，除了中心分布之外。在中期尺度上，除了中位数、最低和最上面的尾部（$\tau = 0.05$, 0.95）外，在 5% 的显著性水平上，存在从加密货币收益到 GSVI（g1）的格兰杰因果关系。在尺度 5，格兰杰因果关系从加密货币收益到 GSVI（g1）的显著性水平为 5%，几乎除了条件分布的中位数和极端尾部 $\tau = \{0.05$, 0.1, 0.15, $0.2\}$ 和 $\tau = \{0.85$, $0.9\}$，具体来说，格兰杰因果关系在极端尾部变得不那么显著，$\tau = \{0.05$, 0.1, 0.15, $0.2\}$ 和 $\tau = \{0.85$, $0.9\}$，说明随着时间尺度的延长，格兰杰因果关系变弱。因此，在低搜索或高搜索阶段，加密货币收益的波动很容易影响 GSVI（g1）的增减，主要集中在中短期。短期的影响是对称的，但中长期的影响呈现出一定的不对称性。与此同时，加密货币收益的波动导致 GSVI（g1）在短期内急剧上升或下降，但在中长期尺度上，这种关系变得越来越弱。这些结果并不令人惊讶，这可能表明随着时间的推移，加密货币回报波动对 GSVI（g1）的影响将部分被吸收。

另一方面，从 GSVI（g1）到加密货币回报的格兰杰因果关系因不同的加密货币和时间尺度而不同。对于比特币而言，GSVI（g1）Granger 主要导致比特币收益在尺度 1、2 和 5。在短期尺度上，GSVI（g1）Granger 导致比特币只在一些较低和较高的尾部，除了中间和极端的尾部，在 5% 的显著性水平上回报。也就是说，在短期内，只有在一些熊市/牛市，而不是正常或极端低迷/上涨的市场，GSVI（g1）往往会导致比特币收益的变化。在中期尺度上，从 GSVI（g1）到比特币收益的格兰杰因果关系几乎是分布的最低和最高尾部。这些结果表明，只有在极端熊市和牛市阶段，GSVI（g1）才会导致比特币收益的变化。尺度 5，GSVI（g1）格兰杰导致比特币收益在低尾部 5% 的显著水平，这表明在熊市中，GSVI（g1）会导致比特币收益的变化。对于以太坊而言，有少量证据表明 GSVI（g1）与以太坊收益在 5% 显著水平上存在格兰杰因果关系。

在尺度 1 和尺度 2 上，格兰杰因果关系仅在 $\tau = 0.65$ 或 $\tau = 0.4$ 时存在；在尺度 3、4 和 5 上，下尾 $\tau = 0.15$ 或上尾 $\tau = \{0.9$, $0.95\}$ 的格兰杰因果关系。这些结果表明，在短期内，只有几个温和的市场阶段，GSVI（g1）格兰杰导致以太坊收益变化，因果关系相对较弱。而在中长期，在一定的熊市或极度看涨的市场阶段，GSVI（g1）Granger 导致了以太坊收益的波动，且影响也很弱。对于 Ripple，在短期尺度上，在 5% 的显著性水平下，GSVI（g1）Granger 导致了大部分上下尾的 Ripple 收益。在中期尺度上，从 GSVI（g1）到 Ripple 收益的 Granger 因果关系倾向于集中在较少的上下分位数。

表 9.4 投资者情绪与比特币收益分位数格兰杰因果关系

τ	H_0: g1 does not Granger cause Bitcoin					H_0: Bitcoin does not Granger cause g1				
	D1	D2	D3	D4	D5	D1	D2	D3	D4	D5
[0.05; 0.95]	0.0060***	0.0060***	0.2754	0.3713	0.1138	0.0060***	0.0060***	0.0060***	0.0060**	0.0060**
0.05	0.6168	0.1617	0.0719*	0.0060**	0.0240**	0.0060**	0.0060***	0.0060**	0.1976	0.0778*
0.1	0.2335	0.1257	0.1557	0.1976	0.0719*	0.0060**	0.0060***	0.0060**	0.0060**	0.0060***
0.15	0.0299**	0.0060***	0.1677	0.2994	0.0539*	0.0060**	0.0060***	0.0060**	0.0060**	0.0180**
0.2	0.0060***	0.0060***	0.6766	0.3114	0.0359**	0.0060**	0.0060***	0.0060**	0.0060**	0.0838*
0.25	0.0060***	0.0060***	0.4910	0.5210	0.0240**	0.0060**	0.0060***	0.0060**	0.0060**	0.0060**
0.3	0.0060***	0.0060***	0.2695	0.3952	0.0060**	0.0060**	0.0060***	0.0060**	0.0060**	0.0060**
0.35	0.0060***	0.2096	0.6228	0.3713	0.0060**	0.0060**	0.0060***	0.0060**	0.0060**	0.0060**
0.4	0.0060***	0.1617	0.2515	0.3892	0.0479**	0.0060**	0.0060***	0.0060**	0.0060**	0.0060**
0.45	0.0180**	0.1437	0.2575	0.3952	0.2515	0.0060**	0.0060***	0.0060**	0.0060**	0.3772
0.5	0.1018	0.4251	0.4551	0.3952	0.3174	0.1437	0.7485	0.7665	0.5808	0.3413
0.55	0.2635	0.3832	0.4790	0.4251	0.3114	0.0060**	0.0060***	0.0120**	0.0060**	0.0240**
0.6	0.1916	0.3653	0.6287	0.4850	0.2156	0.0060**	0.0060***	0.0060**	0.0060**	0.0060***
0.65	0.0120**	0.3234	0.5389	0.6707	0.2216	0.0060**	0.0060***	0.0060**	0.0060**	0.0060***
0.7	0.0299**	0.2515	0.7425	0.5509	0.2874	0.0060**	0.0060***	0.0060**	0.0120**	0.0180**
0.75	0.0060***	0.0539*	0.1198	0.5269	0.2695	0.0060**	0.0060***	0.0060**	0.0060*	0.0299**
0.8	0.0419**	0.0060***	0.1078	0.5449	0.2216	0.0060**	0.0060***	0.0060**	0.0060**	0.0299**
0.85	0.3114	0.0060***	0.1198	0.4132	0.0778*	0.0060**	0.0060***	0.0060**	0.0359**	0.0419**
0.9	0.4251	0.0060***	0.0359**	0.3174	0.2635	0.0060**	0.0060***	0.0060**	0.0479**	0.0539*
0.95	0.3832	0.0958*	0.0299**	0.0180**	0.1737	0.0060**	0.0060***	0.0599*	0.1916	0.0539*

在尺度 5，GSVI（g1）格兰杰对一些较低和最上层的尾部（τ = 0.15、0.2、0.25、0.3，τ = {0.9，0.95}）。这些发现可能表明，在熊市和牛市中，GSVI（g1）在短期内倾向于影响 Ripple 收益，但从长期来看，只有在一些熊市或极端牛市中，GSVI（g1）才会影响 Ripple 收益。对于莱特币而言，在尺度 1 上，GSVI（g1）格兰杰导致莱特币在一些低尾、中尾和上尾均处于 5% 的显著水平；在尺度 2 时，极端尾数存在格兰杰因果关系。在中期尺度上，从 GSVI（g1）到莱特币收

益的格兰杰因果关系主要集中在较低的尾部（τ=0.2、0.25）。

表9.5　投资者情绪与以太坊收益分位数格兰杰因果关系

τ	H_0 : g1 does not Granger cause Ethereum					H_0 : Ethereum does not Granger cause g1				
	D1	D2	D3	D4	D5	D1	D2	D3	D4	D5
[0.05; 0.95]	0.287 4	0.113 8	0.359 3	0.509 0	0.059 9	0.006 0 * *	0.006 0 * * *	0.006 0 * *	0.006 0 * *	0.006 0 * * *
0.05	0.550 9	0.203 6	0.622 8	0.257 5	0.706 6	0.006 0 * *	0.006 0 * * *	0.006 0 * * *	0.197 6	0.041 9 * *
0.1	0.341 3	0.197 6	0.419 2	0.491 0	0.065 9 *	0.006 0 * *	0.006 0 * * *	0.006 0 * *	0.006 0 * *	0.053 9 *
0.15	0.538 9	0.119 8	0.035 9 * *	0.556 9	0.149 7	0.006 0 * *	0.006 0 * * *	0.006 0 * *	0.006 0 * *	0.077 8 *
0.2	0.772 5	0.455 1	0.119 8	0.622 8	0.269 5	0.006 0 * *	0.006 0 * * *	0.006 0 * *	0.006 0 * *	0.065 9 *
0.25	0.305 4	0.419 2	0.526 9	0.634 7	0.149 7	0.006 0 * *	0.006 0 * * *	0.006 0 * *	0.006 0 * *	0.006 0 * * *
0.3	0.437 1	0.053 9 *	0.221 6	0.616 8	0.119 8	0.006 0 * *	0.006 0 * * *	0.006 0 * *	0.006 0 * *	0.006 0 * * *
0.35	0.473 1	0.065 9 *	0.245 5	0.748 5	0.197 6	0.006 0 * *	0.006 0 * * *	0.006 0 * *	0.006 0 * *	0.006 0 * * *
0.4	0.065 9 *	0.029 9 * *	0.407 2	0.772 5	0.383 2	0.006 0 * *	0.006 0 * * *	0.006 0 * *	0.006 0 * *	0.006 0 * * *
0.45	0.323 4	0.215 6	0.227 5	0.604 8	0.353 3	0.006 0 * *	0.006 0 * * *	0.006 0 * *	0.006 0 * *	0.431 1
0.5	0.886 2	0.341 3	0.365 3	0.544 9	0.347 3	0.143 7	0.748 5	0.772 5	0.580 8	0.634 7
0.55	0.754 5	0.610 8	0.419 2	0.443 1	0.371 3	0.006 0 * *	0.006 0 * * *	0.012 0 * *	0.006 0 * *	0.006 0 * * *
0.6	0.275 4	0.796 4	0.652 7	0.616 8	0.311 4	0.006 0 * *	0.006 0 * * *	0.006 0 * *	0.006 0 * *	0.006 0 * * *
0.65	0.041 9 * *	0.515 0	0.808 4	0.413 2	0.167 7	0.006 0 * *	0.006 0 * * *	0.006 0 * *	0.006 0 * *	0.012 0 * *
0.7	0.149 7	0.395 2	0.694 6	0.497 0	0.095 8 *	0.006 0 * *	0.006 0 * * *	0.006 0 * *	0.012 0 * *	0.053 9 *
0.75	0.532 9	0.251 5	0.658 7	0.682 6	0.071 9 *	0.006 0 * *	0.006 0 * * *	0.006 0 * *	0.006 0 * *	0.101 8
0.8	0.491 0	0.413 2	0.467 1	0.371 3	0.149 7	0.006 0 * *	0.006 0 * * *	0.006 0 * *	0.006 0 * *	0.077 8 *
0.85	0.568 9	0.065 9 *	0.365 3	0.323 4	0.131 7	0.006 0 * *	0.006 0 * * *	0.006 0 * *	0.035 9 * *	0.155 7
0.9	0.862 3	0.239 5	0.197 6	0.018 0 * *	0.041 9 * * *	0.006 0 * *	0.006 0 * * *	0.006 0 * *	0.047 9 * *	0.101 8
0.95	0.898 2	0.113 8	0.305 4	0.035 9 * *	0.018 0 * * *	0.006 0 * *	0.006 0 * * *	0.059 9 *	0.185 6	0.006 0 * * *

在尺度 5，下尾部的格兰杰因果关系在 5% 水平上显著（τ=0.15，0.2，0.25）和极限尾部（τ=0.9）。这些研究结果可能表明，在短期内，在市场的某些阶段，GSVI（g1）会导致莱特币收益的波动，但在中期，仅在熊市，GSVI（g1）会导致莱特币收益的波动。从长期来看，在一些熊市和极度牛市的市场阶段，GSVI（g1）可能会导致莱特币收益的变化，但 GSVI（g1）在熊市中的作用与在牛市中的作用是不同的。

表 9.6　投资者情绪与 Ripple 收益分位数格兰杰因果关系

τ	H_0: g1 does not Granger cause Ripple					H_0: Ripple does not Granger cause g1				
	D1	D2	D3	D4	D5	D1	D2	D3	D4	D5
[0.05; 0.95]	0.0120**	0.0060**	0.1078	0.2335	0.0180**	0.0060**	0.0060**	0.0060**	0.0060**	0.0060**
0.05	0.0778*	0.0060**	0.1198	0.0120**	0.3413	0.0060**	0.0060**	0.0060**	0.1976	0.0419**
0.1	0.0060**	0.0060**	0.0060**	0.0539*	0.1198	0.0060**	0.0060**	0.0060**	0.0060**	0.0539*
0.15	0.0060**	0.0060**	0.0060**	0.1018	0.0240**	0.0060**	0.0060**	0.0060**	0.0060**	0.0778*
0.2	0.0060**	0.0060**	0.0060**	0.2635	0.0060**	0.0060**	0.0060**	0.0060**	0.0060**	0.0659*
0.25	0.0060**	0.0060**	0.0359**	0.4491	0.0060**	0.0060**	0.0060**	0.0060**	0.0060**	0.0060**
0.3	0.0419**	0.0060**	0.0838*	0.4850	0.0180**	0.0060**	0.0060**	0.0060**	0.0060**	0.0060**
0.35	0.0240**	0.0060**	0.3353	0.4731	0.1198	0.0060**	0.0060**	0.0060**	0.0060**	0.0060**
0.4	0.1257	0.0539**	0.4072	0.4850	0.1078	0.0060**	0.0060**	0.0060**	0.0060**	0.0060**
0.45	0.0240**	0.0898*	0.5210	0.3234	0.3353	0.0060**	0.0060**	0.0060**	0.0060**	0.4311
0.5	0.3832	0.8263	0.5868	0.2156	0.2395	0.1377	0.7365	0.7725	0.5808	0.6287
0.55	0.1377	0.4850	0.6587	0.2395	0.2994	0.0060**	0.0060**	0.0120**	0.0060**	0.0060**
0.6	0.1557	0.0838*	0.5500	0.1916	0.2874	0.0060**	0.0060**	0.0060**	0.0060**	0.0060**
0.65	0.0719*	0.0060**	0.4371	0.1916	0.2814	0.0060**	0.0060**	0.0060**	0.0060**	0.0120**
0.7	0.0299**	0.0060**	0.0060**	0.1796	0.2335	0.0060**	0.0060**	0.0060**	0.0120**	0.0539*
0.75	0.0060**	0.0060**	0.0060**	0.1856	0.1617	0.0060**	0.0060**	0.0060**	0.0060**	0.1018
0.8	0.0060**	0.0060**	0.0060**	0.5389	0.1018	0.0060**	0.0060**	0.0060**	0.0060**	0.0778*
0.85	0.0060**	0.0060**	0.0539*	0.5389	0.0539*	0.0060**	0.0060**	0.0060**	0.0359*	0.1557
0.9	0.0060**	0.0060**	0.1138	0.5030	0.0060**	0.0060**	0.0060**	0.0060**	0.0479*	0.1018
0.95	0.1018	0.4132	0.0719*	0.0719*	0.0060**	0.0060**	0.0060**	0.0599*	0.1856	0.0060**

因此，上述结果表明 GSVI（g1）-加密货币关系中的不对称性，这取决于正面/负面信息或极端事件。在短期内，加密货币回报吸引投资者在所有分位数的注意，除了中位数。而从中长期来看，这种影响逐渐减弱，且不对称。另一方面，GSVI（g1）在熊市对比特币、以太坊、Ripple 和 Litecoin 的收益的影响似乎比在牛市中更强。一种可能的解释是，在熊市中，回报率很低，恐惧驱使人们厌恶短视的损失。这让投资者感到害怕，于是抛售手中的股票，因此搜索量会因卖家而增加。这一发现与 Vozlyublennaia（2014）、Subramaniam 和 Chakraborty（2020）一致，他们认为个人投资者可能会根据 und 的性质产生正或负的价格压力。与高

回报（牛市）相比，低回报被视为负面消息。当市场表现不佳时，注意力的增加与恐惧和恐慌性抛售有关，对市场有较强的暂时影响。

表 9.7　投资者情绪与 Litecoin 收益分位数格兰杰因果关系

τ	H_0: g1 does not Granger cause Litecoin					H_0: Litecoin does not Granger cause g1				
	D1	D2	D3	D4	D5	D1	D2	D3	D4	D5
[0.05; 0.95]	0.006 0**	0.006, 0**	0.119, 8	0.233, 5	0.119 8	0.006 0**	0.006 0**	0.006 0**	0.006 0**	0.006 0**
0.05	0.047 9**	0.006 0**	0.024 0**	0.059 9*	0.125 7	0.006 0**	0.006 0**	0.006 0**	0.197 6	0.041 9**
0.1	0.024 0**	0.006 0**	0.035 9**	0.107 8	0.119 8	0.006 0**	0.006 0**	0.006 0**	0.006 0**	0.053 9*
0.15	0.239 5	0.006 0**	0.083 8*	0.053 9*	0.047 9**	0.006 0**	0.006 0**	0.006 0**	0.006 0**	0.077 8*
0.2	0.161 7	0.006 0**	0.024 0**	0.006 0**	0.029 9**	0.006 0**	0.006 0**	0.006 0**	0.006 0**	0.065 9*
0.25	0.012 0**	0.006 0**	0.006 0**	0.012 0**	0.006 0**	0.006 0**	0.006 0**	0.006 0**	0.006 0**	0.006 0**
0.3	0.006 0**	0.006 0**	0.029 9**	0.071 9*	0.065 9*	0.006 0**	0.006 0**	0.006 0**	0.006 0**	0.006 0**
0.35	0.053 9*	0.006 0**	0.035 9**	0.287 4	0.059 9*	0.006 0**	0.006 0**	0.006 0**	0.006 0**	0.006 0**
0.4	0.029 9**	0.209 6	0.143 7	0.395 2	0.131 7	0.006 0**	0.006 0**	0.006 0**	0.006 0**	0.006 0**
0.45	0.012 0**	0.574 9	0.167 7	0.365 3	0.179 6	0.006 0**	0.006 0**	0.006 0**	0.006 0**	0.431 1
0.5	0.024 0**	0.431 1	0.335 3	0.347 3	0.263 5	0.143 7	0.748 5	0.760 5	0.580 8	0.628 7
0.55	0.149 7	0.233 5	0.443 1	0.377 2	0.215 6	0.006 0**	0.006 0**	0.012 0**	0.006 0**	0.006 0**
0.6	0.071 9*	0.940 1	0.383 2	0.263 5	0.233 5	0.006 0**	0.006 0**	0.006 0**	0.006 0**	0.006 0**
0.65	0.047 9**	0.131 7	0.287 4	0.215 6	0.263 5	0.006 0**	0.006 0**	0.006 0**	0.006 0**	0.012 0**
0.7	0.059 9*	0.006 0**	0.155 7	0.155 7	0.443 1	0.006 0**	0.006 0**	0.006 0**	0.012 0**	0.053 9*
0.75	0.179 6	0.006 0**	0.125 7	0.287 4	0.413 2	0.006 0**	0.006 0**	0.006 0**	0.006 0**	0.101 8
0.8	0.006 0**	0.006 0**	0.059 9*	0.257 5	0.137 7	0.006 0**	0.006 0**	0.006 0**	0.006 0**	0.077 8*
0.85	0.006 0**	0.006 0**	0.083 8*	0.389 2	0.077 8*	0.006 0**	0.006 0**	0.006 0**	0.035 9**	0.155 7
0.9	0.125 7	0.006 0**	0.269 5	0.311 4	0.024 0**	0.006 0**	0.006 0**	0.006 0**	0.047 9**	0.101 8
0.95	0.389 2	0.047 9**	0.215 6	0.155 7	0.377 2	0.006 0**	0.006 0**	0.059 9*	0.191 6	0.006 0**

短期内，GSVI（g1）与比特币、以太坊、Ripple 和 Litecoin 的收益之间存在双向格兰杰因果关系。GSVI（g1）与收益的格兰杰因果关系不对称，GSVI（g1）倾向于影响熊市和牛市的收益，而不是正常市场。中长期来看，GSVI（g1）与这些加密货币收益之间的格兰杰因果关系大多是双向的，GSVI（g1）与收益之间的因果关系仍然是不对称的，但越来越弱。其中，GSVI（g1）与以太坊收益的格兰杰因果关系非常弱。关于比特币、Ripple 和 Litecoin 的发现表明，这些市场使用

GSVI 的可预测性，这与 Omane-Adjepong 等（2019）和 Celeste 等人（2020）的结果不同。Omane-Adjepong 等（2019）报告了比特币、Ripple 和 Litecoin 市场投机操作的长期有效性，而 Celeste 等人（2020）表明比特币价格具有长期记忆性，比特币市场正在变得更有效率。然而，以太坊的结果部分类似于 Urquhart（2018）。该研究证明，注意力对比特币回报没有显著的预测能力。这些 cryptocurrency 市场之间的差异可能是直观的，比特币出现以来，Litecoin 市场主要是基于相同的基本区块链技术和奖励机制（Omane-Adjepong 等，2019）。相比之下，Ethereum 更关注智能合约和交易自动化（彭等，2018）、有无限金币供应（Ciaian 等，2018；Antonakakis 等，2019 年），这使得以太坊市场表现不同。因此，在短期内，四种主要的加密货币吸引了投资者几乎所有分位数的注意力，除了媒体。由于可以假定 GSVI（g1）表示利息，该发现也表明加密货币在短期内可能被用作投机性资产，其价格变化通常与 GSVI（g1）的变化有关。但从长期来看，这种影响会减弱一些。这是合理的，因为随着时间的推移，这些影响可能会被吸收。菲利普斯和戈尔斯（2018）的研究发现，加密货币价格和在线/社交媒体因素是相关的。然而，他们的研究却与我们的研究相矛盾，因为他们发现，从长期来看，网络因素表现出更强的关系。

9.4.3 稳健性分析

本节检查结果的稳健性。首先，用 g5 和 g6 来分别表示 GSVI，对 GSVI 和加密货币之间的协同运动进行连续小波分析。图 9.5 为 GSVI（g5）和 GSVI（g6）的连续小波功率谱结果，与 GSVI（g1）的对应小波功率谱形状相似。图 9.6 和图 9.7 分别显示了 GSVI 与比特币、以太坊、Ripple 和 Litecoin 对于 g5 和 g6 的回报的 XWT，可以发现，图 9.6 和图 9.7 的情况与图 9.3 相似。与其他三种加密货币相比，GSVI 与以太坊回报之间的短期联系强度非常弱。图 4.8 和图 4.9 分别显示了 GSVI 的 WTC，以及 g5 和 g6 的比特币、以太坊、Ripple 和 Litecoin 的收益。GSVI 与四种主要加密货币回报在中长期尺度上的相互依赖性强于短期尺度上的相互依赖性，其中 GSVI 与比特币回报的相互依赖性最强。这些结果往往集中于 GSVI 和加密货币回报之间的局部相依性，这些结果大多类似于 GSVI（g1）结果的对应项。因此，为了得到投资者注意力与加密货币之间的整体动态交互，进一步对 GSVI（g5）和 GSVI（g6）分别进行离散小波变换和分位数格兰杰因果检验。

GSVI 与四种主要加密货币收益在中长期尺度上的相互相依性强于短期尺度上的相关性，其中 GSVI 与比特币收益的相互相依性最强。这些结果往往集中于 GSVI 和加密货币回报之间的局部相依性，这些结果大多类似于 GSVI（g1）结果的对应项。因此，进一步进行离散小波变换（DWT）和分位数格兰杰因果检验，以获得投资者情绪与加密货币之间的整体动态交互作用。

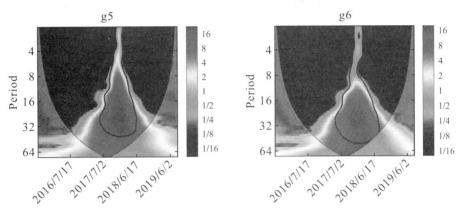

图 9.5　GSVI（g5，g6）的连续小波功率谱

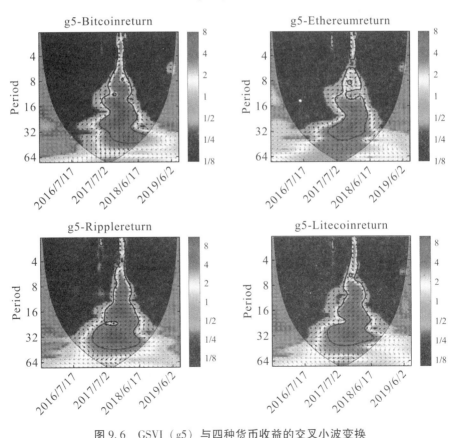

图 9.6　GSVI（g5）与四种货币收益的交叉小波变换

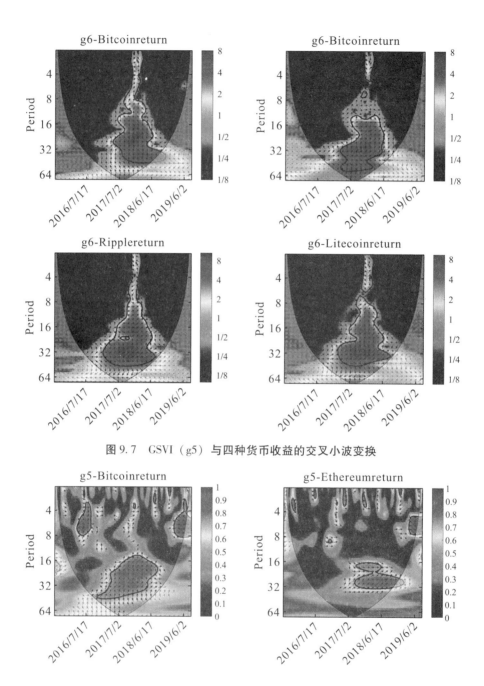

图 9.7　GSVI（g5）与四种货币收益的交叉小波变换

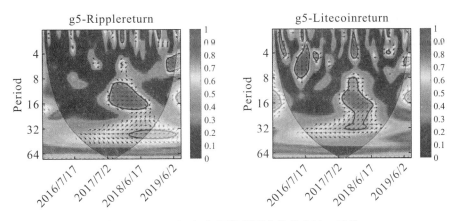

图 9.8　GSVI（g5）与四种货币收益的小波一致性

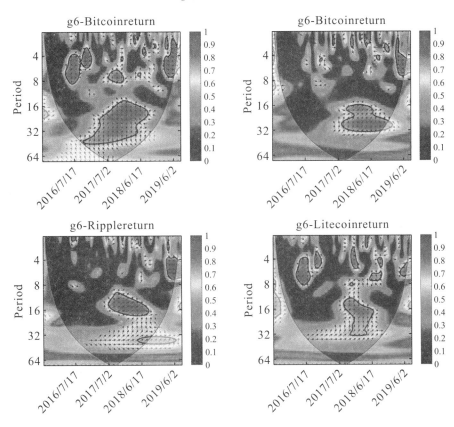

图 9.9　GSVI（g5）与四种货币收益的小波一致性

　　表 9.8~表 9.11 和表 9.12~表 9.15 分别报告了 g5 和 g6 的分位数格兰杰因果关系。基于 GSVI（g1），g5-加密货币收益和 g6-加密货币收益的结果相对支持上

述大部分结果，只不过 g6 的结果更显著，而 g5 的结果在大多数情况下似乎不那么显著。

结果再次得出 GSVI 与比特币、以太坊、Ripple 和 Litecoin 收益之间存在双向格兰杰因果关系，但 GSVI 与以太坊收益之间存在弱格兰杰因果关系。具体来说，从 GSVI 到加密货币回报的格兰杰因果关系是不对称的，这在加密货币和时间尺度上是不同的。其次，我们测试我们的实证结果是否对月和日频率数据具有鲁棒性。结果表明，短期内 g1 与四种加密货币收益之间大多存在双向格兰杰因果关系，但 g1 与以太坊收益之间的格兰杰因果关系非常弱。在中长期，g1 与收益之间的因果关系仅在几个分位数趋于显著，这可能表明 g1 与这些加密货币收益之间的格兰杰因果关系是略微双向的。具体来说，从加密货币回归到 g1 的格兰杰因果关系在中期或长期变得较弱，而从 g1 到加密货币回报的格兰杰因果关系在中期和长期变得较弱。这些月数据和日数据的结果在定性上与我们基于上述周数据得出的主要结果相类似。因此，我们得出结论，短期内投资者的注意力与四种加密货币的收益之间存在双向格兰杰因果关系。但从中长期来看，二者的格兰杰因果关系变得相对较弱且不对称。不对称性也因不同的加密货币和时间尺度而不同。

表 9.8　投资者情绪（g5）与 Bitcoin 收益分位数格兰杰因果关系

τ	g5 does not Granger cause Bitcoin					Bitcoin does not Granger cause g5				
	D1	D2	D3	D4	D5	D1	D2	D3	D4	D5
[0.05; 0.95]	0.006 0 **	0.018 0 **	0.125 7	0.455 1	0.113 8	0.006 0 ***	0.006 0 ***	0.006 0 **	0.006 0 **	0.006 0 **
0.05	0.742 5	0.041 9 **	0.071 9 *	0.006 0 **	0.024 0 **	0.006 0 ***	0.006 0 **	0.006 0 **	0.095 8 *	0.077 8 *
0.1	0.245 5	0.006 0 **	0.071 9 *	0.155 7	0.071 9 *	0.006 0 ***	0.006 0 ***	0.006 0 **	0.006 0 **	0.006 0 **
0.15	0.287 4	0.006 0 **	0.107 8	0.257 5	0.053 9 *	0.006 0 ***	0.006 0 ***	0.006 0 **	0.006 0 **	0.018 0 **
0.2	0.024 0 **	0.006 0 **	0.329 3	0.275 4	0.035 9 **	0.006 0 ***	0.006 0 ***	0.006 0 **	0.006 0 **	0.083 8 *
0.25	0.012 0 **	0.006 0 **	0.185 6	0.401 2	0.024 0 **	0.006 0 ***	0.006 0 **	0.006 0 **	0.006 0 **	0.006 0 **
0.3	0.071 9 *	0.006 0 **	0.101 8	0.395 2	0.006 0 **	0.006 0 **	0.006 0 **	0.006 0 **	0.006 0 **	0.006 0 **
0.35	0.006 0 **	0.203 6	0.293 4	0.353 3	0.006 0 **	0.006 0 **	0.006 0 **	0.006 0 **	0.006 0 **	0.006 0 **
0.4	0.227 5	0.173 7	0.233 5	0.473 1	0.047 9 **	0.006 0 ***	0.006 0 ***	0.006 0 **	0.006 0 **	0.006 0 **
0.45	0.167 7	0.161 7	0.185 6	0.425 1	0.251 5	0.006 0 **	0.006 0 **	0.006 0 **	0.006 0 **	0.377 2
0.5	0.790 4	0.281 4	0.401 2	0.425 1	0.317 4	0.131 7	0.802 4	0.640 7	0.994 0	0.341 3
0.55	0.844 3	0.251 5	0.431 1	0.425 1	0.311 4	0.006 0 ***	0.006 0 **	0.006 0 **	0.006 0 **	0.024 0 **
0.6	0.305 4	0.263 5	0.526 9	0.497 0	0.215 6	0.006 0 ***	0.006 0 **	0.006 0 **	0.006 0 **	0.006 0 **

表9.8(续)

τ	g5 does not Granger cause Bitcoin					Bitcoin does not Granger cause g5				
	D1	D2	D3	D4	D5	D1	D2	D3	D4	D5
0.65	0.149 7	0.287 4	0.461 1	0.748 5	0.221 6	0.006 0***	0.006 0***	0.006 0**	0.006 0**	0.006 0**
0.7	0.089 8*	0.329 3	0.574 9	0.652 7	0.287 4	0.006 0***	0.006 0***	0.006 0**	0.006 0**	0.018 0**
0.75	0.006 0**	0.012 0**	0.197 6	0.592 8	0.269 5	0.006 0***	0.006 0***	0.006 0**	0.006 0**	0.029 9**
0.8	0.041 9**	0.006 0**	0.089 8*	0.580 8	0.221 6	0.006 0***	0.006 0***	0.006 0**	0.006 0**	0.029 9**
0.85	0.089 8*	0.006 0**	0.059 9*	0.538 9	0.077 8*	0.006 0***	0.006 0***	0.006 0**	0.006 0**	0.041 9**
0.9	0.311 4	0.006 0**	0.006 0**	0.425 1	0.263 5	0.006 0***	0.006 0***	0.006 0**	0.018 0**	0.053 9*
0.95	0.179 6	0.006 0**	0.012 0**	0.173 7	0.173 7	0.006 0***	0.006 0***	0.053 9*	0.125 7	0.053 9*

表 9.9　投资者情绪 (g5) 与 Bitcoin 收益分位数格兰杰因果关系

τ	H_0: g5 does not Granger cause Ethereum					H_0: Ethereum does not Granger cause g5				
	D1	D2	D3	D4	D5	D1	D2	D3	D4	D5
[0.05; 0.95]	0.107 8	0.431 1	0.119 8	0.401 2	0.029 9**	0.006 0**	0.006 0**	0.006 0**	0.006 0**	0.006 0**
0.05	0.598 8	0.526 9	0.532 9	0.503 0	0.682 6	0.006 0**	0.006 0**	0.006 0**	0.095 8*	0.077 8*
0.1	0.329 3	0.796 4	0.101 8	0.760 5	0.071 9*	0.006 0**	0.006 0**	0.006 0**	0.006 0**	0.006 0**
0.15	0.485 0	0.598 8	0.012 0**	0.646 7	0.131 7	0.006 0**	0.006 0**	0.006 0**	0.006 0**	0.018 0**
0.2	0.550 9	0.892 2	0.035 9**	0.712 6	0.203 6	0.006 0**	0.006 0**	0.006 0**	0.006 0**	0.083 8*
0.25	0.239 5	0.796 4	0.161 7	0.826 3	0.095 8*	0.006 0**	0.006 0**	0.006 0**	0.006 0**	0.006 0**
0.3	0.491 0	0.065 9	0.053 9*	0.730 5	0.053 9*	0.006 0**	0.006 0**	0.006 0**	0.006 0**	0.006 0**
0.35	0.586 8	0.233 5	0.101 8	0.862 3	0.041 9**	0.006 0**	0.006 0**	0.006 0**	0.006 0**	0.006 0**
0.4	0.041 9**	0.047 9**	0.227 5	0.676 6	0.167 7	0.006 0**	0.006 0**	0.006 0**	0.006 0**	0.006 0**
0.45	0.035 9**	0.503 0	0.107 8	0.455 1	0.191 6	0.006 0**	0.006 0**	0.006 0**	0.006 0**	0.377 2
0.5	0.796 4	0.586 8	0.185 6	0.413 2	0.155 7	0.125 7	0.808 4	0.646 7	0.994 0	0.341 3
0.55	0.796 4	0.431 1	0.245 5	0.389 2	0.293 4	0.006 0**	0.006 0**	0.006 0**	0.006 0**	0.024 0**
0.6	0.203 6	0.574 9	0.395 2	0.473 1	0.209 6	0.006 0**	0.006 0**	0.006 0**	0.006 0**	0.006 0**
0.65	0.041 9**	0.329 3	0.646 7	0.275 4	0.053 9*	0.006 0**	0.006 0**	0.006 0**	0.006 0**	0.006 0**
0.7	0.119 8	0.568 9	0.509 0	0.245 5	0.024 0**	0.006 0**	0.006 0**	0.006 0**	0.006 0**	0.018 0**
0.75	0.299 4	0.550 9	0.419 2	0.443 1	0.012 0**	0.006 0**	0.006 0**	0.006 0**	0.006 0**	0.029 9**
0.8	0.335 3	0.682 6	0.335 3	0.137 7	0.095 8*	0.006 0**	0.006 0**	0.006 0**	0.006 0**	0.029 9**

表9.9(续)

τ	H_0: g5 does not Granger cause Ethereum					H_0: Ethereum does not Granger cause g5				
	D1	D2	D3	D4	D5	D1	D2	D3	D4	D5
0.85	0.1796	0.0479**	0.1737	0.0539*	0.0958*	0.0060**	0.0060**	0.0060**	0.0060**	0.0419**
0.9	0.3054	0.4072	0.3353	0.0060**	0.0419**	0.0060**	0.0060**	0.0060**	0.0180**	0.0539*
0.95	0.8204	0.5509	0.2934	0.0299**	0.0240**	0.0060**	0.0060**	0.0539*	0.1257	0.0539*

表9.10 投资者情绪 (g5) 与 Ripple 收益分位数格兰杰因果关系

τ	H_0: g5 does not Granger cause Ripple					H_0: Ripple does not Granger cause g5				
	D1	D2	D3	D4	D5	D1	D2	D3	D4	D5
[0.05; 0.95]	0.0120**	0.0060**	0.0060**	0.1856	0.0060**	0.0060**	0.0060**	0.0060**	0.0060**	0.0060**
0.05	0.0898*	0.0060**	0.0060**	0.0120**	0.2814	0.0060**	0.0060**	0.0060**	0.0958*	0.0778*
0.1	0.0060**	0.0060**	0.0060**	0.0419**	0.0838*	0.0060**	0.0060**	0.0060**	0.0060**	0.0060**
0.15	0.0060**	0.0060**	0.0060**	0.0419**	0.0120**	0.0060**	0.0060**	0.0060**	0.0060**	0.0180**
0.2	0.0060**	0.0060**	0.0060**	0.2335	0.0060**	0.0060**	0.0060**	0.0060**	0.0060**	0.0838*
0.25	0.0060**	0.0060**	0.0060**	0.4311	0.0060**	0.0060**	0.0060**	0.0060**	0.0060**	0.0060**
0.3	0.0419**	0.0060**	0.0539*	0.4611	0.0060**	0.0060**	0.0060**	0.0060**	0.0060**	0.0060**
0.35	0.0419**	0.0060**	0.0359**	0.4371	0.0778*	0.0060**	0.0060**	0.0060**	0.0060**	0.0060**
0.4	0.1437	0.0479**	0.0180**	0.4671	0.0599*	0.0060**	0.0060**	0.0060**	0.0060**	0.0060**
0.45	0.0359**	0.0359**	0.2036	0.3952	0.1677	0.0060**	0.0060**	0.0060**	0.0060**	0.3772
0.5	0.4491	0.6707	0.4251	0.2874	0.1198	0.1257	0.8084	0.6467	0.9940	0.3413
0.55	0.0539*	0.0898*	0.5749	0.2695	0.1737	0.0060**	0.0060**	0.0060**	0.0060**	0.0240**
0.6	0.1018	0.0419**	0.4371	0.1737	0.1377	0.0060**	0.0060**	0.0060**	0.0060**	0.0060**
0.65	0.0479**	0.0060**	0.2695	0.0838*	0.1437	0.0060**	0.0060**	0.0060**	0.0060**	0.0060**
0.7	0.0240**	0.0060**	0.0060**	0.0060**	0.1377	0.0060**	0.0060*	0.0060**	0.0060**	0.0180**
0.75	0.0060**	0.0060**	0.0060**	0.0060**	0.0838*	0.0060**	0.0060**	0.0060**	0.0060**	0.0299**
0.8	0.0060**	0.0060**	0.0060**	0.1617	0.1078	0.0060**	0.0060**	0.0060**	0.0060**	0.0299**
0.85	0.0060**	0.0060**	0.0060**	0.3653	0.0539*	0.0060**	0.0060**	0.0060**	0.0060**	0.0419**
0.9	0.0060**	0.0060**	0.0240**	0.4551	0.0060**	0.0060**	0.0060**	0.0060**	0.0180**	0.0539*
0.95	0.2036	0.0359**	0.0539*	0.0599*	0.0060**	0.0060**	0.0060**	0.0539*	0.1257	0.0539*

表 9.11　投资者情绪（g5）与 Litecoin 收益分位数格兰杰因果关系

τ	H0: g5 does not Granger cause Litecoin					H0: Litecoin does not Granger cause g5				
	D1	D2	D3	D4	D5	D1	D2	D3	D4	D5
[0.05; 0.95]	0.0120**	0.0060**	0.0060**	0.2275	0.1138	0.0060**	0.0060**	0.0060**	0.0060**	0.0060**
0.05	0.1796	0.0060**	0.0060**	0.0539*	0.1257	0.0060**	0.0060**	0.0060**	0.0958*	0.0778*
0.1	0.1257	0.0060**	0.0060**	0.1317	0.0838*	0.0060**	0.0060**	0.0060**	0.0060**	0.0060**
0.15	0.2635	0.0060**	0.0240**	0.1557	0.0479**	0.0060**	0.0060**	0.0060**	0.0060**	0.0180**
0.2	0.2275	0.0060**	0.0060**	0.0898*	0.0299**	0.0060**	0.0060**	0.0060**	0.0060**	0.0838*
0.25	0.0120**	0.0060**	0.0060**	0.1617	0.0060**	0.0060**	0.0060**	0.0060**	0.0060**	0.0060**
0.3	0.0060**	0.0060**	0.0060**	0.1856	0.0659*	0.0060**	0.0060**	0.0060**	0.0060**	0.0060**
0.35	0.1317	0.0060**	0.0060**	0.2754	0.0659*	0.0060**	0.0060**	0.0060**	0.0060**	0.0060**
0.4	0.0599*	0.0240**	0.0060**	0.3473	0.1018	0.0060**	0.0060**	0.0060**	0.0060**	0.0060**
0.45	0.9102	0.0060**	0.0240**	0.3473	0.1737	0.0060**	0.0060**	0.0060**	0.0060**	0.3772
0.5	0.8922	0.0240**	0.1317	0.2934	0.2156	0.1257	0.8084	0.6407	0.9940	0.3413
0.55	0.5629	0.1437	0.1976	0.2994	0.1557	0.0060**	0.0060**	0.0060**	0.0060**	0.0240**
0.6	0.2156	0.5988	0.0838*	0.2515	0.1677	0.0060**	0.0060**	0.0060**	0.0060**	0.0060**
0.65	0.0479**	0.0240**	0.0120**	0.2096	0.2036	0.0060**	0.0060**	0.0060**	0.0060**	0.0060**
0.7	0.2335	0.0060**	0.0120**	0.1078	0.5569	0.0060**	0.0060**	0.0060**	0.0060**	0.0180**
0.75	0.5150	0.0060**	0.0479**	0.2096	0.6587	0.0060**	0.0060**	0.0060**	0.0060**	0.0299**
0.8	0.0060**	0.0060**	0.0240**	0.1377	0.2575	0.0060**	0.0060**	0.0060**	0.0060**	0.0299**
0.85	0.0060**	0.0060**	0.0060**	0.3772	0.1078	0.0060**	0.0060**	0.0060**	0.0060**	0.0419**
0.9	0.1257	0.0060**	0.1976	0.2515	0.0479**	0.0060**	0.0060**	0.0060**	0.0180**	0.0539*
0.95	0.4731	0.0060**	0.1856	0.1497	0.5928	0.0060**	0.0060**	0.0539*	0.1257	0.0539*

表 9.12　投资者情绪（g5）与 Bitcoin 收益分位数格兰杰因果关系

τ	H0: g6 does not Granger cause Bitcoin					H0: Bitcoin does not Granger cause g6				
	D1	D2	D3	D4	D5	D1	D2	D3	D4	D5
[0.05; 0.95]	0.0060***	0.0778*	0.2575	0.5329	0.0359*	0.0060**	0.0060***	0.0060**	0.0060**	0.0060***
0.05	0.7605	0.0419**	0.0719*	0.0060**	0.0120*	0.0060**	0.0060***	0.0359**	0.1737	0.0659*
0.1	0.0659*	0.0060***	0.0719*	0.2395	0.1018	0.0060**	0.0060***	0.0060**	0.0539*	0.0419**

表9. 12(续)

τ	H_0: g6 does not Granger cause Bitcoin					H_0: Bitcoin does not Granger cause g6				
	D1	D2	D3	D4	D5	D1	D2	D3	D4	D5
0.15	0.059 9 *	0.006 0 * * *	0.119 8	0.347 3	0.059 9 *	0.006 0 * *	0.006 0 * * *	0.006 0 * *	0.006 0 * *	0.119 8
0.2	0.006 0 * * *	0.006 0 * * *	0.682 6	0.497 0	0.047 9 *	0.006 0 * *	0.006 0 * * *	0.006 0 * *	0.006 0 * *	0.095 8 *
0.25	0.006 0 * * *	0.006 0 * * *	0.503 0	0.784 4	0.024 0 * *	0.006 0 * *	0.006 0 * * *	0.006 0 * *	0.006 0 * *	0.018 0 * *
0.3	0.006 0 * * *	0.012 0 * *	0.215 6	0.419 2	0.006 0 * *	0.006 0 * *	0.006 0 * *	0.006 0 * *	0.006 0 * *	0.006 0 * * *
0.35	0.006 0 * * *	0.209 6	0.550 9	0.407 2	0.006 0 * *	0.006 0 * *	0.006 0 * *	0.006 0 * *	0.006 0 * *	0.006 0 * * *
0.4	0.035 9 * *	0.197 6	0.503 0	0.419 2	0.006 0 * *	0.006 0 * *	0.006 0 * *	0.006 0 * *	0.006 0 * *	0.006 0 * * *
0.45	0.083 8 *	0.209 6	0.479 0	0.461 1	0.047 9 *	0.006 0 * *	0.006 0 * *	0.006 0 * *	0.006 0 * *	0.413 2
0.5	0.538 9	0.425 1	0.622 8	0.467 1	0.059 9 *	0.131 7	0.371 3	0.898 2	0.532 9	0.095 8 *
0.55	0.574 9	0.341 3	0.568 9	0.479 0	0.083 8 *	0.006 0 * *	0.006 0 * *	0.006 0 * *	0.006 0 * *	0.006 0 * * *
0.6	0.359 3	0.317 4	0.676 6	0.736 5	0.035 9 *	0.006 0 * *	0.006 0 * *	0.006 0 * *	0.006 0 * *	0.006 0 * * *
0.65	0.059 9	0.329 3	0.586 8	0.892 2	0.071 9 *	0.006 0 * *	0.006 0 * *	0.006 0 * *	0.006 0 * *	0.006 0 * * *
0.7	0.006 0 * * *	0.251 5	0.622 8	0.790 4	0.119 8	0.006 0 * *	0.006 0 * *	0.006 0 * *	0.006 0 * *	0.059 9 *
0.75	0.018 0 * *	0.006 0 * * *	0.059 9	0.718 6	0.101 8	0.006 0 * *	0.006 0 * *	0.006 0 * *	0.006 0 * *	0.071 9 *
0.8	0.041 9 * *	0.006 0 * * *	0.047 9 * *	0.652 7	0.071 9 *	0.006 0 * *	0.006 0 * *	0.006 0 * *	0.006 0 * *	0.012 0 * *
0.85	0.419 2	0.006 0 * * *	0.047 9 * *	0.580 8	0.095 8 *	0.006 0 * *	0.006 0 * *	0.006 0 * *	0.006 0 * *	0.089 8 *
0.9	0.407 2	0.006 0 * * *	0.006 0 * *	0.521 0	0.389 2	0.006 0 * *	0.006 0 * *	0.006 0 * *	0.035 9 * *	0.089 8 *
0.95	0.538 9	0.047 9 * *	0.024 0 * *	0.161 7	0.173 7	0.006 0 * *	0.006 0 * *	0.024 0 * *	0.083 8 *	0.024 0 * *

表 9. 13 投资者情绪（g6）与 Ethereum 收益分位数格兰杰因果关系

τ	H_0: g6 does not Granger cause Ethereum					H_0: Ethereum does not Granger cause g6				
	D1	D2	D3	D4	D5	D1	D2	D3	D4	D5
[0.05; 0.95]	0.245 5	0.473 1	0.269 5	0.473 1	0.215 6	0.006 0 * * *	0.006 0 * * *	0.006 0 * * *	0.006 0 * *	0.006 0 * *
0.05	0.658 7	0.706 6	0.580 8	0.341 3	0.652 7	0.006 0 * * *	0.006 0 * * *	0.035 9 * *	0.173 7	0.065 9 *
0.1	0.281 4	0.712 6	0.185 6	0.802 4	0.065 9 *	0.006 0 * * *	0.006 0 * * *	0.006 0 * * *	0.053 9 *	0.041 9 * *
0.15	0.610 8	0.670 7	0.047 9 * *	0.736 5	0.179 6	0.006 0 * * *	0.006 0 * * *	0.006 0 * * *	0.006 0 * *	0.119 8
0.2	0.670 7	0.880 2	0.191 6	0.736 5	0.329 3	0.006 0 * * *	0.006 0 * * *	0.006 0 * * *	0.006 0 * *	0.095 8 *
0.25	0.281 4	0.736 5	0.437 1	0.515 0	0.215 6	0.006 0 * * *	0.006 0 * * *	0.006 0 * * *	0.006 0 * *	0.018 0 * *
0.3	0.467 1	0.047 9 * *	0.209 6	0.586 8	0.131 7	0.006 0 * * *	0.006 0 * * *	0.006 0 * * *	0.006 0 * *	0.006 0 * *

τ	H_0: g6 does not Granger cause Ethereum					H_0: Ethereum does not Granger cause g6				
	D1	D2	D3	D4	D5	D1	D2	D3	D4	D5
0.35	0.3593	0.2216	0.2874	0.7365	0.1257	0.0060***	0.0060***	0.0060***	0.0060**	0.0060**
0.4	0.0479**	0.0419**	0.3234	0.7485	0.3653	0.0060***	0.0060***	0.0060***	0.0060**	0.0060**
0.45	0.1317	0.5808	0.1796	0.5928	0.5808	0.0060***	0.0060***	0.0060***	0.0060**	0.4132
0.5	0.5629	0.5988	0.2395	0.6108	0.5569	0.1317	0.3713	0.8922	0.5329	0.0958*
0.55	0.7365	0.5569	0.1916	0.5269	0.5269	0.0060***	0.0060***	0.0060***	0.0060**	0.0060**
0.6	0.3413	0.7066	0.2874	0.6048	0.4611	0.0060***	0.0060***	0.0060***	0.0060**	0.0060**
0.65	0.1138	0.4491	0.4671	0.4611	0.2874	0.0060***	0.0060***	0.0060***	0.0060**	0.0060**
0.7	0.1796	0.4970	0.4192	0.4371	0.2156	0.0060***	0.0060***	0.0060***	0.0060**	0.0599*
0.75	0.5928	0.4731	0.5629	0.3413	0.2096	0.0060***	0.0060***	0.0060***	0.0060**	0.0719*
0.8	0.3593	0.6527	0.3413	0.0958*	0.2455	0.0060***	0.0060***	0.0060***	0.0060**	0.0120**
0.85	0.4910	0.1497	0.2754	0.0180**	0.1317	0.0060***	0.0060***	0.0060***	0.0060**	0.0898*
0.9	0.6467	0.5509	0.3174	0.0060**	0.0539*	0.0060***	0.0060***	0.0060**	0.0419***	0.0898*
0.95	0.8443	0.2934	0.2694	0.0599*	0.0060**	0.0060***	0.0060***	0.0060**	0.0240**	0.0838*

表9.14　投资者情绪（g6）与 Ripple 收益分位数格兰杰因果关系

τ	H_0: g6 does not Granger cause Ripple					H_0: Ripple does not Granger cause g6				
	D1	D2	D3	D4	D5	D1	D2	D3	D4	D5
[0.05; 0.95]	0.0180**	0.0060**	0.0060**	0.1198	0.1198	0.0060**	0.0060**	0.0060***	0.0060**	0.0060**
0.05	0.0120**	0.0060**	0.0060**	0.0060**	0.4311	0.0060**	0.0060**	0.0359**	0.1737	0.0659*
0.1	0.0060**	0.0060**	0.0060**	0.0180**	0.1796	0.0060**	0.0060**	0.0060**	0.0539*	0.0419**
0.15	0.0060**	0.0060**	0.0060**	0.0599*	0.0479**	0.0060**	0.0060**	0.0060**	0.0060**	0.1198
0.2	0.0060**	0.0060**	0.0060**	0.0778*	0.0060**	0.0060**	0.0060**	0.0060**	0.0060**	0.0958*
0.25	0.0060**	0.0060**	0.0060**	0.2395	0.0060**	0.0060**	0.0060**	0.0060**	0.0060**	0.0180**
0.3	0.0419**	0.0060**	0.0599*	0.3473	0.0419**	0.0060**	0.0060**	0.0060**	0.0060**	0.0060**
0.35	0.0419**	0.0060**	0.0599*	0.4132	0.5090	0.0060**	0.0060**	0.0060**	0.0060**	0.0060**
0.4	0.1198	0.0419**	0.1437	0.3533	0.6048	0.0060**	0.0060**	0.0060**	0.0060**	0.0060**
0.45	0.0299**	0.0479**	0.4850	0.2874	0.5389	0.0060**	0.0060**	0.0060**	0.0060**	0.4132
0.5	0.7844	0.7665	0.5629	0.1497	0.4731	0.1317	0.3713	0.8683	0.5329	0.0898*

表9.14(续)

τ	H_0: g6 does not Granger cause Ripple					H_0: Ripple does not Granger cause g6				
	D1	D2	D3	D4	D5	D1	D2	D3	D4	D5
0.55	0.071 9 *	0.185 6	0.634 7	0.215 6	0.461 1	0.006 0 * *	0.006 0 * *	0.006 0 * *	0.006 0 * *	0.006 0 * *
0.6	0.143 7	0.041 9 * *	0.538 9	0.179 6	0.341 3	0.006 0 * *	0.006 0 * *	0.006 0 * *	0.006 0 * *	0.006 0 * *
0.65	0.059 9 *	0.006 0 * *	0.305 4	0.179 6	0.269 5	0.006 0 * *	0.006 0 * *	0.006 0 * *	0.006 0 * *	0.006 0 * *
0.7	0.024 0 * *	0.006 0 * *	0.006 0 * *	0.006 0 * *	0.203 6	0.006 0 * *	0.006 0 * *	0.006 0 * *	0.006 0 * *	0.059 9 *
0.75	0.006 0 * *	0.006 0 * *	0.006 0 * *	0.006 0 * *	0.131 7	0.006 0 * *	0.006 0 * *	0.006 0 * *	0.006 0 * *	0.071 9 *
0.8	0.006 0 * *	0.006 0 * *	0.006 0 * *	0.113 8	0.077 8 *	0.006 0 * *	0.006 0 * *	0.006 0 * *	0.006 0 * *	0.012 0 * *
0.85	0.006 0 * *	0.006 0 * *	0.006 0 * *	0.161 7	0.053 9 *	0.006 0 * *	0.006 0 * *	0.006 0 * *	0.006 0 * *	0.083 8 *
0.9	0.006 0 * *	0.006 0 * *	0.029 9 *	0.413 2	0.006 0 * *	0.006 0 * *	0.006 0 * *	0.006 0 * *	0.041 9 * *	0.089 8 *
0.95	0.209 6	0.041 9 * *	0.071 9 *	0.059 9 *	0.006 0 * *	0.006 0 * *	0.006 0 * *	0.024 0 * *	0.083 8 *	0.024 0 * *

9.5　本章小结

本书采用基于小波的分位数格兰杰因果关系方法，研究了市场资本化程度最高的四种加密货币的投资者情绪与加密货币市场之间的动态关系。主要的加密货币，如比特币，往往被视为一种独特的投机资产，个人投资者主导加密货币市场。因此，从行为金融学的角度来看，投资者情绪可能与加密货币市场相互作用。连续小波分析表明，在中长期尺度上，投资者情绪与比特币、以太坊、Ripple 和 Litecoin 的收益之间存在一些共同的变化。2017 年之后，随着加密货币市场进入牛市，投资者关注和不同加密货币回报之间的相互依赖变得更强。其中，投资者情绪与比特币回报之间的相互依赖性最强。基于小波分解的多尺度分位数格兰杰因果关系进一步提供了更全面的各时期结果。在比特币、以太坊、Ripple 和 Litecoin 市场上，可以找到投资者情绪和加密货币回报之间的双向格兰杰因果关系证据，这支持 Kristoufek（2013）的结果，他发现比特币和谷歌趋势之间存在双向互动。这一实证发现与人们对一种没有根本基础的金融资产的预期是一致的。投机和追势行为明显占主导地位。

一方面，比特币、以太坊、Ripple 和 Litecoin 的格兰杰收益引起投资者的关注，但介质除外，格兰杰因果关系随着时间尺度的延长而变弱。由于投资者情绪可能表明他们的兴趣，结果表明，这些加密货币目前可能在短期内被用作投机资产。这些加密货币可能被视为新的投机资产，而不是支付手段。具体来说，在短期尺度上，加密货币对投资者情绪的格兰杰因果关系似乎是对称的，但在中长期尺度上，因果关系显示出一些不对称性。另一方面，投资者情绪格兰杰导致比特币、以太坊、Ripple 和 Litecoin 在一些低尾和上尾的回报。投资者对这些加密货币回报的关注的格兰杰因果关系是不对称的，并且随着加密货币以及时间尺度的不同而变化。短期内，投资者情绪在熊市比在牛市对加密货币的回报有相对更强的影响，这似乎支持了在这些加密货币中存在恐惧导致的短视损失规避现象。其中，从投资者对以太坊收益的关注来看，只有很少的格兰杰因果关系的证据，这说明投资者对以太坊收益的关注效果不存在或相对较弱。这也表明，投资者情绪对 t 没有或相对较小的显著预测能力。

这些加密货币的特定 Granger 因果关系表明，投资者关注对加密货币市场的影响逐渐变化，因为不同的加密货币有不同的技术和特征，这为潜在用户提供了不同的可能性。具体来说，投资者情绪可以帮助市场参与者在较短的投资期限内制定交易和风险管理策略，但这种不寻常的市场收益可能会在中长期消失。需要指出的是，投资者的关注度在以太坊的投资决策中只起很小的作用。在以太坊市场中，交易者不能利用投资者情绪来制定交易策略或预测未来的市场表现，也不能操纵市场。因此，投资组合对冲和最佳投资组合配置对交易视野和加密货币非常敏感。由于加密货币不受基本面因素驱动，市场仍然缺乏透明度。主要交易者缺乏经验，依赖社交媒体和互联网搜索加密货币信息，这表明投资者情绪对市场有暂时的影响，这可能对加密货币相关的投资决策有很大价值。未来的研究方向可转向依赖与信息传递的探讨。

第 10 章　结论

相依结构分析是可靠性工程、生存分析和金融等领域的重要研究问题，产品的质量监控、寿命特征分析、金融市场风险回避和资产管理等都需要考虑变量间相依结构。Copula 函数是描述变量间相依结构的重要统计工具，常用来刻画连续金融时间序列变量间非正态、非对称、非线性和动态等相依结构，是统计计量领域的研究方向之一，同时边际和相依结构参数估计方法主要为极大似然法。本书利用贝叶斯估计方法结合 Copula 函数理论，讨论变量类型分别为连续、离散、混合和删失等情形，研究了在可靠性、生存分析和金融等领域描述变量相依结构的 Copula 贝叶斯建模方法，设计边际和相依结构参数的 MCMC 抽样算法，比较不同参数估计方法的优劣，仿真和实证研究所构建模型在可靠性、生存分析和金融等领域的应用。

本书在度量相依结构 Copula 函数的基础上，构建贝叶斯 Copula 模型，设计 MCMC 抽样算法估计相应参数，本书的主要工作和结论有：

（1）研究了边际为指数和 Pareto 分布的 Frank Copula 可靠性模型理论，考虑相依参数的不确定性，结合贝叶斯和 Copula 函数理论，利用 M-H 抽样算法设计参数估计过程。通过 Monte Carlo 仿真分析对所构建模型参数的贝叶斯估计过程进行实现，与极大似然法估计参数进行比较分析，发现综合先验信息的 Copula 函数贝叶斯方法能有效实现参数估计。

（2）研究了删失数据 Copula 生存模型的贝叶斯推断理论，包括异质、正稳态和治愈率删失 Copula 生存模型构建。首先讨论了异质删失 Copula 生存模型构建，利用 MCMC 抽样方法完成相应参数抽样；然后设计删失生存正稳态、Frank 和 Clayton Copula 模型参数两阶段与一步贝叶斯估计；最后研究治愈率删失生存 Copula 模型参数的贝叶斯抽样估计理论。

同时对糖尿病人眼睛视力丧失减退的删失生存数据分别用正稳态、Frank 和 Clayton Copula 模型进行估计相依结构，设计一步和两阶段贝叶斯方法分别估计相应参数，通过 DIC、EAIC、EBIC 和 CPO 等统计量的比较分析，结果表明 Frank Copula 二阶段贝叶斯估计能最优刻画删失时间的相依结构。

（3）研究了贝叶斯方法对边际分布为连续、离散和混合变量多元 Copula 模型参数估计和统计推断理论。首先研究了连续变量的多元正态 Copula 模型构建理论，利用 M-H 抽样获得边际参数的条件后验分布，通过相关矩阵参数化，引入二元指示变量，设计 M-H 抽样算法对潜变量和参数化矩阵元素的估计；然后讨论离散和混合变量的多元 Copula 模型构建，设计 MCMC 抽样算法对相关参数进行估计；其次构建多元正态 Copula 回归模型，讨论协方差矩阵的先验选择，给出离散和混合情形下边际分布参数和相关矩阵元素的 MCMC 抽样过程；最后结合 Monte Carlo 仿真对混合变量的 Copula 模型的贝叶斯抽样过程进行实现，给出相关参数的后验估计和检验。

（4）研究了基于时间序列的时变 t-Copula 的贝叶斯推断理论。利用静态、时变 Copula 和时变 Copula 贝叶斯模型分别描述金融危机前后国际原油与亚太股票市场的相依结构。结果表明，金融危机后相依结构比危机前明显增强，时变 Copula 模型更适合刻画相依结构，同时时变 t-Copula 贝叶斯模型可以更好地估计不同组合的 VaR。

从本书的研究内容和所做的工作对比以前的参考文献来看，可将主要创新点做如下归纳：

（1）指数和 Pareto 分布的 Frank Copula 函数模型 MCMC 抽样算法的提出。本书运用二元 Copula 函数和 Metroplis-Hastings 抽样算法相关理论，提出并研究了 Frank Copula 函数模型参数的贝叶斯估计问题。

（2）删失生存 Copula 函数模型构建和参数的贝叶斯估计问题的解决。本书根据删失生存模型理论，构建异质和治愈率 Copula 函数模型，提出参数的 MCMC 抽样算法；解决了删失生存正稳态、Frank 和 Clayton Copula 模型参数的一步和两阶段贝叶斯估计问题。

（3）连续变量多元正态 Copula 模型参数的贝叶斯估计推断。本书研究 M-H 算法推断边际参数的估计，通过相关矩阵参数转化为局部相关，利用 MCMC 抽样算法对局部相关参数和潜变量进行贝叶斯估计推断。

（4）离散和混合变量的多元 Copula 模型构建和参数的贝叶斯估计推断。本书利用差分 Copula 相关理论，构建离散和混合变量的 Copula 模型，通过 M-H 抽样算法得到相关参数的条件后验密度。

（5）时变 t-Copula 模型的贝叶斯估计的解决。本书考虑金融危机对国际原油价格和亚太股票市场的影响，利用静态、时变 Copula 模型和时变 Copula 贝叶斯模型在金融危机前后分别对它们之间的相依结构进行描述，比较不同相依结构刻画方法对投资组合 VaR 的影响。

（6）金融危机导致人民币汇率与中国股市之间的关系出现了明显的结构性突变，全球金融危机前，人民币汇率与中国股市之间的关系总体上是弱的，但金融危机后，无论是正相关还是负相关，两者之间的关系都大幅增强。

（7）在短期内，美国经济政策不确定性与中国和印度股市收益之间的相互作用是微弱的，但在长期内逐渐增强，特别是在重大金融事件发生时。不管基于离散小波的线性或非线性因果关系测度，都支持中期和长期的单向和双向因果关系。

（8）小波分析说明了投资者情绪和加密货币收益之间的时频动态相依关系。基于小波分解的多尺度分位数格兰杰因果关系进一步证明了比特币、以太坊、Ripple 和 Litecoin 在除介质外的所有分位数的投资者情绪与收益之间存在双向格兰杰因果关系。其中，对于以太坊来说，投资者对收益关注度的格兰杰因果关系相对较弱。在短期内，这些加密货币的格兰杰因果关系回归到投资者的关注似乎是对称的，但在中长期，因果关系显示出一些不对称性。投资者对这些加密货币回报的关注的格兰杰因果关系是不对称的，并且随着加密货币和时间尺度的不同而变化。具体来说，短期内，投资者的注意力在熊市比在牛市对加密货币的回报有相对更强的影响。

（9）小波分析可以检验不同时间尺度下的影响，而分位数 Granger 因果关系方法可以覆盖整个条件分布。因此，不存在由非线性和结构变化引起的误判。

（10）传统的格兰杰因果检验的一个主要假设是时间序列之间存在线性关系。这可能是一个限制性太强的假设，因为经济事件的影响大多是非平稳和非线性的。

本书利用 Copula 函数和贝叶斯抽样算法相关理论，构建基于元件可靠性的二元相依 Copula 模型、删失相依的 Copula 生存模型、离散和混合变量的多元 Copula 模型和时变 t-Copula 等模型，提出参数的贝叶斯估计方法。在本书的研究基础上，可从以下几方面对贝叶斯 Copula 模型构建进一步研究：

（1）多变量的元件可靠性 Copula 模型的构建，相应结构参数的贝叶斯估计推断，同时把相关理论应用到产品的可靠性和质量控制领域，对于提高产品的质量和可靠性具有重要意义。

（2）研究机制转换、极值条件和 C-D 藤结构等 Copula 时变模型参数的 MCMC 抽样算法，模型的检验和比较分析。时间序列间的动态相依结构受极值事件和不同机制的影响，如何构建 Copula 模型刻画这些因素对相关关系的影响，值得进一步探索。多变量时变 Copula 模型的构建和设计 MCMC 抽样算法对相应参数的估计，也需要进一步研究。

（3）利用中国各个具体金融行业的微观数据，结合国际事件的具体行业的影响特征，进行微观计量经济分析，更微观地分析中国各个具体金融行业与国际事件、密切相关国家金融行业三者之间的关系，这些工作都还有待具体分析。

（4）针对 2007—2008 国际金融危机对国内外金融市场的研究。除了股票市场外，诸如最近新冠疫情的影响也是需要关注的重要方面，有待从各个角度全方位地进行考察和剖析。

（5）利用 Copula 函数和小波函数进行国内外金融市场时频动态关系的研究。除了可以描述两个变量间的非线性、非对称影响效应外，多变量的 Copula 函数和小波函数也可以刻画这类特征。如何将双变量的非线性、非对称因果关系模型扩展到多变量转换机制的 Copula 模型和平滑转换机制的小波函数模型，其中一系列的建模、推断都需要进一步的探索。

同时，数值抽样算法是制约贝叶斯估计推断理论应用研究的重要问题。针对应用具体问题，设计有效 MCMC 抽样算法也是进一步研究的方向。

参考文献

［1］ Engle R F, Granger C W J. Co-integration and error correction：Representation, estimation and testing. Econometrica, 1987, 55（2）：251-276.

［2］ Sklar A. Fonctions de Riépartition á n Dimensions et Leurs Marges. Publications de l' Institut Statistique de l' Université de Paris, 1959, 8：229-231.

［3］ Schweizer B, Sklar A. Probabilistic metric spaces. DoverPublications. Com, 1983.

［4］ Joe H. Multivariate models and dependence concepts. London：Chapman & Hall, 1997.

［5］ Nelson R B. Dependence and order in families of Archimedean Copulas. Journal of Multivariate Analysis, 1997, 60：111-122.

［6］ Nelson R B. An introduction to copulas（2nd edtion）. New York：Springer-Verlag. 2006.

［7］ Aas K, Czado C, Frigessi A, et al. Pair-copula constructions of multiple dependence. Insurance：Mathematics and Economics, 2009, 44（2）：182-198.

［8］ McNeil A J. Sampling nested Archimedean copulas. Journal of Statistical Computation and Simulation, 2008, 78（6）：567-581.

［9］ Fermanian J D. Goodness-of-fit tests for copulas. Journal of multivariate analysis, 2005, 95（1）：119-152.

［10］ Rémillard B, Scaillet O. Testing for equality between two copulas. Journal of Multivariate Analysis, 2009, 100（3）：377-386.

［11］ Ferguson T S. A class of symmetric bivariate uniform distributions. Statistical Papers, 1995, 36（1）：31-40.

［12］ Genest C, Rémillard B. Test of independence and randomness based on the empirical copula process. Test, 2004, 13（2）：335-369.

［13］ Ruppert M. Consistent testing for a constant copula under strong mixing based on the tapered block multiplier technique. Preprint, 2011.

［14］ Anderson T G, Bollerslev T, Christoffersen P F, et al. Volatility and correlation forecasting. Handbook of Economic Forecasting, 2006, 1: 777-878.

［15］ Rémillard B, Scaillet O. Testing for equality between two copulas. Journal of Multivariate Analysis, 2009, 100 (3): 377-386.

［16］ Lee A. Applications: Modelling rugby league data viabivariate negative binomial regression. Australian & New Zealand Journal of Statistics, 1999, 41 (2): 141-152.

［17］ Nikoloulopoulos A K, Karlis D. Modeling multivariate count data using copulas. Communications in Statistics-Simulation and Computation, 2009, 39 (1): 172-187.

［18］ Smith M D. Modelling sample selection using Archimedean copulas. The Econometrics Journal, 2003, 6 (1): 99-123.

［19］ Genest C, Ghoudi K, Rivest L P. A semiparametric estimation procedure of dependence parameters in multivariate families of distributions. Biometrika, 1995, 82 (3): 543-552.

［20］ Shih J H, Louis T A. Inferences on the association parameter in copula models for bivariate survival data. Biometrics, 1995: 1384-1399.

［21］ Chen X, Fan Y. Estimation and model selection of semiparametric copula-based multivariate dynamic models under copula misspecification. Journal of econometrics, 2006, 135 (1): 125-154.

［22］ Hoff P D. Extending the rank likelihood for semiparametric copula estimation. The Annals of Applied Statistics, 2007, 1 (1): 265-283.

［23］ Patton A J. Modelling asymmetric exchange rate dependence. International economic review, 2006, 47 (2): 527-556.

［24］ Chen X, Fan Y, Tsyrennikov V. Efficient estimation of semiparametric multivariate copula models. Journal of the American Statistical Association, 2006, 101 (475): 1228-1240.

［25］ Ausin M C, Lopes H F. Time-varying joint distribution through copulas. Computational Statistics & Data Analysis, 2010, 54 (11): 2383-2399.

［26］ Genest C, Mackay J. The joy of copulas: Bivariate distributions with uniform marginals. The American Statistician, 1986, 40 (4): 280-283.

[27] White H. Estimation, inference and specification analysis. Cambridge University Press. 1996.

[28] Oakes D. Multivariate survival distributions. Journaltitle of Nonparametric Statistics, 1994, 3 (3): 343-354.

[29] Genest C, Rivest L P. Statistical inference procedures for bivariate Archimedean copulas. Journal of the American statistical Association, 1993, 88 (423): 1034-1043.

[30] Joe H. Asymptotic efficiency of the two-stage estimation method for copula-based models. Journal of Multivariate Analysis, 2005, 94 (2): 401-419.

[31] Song P X K, Fan Y, Kalbfleisch J D. Maximization by parts in likelihood inference. Journal of the American Statistical Association, 2005, 100 (472): 1145-1158.

[32] Abegaz F, Naik-Nimbalkar U V. Modeling statistical dependence of Markov chains via copula models. Journal of statistical planning and inference, 2008, 138 (4): 1131-1146.

[33] Liu Y, Luger R. Efficient estimation of copula-GARCH models. Computational Statistics & Data Analysis, 2009, 53 (6): 2284-2297.

[34] Newey W K, McFadden D. Large sample estimation and hypothesis testing. Handbook of econometrics, 1994, 4: 2111-2245.

[35] Patton A J. Estimation of multivariate models for time series of possibly different lengths. Journal of applied econometrics, 2006, 21 (2): 147-173.

[36] Patton A J. A review of copula models for economic time series. Journal of Multivariate Analysis, 2012, 110: 4-18.

[37] Song P X K. Multivariate dispersion models generated from Gaussian copula. Scandinavian Journal of Statistics, 2000, 27 (2): 305-320.

[38] Genest C, Favre A C. Everything you always wanted to know about copula modeling but were afraid to ask. Journal of Hydrologic Engineering, 2007, 12 (4): 347-368.

[39] Manner H, Segers J. Tails of correlation mixtures of elliptical copulas. Insurance: Mathematics and Economics, 2011, 48 (1): 153-160.

[40] Chen X, Fan Y. Pseudo-likelihood ratio tests for semiparametric multivariate copula model selection. Canadian Journal of Statistics, 2005, 33 (3): 389-414.

[41] Patton A J. On the out-of-sample importance of skewness and asymmetric

dependence for asset allocation. Journal of Financial Econometrics, 2004, 2（1）：130-168.

［42］Rémillard B, Scaillet O. Testing for equality between two copulas. Journal of Multivariate Analysis, 2009, 100（3）：377-386.

［43］Genest C, Rivest L P. Statistical inference procedures for bivariate Archimedean copulas. Journal of the American statistical Association, 1993, 88（423）：1034-1043.

［44］Genest C, Segers J. Rank-based inference for bivariate extreme-value copulas. The Annals of Statistics, 2009, 37（5）：2990-3022.

［45］Fermanian J D, Scaillet O. Nonparametric estimation of copulas for time series. Journal of Risk, 5（4）：25-54

［46］Fermanian J D, Radulovic D, Wegkamp M. Weak convergence of empirical copula processes. Bernoulli, 2004, 10（5）：847-860.

［47］Bouzebda S, Keziou A. New estimates and tests of independence in semiparametric copula models. Kybernetika, 2010, 46（1）：178-201.

［48］Bouzebda S, Keziou A. Estimation and tests of independence in copula models via divergences. Comptes Rendus Mathematique, 2009, 347（11）：667-672.

［49］张尧庭. 连接函数（copula）技术与金融风险分析. 统计研究, 2002, 4：48-51.

［50］Yi W, Liao S S. Statistical properties of parametric estimators for Markov chain vectors based on copula models. Journal of Statistical Planning and Inference, 2010, 140（6）：1465-1480.

［51］Genest C, Rémillard B, Beaudoin D. Goodness-of-fit tests for copulas：A review and a power study. Insurance：Mathematics and economics, 2009, 44（2）：199-213.

［52］Berg D. Copula goodness-of-fit testing：an overview and power comparison. The European Journal of Finance, 2009, 15（7-8）：675-701.

［53］Corradi V, Swanson N R. Predictive density evaluation. Handbook of Economic Forecasting, 2006, 1：197-284.

［54］Bonhomme S, Robin J M. Assessing the equalizing force of mobility using short panels：France, 1990-2000. The Review of Economic Studies, 2009, 76（1）：63-92.

［55］Chen Y T. Moment tests for density forecast evaluation in the presence of parameter estimation uncertainty. Journal of Forecasting, 2011, 30（4）：409-450.

［56］Diebold F X, Hahn J, Tay A S. Multivariate density forecast evaluation and calibration in financial risk management：high-frequency returns on foreign exchange. Review of Economics and Statistics, 1999, 81（4）：661-673.

［57］Chen X, Wu W B, Yi Y. Efficient estimation of copula-based semiparametric Markov models. Annals of Statistics, 2009, 37：4214-4253.

［58］Frahm G, Junker M, Schmidt R. Estimating the tail-dependence coefficient：Properties and pitfalls. Insurance：Mathematics and Economics, 2005, 37（1）：80-100.

［59］Corradi V, Swanson N R. Predictive density evaluation. Working papers// Department of Economics, Rutgers, the State University of New Jersey, 2005.

［60］Erik Kole, Kees Koedijk, Marno Verbeek. Selecting copulas for risk management. Journal of Banking & Finance, 2006, 31（8）：2405-2423.

［61］Hu L. Essays in econometrics with applications in macroeconomic and financial modeling. Yale University. 2002.

［62］Patton A J. Applications of copula theory in financial econometrics. University of California, San Diego, 2002.

［63］Dobric J, Schmid F. Testing goodness of fit for parametric families of copulas：application to financial data. Communications in Statistics：Simulation and Computation, 2005, 34（4）：1053-1068.

［64］Rémillard B. Goodness-of-fit tests for copulas of multivariate time series. Working Paper, HEC Montreal, 2010.

［65］Breymann W, Dias A, Embrechts P. Dependence structures for multivariate high-frequency data in finance. Quantitative Finance, 2003, 3：1-16.

［66］Hong Y, Tu J, Zhou G. Asymmetries in stock returns：Statistical tests and economic evaluation. Review of Financial Studies, 2007, 20（5）：1547-1581.

［67］Fermanian J D. Goodness-of-fit tests for copulas. Journal of multivariate analysis, 2005, 95（1）：119-152.

［68］White H. Estimation, inference and specification analysis. Cambridge University Press, 1996.

［69］Rivers D, Vuong Q. Model selection tests for nonlinear dynamic models. The Econometrics Journal, 2002, 5（1）：1-39.

［70］Chen X, Fan Y. Estimation of copula-based semiparametric time series models. Journal of Econometrics, 2006, 130 (2): 307-335.

[71] Molanoo Lopez F M, KEILEGOM I V A N, Veraverbeke N. Empirical Likelihood for Non-Smooth Criterion Functions. Scandinavian Journal of Statistics, 2009, 36 (3): 413-432.

[72] Granger C. W. J. Investigating causal relations by econometric models and cross-spectral methods. Econometrica: Journal of the Econometric Society, 1969: 424-438.

[73] Granger C. W. J. Some recent development in a concept of causality. Journal of econometrics, 1988, 39 (1): 199-211.

[74] Engle R, Mezrich J. Garch for Groups: A round-up of recent developments in Garch techniques for estimating correlation. Risk London Risk Magazine Limited, 1996, 9: 36-40.

[75] Ding Z, Granger C W J, Engle R F. A long memory property of stockmarket returns and a new model. Journal of Empirical Finance, 1993, 1 (1): 83-106.

[76] Longin F, Solnik B. Extreme correlation of international equity markets. The Journal of Finance, 2001, 56 (2): 649-676.

[77] Embrechts P, Lindskog F, McNeil A. Modelling dependence with copulas and applications to risk management. Handbook of heavy tailed distributions in finance, 2003, 8 (1): 329-384.

[78] Cherubini U, Luciano E, Vecchiato W. Copula methods in finance. Wiley. 2004.

[79] Cherubini U, Luciano E. Value at risk Trade off and Capital Allocation with Copulas. Economic notes, 2001, 30 (2): 235-256.

[80] Oakes D. Multivariate survival distributions. Journaltitle of Nonparametric Statistics, 1994, 3 (3-4): 343-354.

[81] Frees E W, Valdez E A. Understanding relationships using copulas. North American Actuarial Journal, 1998, 2 (1): 1-25.

[82] Bhat C R, Sener I N. A copula-based closed-form binary logit choice model for accommodating spatial correlation across observational units. Journal of Geographical Systems, 2009, 11 (3): 243-272.

[83] Lambert P, Vandenhende F. A copula-based model for multivariate non-normal longitudinal data: Analysis of a dose titration safety study on a new antidepressant. Statistics in Medicine, 2002, 21 (21): 3197-3217.

［84］Nikoloulopoulos A K, Karlis D. Multivariate logit copula model with an application to dental data. Statistics in Medicine, 2008, 27（30）: 6393-6406.

［85］McNeil A J, Frey R, Embrechts P. Quantitative risk management: concepts, techniques, and tools. Princeton University Press, 2010.

［86］Alexander C. Market Risk Analysis, Value at Risk Models. John Wiley & Sons Ltd, 2009.

［87］Embrechts P. Modelling extremal events: for insurance and finance. Springer. 1997.

［88］Bouyé E, Durrleman V, Nikeghbali A, et al. Copulas for finance-a reading guide and some applications. Working paper. 2000.

［89］Li D X. On default correlation: a copula function approach. The Journal of Fixed Income, 2000, 9（4）: 43-54.

［90］Frey R. Modelling dependent defaults. ETH, Eidgenössische Technische Hochschule Zürich, Department of Mathematics, 2001.

［91］Romano C. Calibrating and simulating copula functions: an application to the Italian stock market. Risk Management Function, Capitalia, Viale U. Tupini, 2002, 180.

［92］Bouyé E, Salmon M. Dynamic copula quantile regressions and tail area dynamic dependence in Forex markets. The European Journal of Finance, 2009, 15（7）: 721-750.

［93］Fantazzini D. The effects of misspecified marginals and copulas on computing the value at risk: A Monte Carlo study. Computational Statistics & Data Analysis, 2009, 53（6）: 2168-2188.

［94］Jouanin J F, Rapuch G, Riboulet G, et al. Modelling dependence for credit derivatives with copulas. Working paper, 2001.

［95］Glasserman P, Li J. Importance sampling for portfolio credit risk. Management science, 2005, 51（11）: 1643-1656.

［96］Genest C, Gendron M, Bourdeau-Brien M. The advent of copulas in finance. The European Journal of Finance, 2009, 15（7-8）: 609-618.

［97］Rosenberg J V, Schuermann T. A general approach to integrated risk management with skewed, fat-tailed risks. Journal of Financial economics, 2006, 79（3）: 569-614.

［98］Kole E, Koedijk K, Verbeek M. Selecting copulas for risk management.

Journal of Banking & Finance, 2007, 31 (8): 2405-2423.

[99] Chen W, Wei Y, Lang Q, et al. Financial market volatility and contagion effect: A copula-multifractal volatility approach. Physica A, [2013-12-16] http://dx.doi.org/10.1016/physa.

[100] Aloui, R., Ben Aïssa, M. S., & Nguyen, D. K. Conditional dependence structure between oil prices and exchange rates: A Copula-GARCH approach. Journal of International Money and Finance, 2013, 33: 719-738.

[101] Silva Filho O C, Ziegelmann F A, Dueker M J. Assessing dependence between financial market indexes using conditional time-varying copulas: Applications to value at risk (var). Quantitative Finance, 2013, 1: 1-16.

[102] Gülpinar N, Katata K. Modelling oil and gas supply disruption risks using extreme-value theory and copula. Journal of Applied Statistics, 2014, 41 (1): 2-25.

[103] 柏满迎, 孙禄杰. 三种 Copula-VaR 计算方法与传统 VaR 方法的比较. 数量经济技术经济研究, 2007, 2: 154-160.

[104] 胡心瀚, 叶五一, 缪柏其. 基于 Copula-ACD 模型的股票连涨 (连跌) 收益率风险分析, 系统工程理论与实践, 2010, 30 (2), 298-304.

[105] 李建平. 风险相关性下的信用风险/市场风险和操作风险集成度量. 中国管理科学, 2010, 21: 18-25.

[106] 包卫军, 徐成贤. 基于 SV-Copula 模型的相关性分析. 统计研究, 2008, 10: 100-104.

[107] 汪冬华, 黄康, 龚朴. 我国商业银行整体风险度量及其敏感性分析: 基于我国商业银行财务数据和金融市场公开数据. 系统工程理论实践, 2013, 33 (2): 284-295.

[108] Hofert M, Scherer M. CDO pricing with nested Archimedean copulas. Quantitative Finance, 2011, 11 (5): 775-787.

[109] Duffie D. Measuring corporate default risk. Oxford University Press, 2011.

[110] Gregory J, Laurent JP. In the core of correlation. Risk London Risk Magazine Limited, 2004, 17: 87-91.

[111] Jondeau E, Rockinger M. Conditional volatility, skewness, and kurtosis: existence, persistence, and comovements. Journal of Economic Dynamics and Control, 2003, 27 (10): 1699-1737.

[112] 朱世武. 基于 Copula 函数度量违约相关性. 统计研究, 2005, 4: 61-

64.

［113］ Hu L. Dependence patterns across financial markets: a mixed copula approach. Applied financial economics, 2006, 16（10）: 717-729.

［114］ 詹原瑞. 基于 Copula 函数族的信用违约互换组合定价模型. 中国管理科学, 2008, 16（1）: 1-6.

［115］ Bennett M N, Kennedy J E. Quanto Pricing with Copulas. The Journal of Derivatives, 2004, 12（1）: 26-45.

［116］ Taylor S J, Wang Y H. Option prices and risk-neutral densities for currency cross rates. Journal of Futures Markets, 2010, 30（4）: 324-360.

［117］ Cherubini U, Mulinacci S, Gobbi F, et al. Dynamic Copula methods in finance. John Wiley & Sons, 2011.

［118］ 吴振翔. 基于 Copula-GARCH 的投资组合风险分析. 系统工程理论与实践, 2006, 3: 45-52.

［119］ 陈守东, 孔繁利, 胡铮洋. 基于二元极值 Copula 的沪深股市风险相关性分析. 数量经济研究, 2007, 3: 1-11.

［120］ 李秀敏, 史道济. 金融市场组合风险的相关性研究. 系统工程理论与实践, 2007, 2: 112-117.

［121］ Garcia R, Tsafack G. Dependence structure and extreme comovements in international equity and bond markets. Journal of Banking & Finance, 2011, 35（8）: 1954-1970.

［122］ Philippas D, Siriopoulos C. Putting the "C" into crisis: Contagion, correlations and copulas on EMU bond markets. Journal of International Financial Markets, Institutions and Money, 2013, 27: 161-176.

［123］ Aloui R, Aïssa M S B, Hammoudeh S, et al. Dependence and extreme dependence of crude oil and natural gas prices with applications to risk management. Energy Economics, In Press, 2013.

［124］ Engle R. Dynamic conditional correlation: A simple class of multivariate generalized autoregressive conditional heteroskedasticity models. Journal of Business & Economic Statistics, 2002, 20（3）: 339-350.

［125］ Hafner C M, Van Dijk D, Franses P H. Semi-parametric modelling of correlation dynamics. Emerald Group Publishing Limited, 2006.

［126］ Jondeau E, Rockinger M. The copula-garch model of conditional dependencies: An international stock market application. Journal of international money and finance, 2006, 25 (5): 827-853.

[127] Chollete L, Heinen A, Valdesogo A. Modeling international financial returns with a multivariate regime-switching copula. Journal of financial econometrics, 2009, 7 (4): 437-480.

[128] Giacomini E, Härdle W, Spokoiny V. Inhomogeneous dependence modeling with time-varying copulae. Journal of Business & Economic Statistics, 2009, 27 (2).

[129] Hafner C M, Manner H. Dynamic stochastic copula models: Estimation, inference and applications. Journal of Applied Econometrics, 2012, 27 (2): 269-295.

[130] Hafner C M, Reznikova O. Efficient estimation of a semiparametric dynamic copula model. Computational Statistics & Data Analysis, 2010, 54 (11): 2609-2627.

[131] Dias A, Embrechts P. Dynamic copula models for multivariate high-frequency data in finance. Working paper, 2004.

[132] Zhang J, Guégan D. Pricing bivariate option under GARCH processes with time-varying copula. Insurance: Mathematics and Economics, 2008, 42 (3): 1095-1103.

[133] Pelletier D. Regime switching for dynamic correlations. Journal of Econometrics, 2006, 131 (1): 445-473.

[134] Garcia R, Tsafack G. Dependence structure and extreme comovements in international equity and bond markets with portfolio diversification effects. Journal of Banking and Finance, 2011, 8 (35): 1954-1970.

[135] Okimoto T. New evidence of asymmetric dependence structures in international equity markets. Journal of Financial and Quantitative Analysis, 2008, 43 (3): 787-815.

[136] Chollete L, Heinen A, Valdesogo A. Modeling international financial returns with a multivariate regime-switching copula. Journal of financial econometrics, 2009, 7 (4): 437-480.

[137] Markwat T D, Kole E, Van Dijk D J C. Time variation in asset return dependence: Strength or structure?. Working paper, 2009.

[138] Harvey A. Tracking a changing copula. Journal of Empirical Finance, 2010, 17 (3): 485-500.

［139］Goorbergh R W J，Genest C，Werker B J M. Multivariate option pricing using dynamic copula models. 2003.

［140］Ané T，Labidi C. Spillover effects and conditional dependence. International Review of Economics & Finance，2006，15（4）：417-442.

［141］韦艳华. Copula 理论及其在多变量金融时间序列上的应用研究. 天津大学，博士论文.

［142］龚朴，黄荣兵. 外汇资产的时变相关性分析. 系统工程理论与实践，2008，8：26-37.

［143］Chiou S C，Tsay R S. A copula-based approach to option pricing and risk assessment. Journal of Data Science，2008，6：273-301.

［144］Hu J. Dependence structures in Chinese and US financial markets：a time-varying conditional copula approach. Applied Financial Economics，2010，20（7）：561-583.

［145］Wang K，Chen Y H，Huang S W. The dynamic dependence between the Chinese market and other international stock markets：A time-varying copula approach. International Review of Economics & Finance，2011，20（4）：654-664.

［146］Reboredo J C. Modelling oil price and exchange rate co-movements. Journal of Policy Modeling，2012，34（3）：419-440.

［147］Aloui R，Hammoudeh S，Nguyen D K. A time-varying copula approach to oil and stock market dependence：The case of transition economies. Energy Economics，2013，9（39）：208-221.

［148］Berger T. Forecasting value-at-risk using time varying copulas and EVT return distributions. International Economics，2013，5（133）：93-106.

［149］Sriboonchitta S，Nguyen H T，Wiboonpongse A，et al. Modeling volatility and dependency of agricultural price and production indices of Thailand：Static versus time-varying copulas. International Journal of Approximate Reasoning，2013，6（54）：793-808.

［150］王永巧，刘诗文. 基于时变 Copula 的金融开放与风险传染. 系统工程理论与实践，2011，31（4）：778-784.

［151］Yang L，Hamori S. Gold prices and exchange rates：a time-varying copula analysis. Applied Financial Economics，2014，24（1）：41-50.

［152］Dajcman S. Tail dependence between central and Eastern European and major European stock markets：a copula approach. Applied Economics Letters，2013，

20 (17): 1567-1573.

[153] Daul S, De Giorgi E, Lindskog F, et al. The grouped t copula with an application to credit risk. Risk, 2003, 16: 73-76.

[154] Hering C, Hofert M, Mai J F, et al. Constructing hierarchical Archimedean copulas with Lévy subordinators. Journal of Multivariate Analysis, 2010, 101 (6): 1428-1433.

[155] Christoffersen P, Errunza V, Jacobs K, et al. Is the potential for international diversification disappearing? A Dynamic Copula Approach. Review of Financial Studies, 2012, 25 (12): 3711-3751.

[156] Min A, Czado C. Bayesian model selection for D-vine pair-copula constructions. Canadian Journal of Statistics, 2011, 39 (2): 239-258.

[157] Righi M B, Ceretta P S. Analysis of the tail dependence structure in the global markets: A pair copula construction approach. Economics Bulletin, 2012, 32 (2): 1151-1161.

[158] Kim D, Kim J M, Liao S M, et al. Mixture of D-vine copulas for modeling dependence. Computational Statistics & Data Analysis, 2013, 8 (64): 1-19.

[159] So M K P, Yeung C Y T. Vine-copula GARCH model with dynamic conditional dependence. Computational Statistics & Data Analysis, In press, 2013.

[160] WeiSSG N F, Supper H. Forecasting liquidity-adjusted intraday value-at-risk with vine copulas. Journal of Banking & Finance, 2013, 9 (37): 3334-3350.

[161] Sriboonchitta S, ChaiboonsriLow C. The dynamics co-movement toward among capital markets in ASEAN exchanges. Procedia Economics and Finance, 2013, 5: 696-702.

[162] Lehmann E L. Some concepts of dependence. The annals of mathematical statistics, 1966, 5 (37): 1137-1153.

[163] Dobrić J, Schmid F. A goodness of fit test for copulas based on Rosenblatt's transformation. Computational Statistics & Data Analysis, 2007, 51 (9): 4633-4642.

[164] Koop G. Bayesian Econometrics. John Wiley & Sons Ltd, England. 2003.

[165] 朱慧明, 韩玉启. 贝叶斯多元统计推断理论. 北京: 科学出版社. 2006.

［166］茆诗松，贝叶斯统计．北京：中国统计出版社，1999.

［167］阿诺德．泽尔纳．计量经济学贝叶斯推断引论．张尧庭，译．上海：上海财经大学出版社．2005.

［168］Metropolis N, Rosenbluth A W, Rosenbluth M N, et al. Equation of state calculations by fast computing machines. The journal of chemical physics, 1953, 21: 1087.

［169］Peskun P H. Optimum monte-carlo sampling using markov chains. Biometrika, 1973, 60 (3): 607-612.

［170］Gelman A, Roberts G, Gilks W. Efficient metropolis jumping hules. Bayesian statistics, 1996, 5: 599-608.

［171］Hastings N A J. Technical note-bounds on the gain of a Markov decision process. Operations Research, 1971, 19 (1): 240-244.

［172］Barker A A. Monte Carlo Calculations of the radial distribution functionsfor a proton? Electron plasma. Australian Journal of Physics, 1965, 18 (2): 119-134.

［173］Geman S, Geman D. Stochastic relaxation, Gibbs distributions, and the Bayesian restoration of images. Pattern Analysis and Machine Intelligence, IEEE Transactions on, 1984, 6: 721-741.

［174］Gelman A, Rubin D B. Inference from iterative simulation using multiple sequences. Statistical Science, 1992, 4 (7): 457-472.

［175］Geyer C J. Practical markov chain monte carlo. Statistical Science, 1992, 7 (4): 473-483.

［176］Frees E W, Valdez E A. Understanding relationships using copulas. North American Actuarial Journal, 1998, 2 (1): 1-25.

［177］Clayton D G. A model for association in bivariate life tables and its application in epidemiological studies of familial tendency in chronic disease incidence. Biometrika, 1978, 65 (1): 141-151.

［178］Vaupel J W, Manton K G, Stallard E. The impact of heterogeneity in individual frailty on the dynamics of mortality. Demography, 1979, 16 (3): 439-454.

［179］Hougaard P. A class of multivanate failure time distributions. Biometrika, 1986, 73 (3): 671-678.

［180］Oakes D. Bivariate survival models induced byfrailties. Journal of the American Statistical Association, 1989, 84 (406): 487-493.

［181］ Lundin-Olsson L, Nyberg L, Gustafson Y. Attention, frailty, and falls: the effect of amanual task on basic mobility. Journal of the American Geriatrics Society, 1998, 46 (6): 758.

［182］ Zheng M, Klein J P. Estimates of marginal survival for dependent competing risks based on an assumedcopula. Biometrika, 1995, 82 (1): 127-138.

［183］ Chen Y, Tagare H D, Thiruvenkadam S, et al. Using prior shapes in geometric active contours in a variational framework. International Journal of Computer Vision, 2002, 50 (3): 315-328.

［184］ Berger J O, Sun D. Bayesian analysis for the poly-Weibull distribution. Journal of the American Statistical Association, 1993, 88 (424): 1412-1418.

［185］ Gilks W R, Wild P. Adaptive rejection sampling for Gibbs sampling. Applied Statistics, 1992, 2 (41): 337-348.

［186］ Chen M H, Ibrahim J G, Sinha D. A new Bayesian model for survival data with a surviving fraction. Journal of the American Statistical Association, 1999, 94 (447): 909-919.

［187］ Devroye L. The analysis of some algorithms for generating random variates with a given hazardrate. Naval research logistics quarterly, 1986, 33 (2): 281-292.

［188］ Gustafson P. Measurement error and misclassification in statistics and epidemiology: impacts and Bayesian adjustments. CRC Press, 2003.

［189］ Conway D. Farlie-gumbel-morgenstern distributions. Encyclopedia of statistical sciences, 1983, 3: 28-31.

［190］ Huster W J, Brookmeyer R, Self S G. Modelling paired survival data withcovariates. Biometrics, 1989, 45 (1): 145-156.

［191］ Therneau T M. Modeling survival data: extending the Cox model. Springer, 2000.

［192］ Sahu S K, Dey D K. A comparison of frailty and other models for bivariate survival data. Lifetime data analysis, 2000, 6 (3): 207-228.

［193］ Spiegelhalter D J, Best N G, Carlin B P, et al. Bayesian measures of model complexity and fit. Journal of the Royal Statistical Society: Series B (Statistical Methodology), 2002, 64 (4): 583-639.

［194］ Brooks S P. Discussion on the paper by Spiegelhalter, Best, Carlin and van der Linde. 2002, 64: 616-618.

［195］ Carlin B P, Louis T A. Bayes and empirical Bayes methods for data analysis. Statistics and Computing, 1997, 7 (2): 153-154.

[196] Ming-Hui. Chen, Shao Q M, Ibrahim J G. Monte Carlo methods in Bayesian computation. Springer New York, 2000.

[197] Hougaard P. Analysis of multivariate survival data. Springer, 2000.

[198] de Leon A R, Wu B. Copula - based regression models for a bivariate mixed discrete and continuous outcome. Statistics in medicine, 2011, 30 (2): 175-185.

[199] Song P X K, Li M, Yuan Y. Joint regression analysis of correlated data using Gaussian copulas. Biometrics, 2009, 65 (1): 60-68.

[200] Smith M S, Khaled M A. Estimation of copula models with discrete margins via Bayesian data augmentation. Journal of the American Statistical Association, 2012, 107 (497): 290-303.

[201] Pitt M, Chan D, Kohn R. Efficient Bayesian inference for Gaussian copula regression models. Biometrika, 2006, 93 (3): 537-554.

[202] Daniels M J, Pourahmadi M. Modeling covariance matrices via partial autocorrelations. Journal of Multivariate Analysis, 2009, 100 (10): 2352-2363.

[203] Zhang Z, Dai G, Jordan M I. Bayesian generalized kernel mixed models. The Journal of Machine Learning Research, 2011, 12: 111-139.

[204] Bottolo L, Richardson S. Evolutionary stochastic search for Bayesian model exploration. Bayesian Analysis, 2010, 5 (3): 583-618.

[205] Wong F, Carter C K, Kohn R. Efficient estimation of covariance selection models. Biometrika, 2003, 90 (4): 809-830.

[206] Chib S, Winkelmann R. Markov chain Monte Carlo analysis of correlated count data. Journal of Business & Economic Statistics, 2001, 19 (4): 428-435.

[207] Basher S A, Sadorsky P. Oil price risk and emerging stock markets. Global Finance Journal, 2006, 17 (2): 224-251.

[208] Cuñado J, Pérez de Gracia F. Do oil price shocks matter? Evidence for some European countries. Energy Economics, 2003, 25 (2): 137-154.

[209] Maghyereh A. Oil price shocks and emerging stock markets: a generalized VAR approach. International Journal of Applied Econometrics and Quantitative Studies, 2004, 1 (2): 27-40.

[210] Maghyereh A, Al-Kandari A. Oil prices and stock markets in GCC countries: new evidence from nonlinear cointegration analysis. Managerial Finance,

2007, 33 (7): 449-460.

[211] Arouri M E H, Rault C. Oil prices and stock markets in GCC countries: empirical evidence from panel analysis. International Journal of Finance & Economics, 2012, 17 (3): 242-253.

[212] Sadorsky P. Oil price shocks and stock market activity. Energy Economics, 1999, 21 (5): 449-469.

[213] Papapetrou E. Oil price shocks, stock market, economic activity and employment in Greece. Energy Economics, 2001, 23 (5): 511-532.

[214] Miller J I, Ratti R A. Crude oil and stock markets: Stability, instability, and bubbles. Energy Economics, 2009, 31 (4): 559-568.

[215] Park J, Ratti R A. Oil price shocks and stock markets in the US and 13 European countries. Energy Economics, 2008, 30 (5): 2587-2608.

[216] Chow G C. Tests of equality between sets of coefficients in two linear regressions. Econometrica: Journal of the Econometric Society, 1960, 28 (3): 591-605.

[217] Bai, J., & Perron, P. Computation and analysis of multiple structural change models. Journal of Applied Econometrics, 2002, 18 (1), 1-22.

[217] Engle R F, Ng V K. Measuring and testing the impact of news on volatility. The Journal of Finance, 1993, 48 (5): 1749-1778.

[218] Ning C. Dependence structure between the equity market and the foreign exchange market-a copula approach. Journal of International Money and Finance, 2010, 29 (5): 743-759.

[219] Bollerslev T. A conditionally heteroskedastic time series model for speculative prices and rates of return. The review of economics and statistics, 1987, 69: 542-547.

[220] Wen X, Wei Y, Huang D. Measuring contagion between energy market and stock market during financial crisis: A copula approach. Energy Economics, 2012, 34 (5): 1435-1446.

[221] Hamilton J D, Herrera A M. Comment: oil shocks and aggregate macroeconomic behavior: the role of monetary policy. Journal of Money, Credit and Banking, 2004, 36 (2): 265-286.

[222] Chang C L, McAleer M, Tansuchat R. Conditional correlations and volatility spillovers between crude oil and stock index returns. The North American

Journal of Economics and Finance, 2013, 25 (8): 116-138.

[223] Naifar N, Al Dohaiman M S. Nonlinear analysis among crude oil prices, stock markets' return and macroeconomic variables. International Review of Economics & Finance, 2013, 27: 416-431.

[224] Kojadinovic I, Yan J. A goodness-of-fit test for multivariate multiparameter copulas based on multiplier central limit theorems. Statistics and Computing, 2011, 21 (1): 17-30.

[225] He X, Gong P. Measuring the coupled risks: A copula-based CVaR model. Journal of Computational and Applied Mathematics, 2009, 223 (2): 1066-1080.

[226] Huang J J, Lee K J, Liang H, et al. Estimating value at risk of portfolio by conditional copula-GARCH method. Insurance: Mathematics and economics, 2009, 45 (3): 315-324.

[227] Lu X F, Lai K K, Liang L. Portfolio value-at-risk estimation in energy futures markets with time-varying copula-GARCH model. Annals of Operations Research, 2011, 5: 1-25.

[228] Christoffersen P, Pelletier D. Backtesting value-at-risk: A duration-based approach. Journal of Financial Econometrics, 2004, 2 (1): 84-108.

[229] Karmann A, Herrera R. Volatility contagion in the Asian crisis: New evidence of volatility tail dependence. Review of Development Economics, 2014, 18 (2): 354-371

[230] Zhicao Liu, Yong Ye, Feng Ma, Jing Liu. Can economic policy uncertainty help to forecast the volatility: A multifractal perspective. Physica A: Statistical Mechanics and its Applications, 2017, 482: 181-188.

[231] Li, Balcilar, Gupta, Chang. The causal relationship between economic policy uncertainty and stock returns in China and India: Evidence from a bootstrap rolling window approach. Emerging Markets Finance and Trade, 2016, 52 (3): 674: 689.

[232] Peng Guo, Huiming Zhu, Wanhai You. Asymmetric dependence between economic policy uncertainty and stock market returns in G7 and BRIC: A quantile regression approach. Finance Research Letters, 2018, 25: 251-258.

[233] Imen Dakhlaoui, Chaker Aloui. The interactive relationship between the US economic policy uncertainty and BRIC stock markets. International Economics, 2016, 146: 141-157.

［234］ Christina Christou, Juncal Cunado, Rangan Gupta, Christis Hassapis. Economic policy uncertainty and stock market returns in PacificRim countries: Evidence based on a Bayesian panel VAR model. Journal of Multinational Financial Management, 2017, 40: 92-102.

［235］ Ansgar Belke, Thomas Osowski. International effects of euro area versus US policy uncertainty: A FAVAR approach. Economic Inquiry, 2019, 57 (1): 453-481.

［236］ Mehmet Balcilar, Rangan Gupta, Won Joong Kim, Clement Kyei. The role of economic policy uncertainties in predicting stock returns and their volatility for Hong Kong, Malaysia and South Korea. International Review of Economics and Finance, 2018, 59: 150-163.

［237］ Piergiorgio Alessandri, Haroon Mumtaz. Financial regimes and uncertainty shocks. Journal of Monetary Economics, 2018, 5: 31-46.

［238］ Kim Hiang Liow, Wen-Chi Liao, Yuting Huang. Dynamics of international spillovers and interaction: Evidence from financial market stress and economic policy uncertainty. Economic Modelling, 2018, 68: 96-116.

［239］ Zhicao Liu, Yong Ye, Feng Ma, Jing Liu. Can economic policy uncertainty help to forecast the volatility: A multifractal perspective. Physica A: Statistical Mechanics and its Applications, 2017, 482: 181-188.

［240］ Lilia Karnizova, Jiaxiong (Chris) Li. Economic policy uncertainty, financial markets and probability of US recessions. Economics Letters, 2014, 125 (2): 261-265.

［241］ Yosuke Kido. The transmission of US economic policy uncertainty shocks to Asian and global financial markets. North American Journal of Economics and Finance, 2018, 46: 222-231.

［242］ Jun-Hyung Ko, Chang-Min Lee. International economic policy uncertainty and stock prices: Wavelet approach. Economics Letters, 2015, 134: 118-122.

［243］ Syed Ali Raza, Isma Zaighum, Nida Shah. Economic policy uncertainty, equity premium and dependence between their quantiles: Evidence from quantile-on-quantile approach. Physica A: Statistical Mechanics and its Applications, 2018, 492: 2079-2091.

［244］ Barbara Rossi, Tatevik Sekhposyan. Macroeconomic uncertainty indices based on nowcast and forecast error distributions. American Economic Review, 2015,

105 (5): 650-655.

[245] Ghulam Sarwar. Is VIX an investor fear gauge in BRIC equity markets? Journal of Multinational Financial Management, 2012, 22 (3): 55-65.

[246] Zhi Su, Tong Fang, Libo Yin. Understanding stock market volatility: What is the role of U. S. uncertainty? North American Journal of Economics and Finance, 2019, 48: 582-590.

[247] Xiaolei Sun, Xiaoyang Yao, Jun Wang. Dynamic interaction between economic policy uncertainty and financial stress: A multi-scale correlation framework. Finance Research Letters, 2016, 21: 214-221.

[248] Lukas Vacha, Jozef Barunik. Co-movement of energy commodities revisited: Evidence from wavelet coherence analysis. Energy Economics, 2012, 34 (1): 241-247.

[249] Xiong Xiong, Yuxiang Bian, Dehua Shen. The time-varying correlation between policy uncertainty and stock returns: Evidence from China. Physica A: Statistical Mechanics and its Applications, 2018, 499: 413-419.

[250] Honghai Yu, Libing Fang, Wencong Sun. Forecasting performance of global economic policy uncertainty for volatility of Chinese stock market. Physica A: Statistical Mechanics and its Applications, 2018, 505: 931-940.

[251] Ali E. Abbas, N. Onur Bakir, Georgia-Ann Klutke, Zhengwei Sun. Effects of risk aversion on the Value of Information in two-action decision problems. Decision Analysis, 2013, 10 (3): 257-275.

[252] Nikolaos Antonakakis, Ioannis Chatziantoniou, David Gabauer. Cryptocurrency market contagion: Market uncertainty, market complexity, and dynamic portfolios. Journal of International Financial Markets, Institutions & Money, 2019, 61: 37-51.

[253] Brad M. Barber, Terrance Odean. All that glitters: The effect of attention and news on the buying behavior of individual and institutional investors. The Review of Financial Studies, 2008, 21 (2): 785: 818.

[254] Aurelio F. Bariviera. The inefficiency of Bitcoin revisited: A dynamic approach. Economics Letters, 2017, 161: 1-4.

[256] Bariviera Aurelio F, Zunino Luciano, Rosso Osvaldo A. An analysis of high-frequency cryptocurrencies prices dynamics using permutation-information-theory quantifiers. Chaos (Woodbury, N. Y.), 2018, 28 (7): 84-92.

［257］ Christina Beneki, Alexandros Koulis, Nikolaos A. Kyriazis, Stephanos Papadamou. Investigating volatility transmission and hedging properties between Bitcoin and Ethereum. Research in International Business and Finance, 2019, 48: 219-227.

［258］ Elie Bouri, Rangan Gupta, Aviral Kumar Tiwari, David Roubaud. Does Bitcoin hedge global uncertainty? Evidence from wavelet-based quantile-in-quantile regressions. Finance Research Letters, 2017, 23: 87-95.

［259］ Elie Bouri, Peter Molnár, Georges Azzi, David Roubaud, Lars Ivar Hagfors. On the hedge and safe haven properties of Bitcoin: Is it really more than a diversifier? Finance Research Letters, 2017, 20: 192-198.

［260］ Guglielmo Maria Caporale, Luis Gil-Alana, Alex Plastun. Persistence in the cryptocurrency market. Research in International Business and Finance, 2018, 46: 141-148.

［261］ Valerio Celeste, Shaen Corbet, Constantin Gurdgiev. Fractal dynamics and wavelet analysis: Deep volatility and return properties of Bitcoin, Ethereum and Ripple. Quarterly Review of Economics and Finance, 2020, 76: 310-324.

［262］ Pedro Chaim, Márcio P. Laurini. Nonlinear dependence in cryptocurrency markets. North American Journal of Economics and Finance, 2019, 48: 32-47.

［263］ Pavel Ciaian, Miroslava Rajcaniova, d'Artis Kancs. Virtual relationships: Short-and long-run evidence from BitCoin and altcoin markets. Journal of International Financial Markets, Institutions & Money, 2018, 52: 173-195.

［264］ Shabbir Dastgir, Ender Demir, Gareth Downing, Giray Gozgor, Chi Keung Marco Lau. The causal relationship between Bitcoin attention and Bitcoin returns: Evidence from the Copula-based Granger causality test. Finance Research Letters, 2018, 28: 160-164.

［265］ Ramazan Gencay, Daniele Signori. Multi-scale tests for serial correlation. Journal of Econometrics, 2015, 184 (1): 62-80.

［266］ Qiang Ji, Elie Bouri, Chi Keung Marco Lau, David Roubaud. Dynamic connectedness and integration in cryptocurrency markets. International Review of Financial Analysis, 2019, 63: 257-272.

［267］ Paraskevi Katsiampa. Volatility estimation for Bitcoin: A comparison of GARCH models. Economics Letters, 2017, 158: 3-6.

［268］ Paraskevi Katsiampa, Shaen Corbet, Brian Lucey. Volatility spillover effects in leading cryptocurrencies: A BEKK-MGARCH analysis. Finance Research

Letters, 2019, 29: 68-74.

[269] Paraskevi Katsiampa, Shaen Corbet, Brian Lucey. High frequency volatility co-movements in cryptocurrency markets. Journal of International Financial Markets, Institutions & Money, 2019, 62: 35-52.

[270] Anton Klarin. The decade-long cryptocurrencies and the blockchain rollercoaster: Mapping the intellectual structure and charting future directions. Research in International Business and Finance, 2020, 51: 294-305.

[271] Ladislav Kristoufek. On Bitcoin markets (in) efficiency and its evolution. Physica A: Statistical Mechanics and its Applications, 2018, 503: 257-262.

[272] Seungho Lee, Nabil El Meslmani, Lorne N. Switzer. Pricing Efficiency and Arbitrage in the Bitcoin Spot and Futures Markets. Research in International Business and Finance, 2020, 53: 33-44.

[273] Maurice Omane-Adjepong, Imhotep Paul Alagidede. Multiresolution analysis and spillovers of major cryptocurrency markets. Research in International Business and Finance, 2019, 49: 191-206.

[274] Sowmya Subramaniam, Madhumita Chakraborty. Investor attention and cryptocurrency returns: Evidence from quantile causality approach. Journal of Behavioral Finance, 2020, 21 (1): 103-115.